Verlag 3.0
wo Leser und Autor
sich begegnen

JULIA KATHAN

Du bist ein Juwel

Entdecke die Lebenskraft der Liebe in Dir!

Verlag 3.0

Julia Kathan
Du bist ein Juwel
Entdecke die Lebenskraft der Liebe in Dir!
Ratgeber Lebenshilfe

ISBN-Print: 978-3-95667-095-4 Softcover
ISBN-eBook: 978-3-95667-096-1

53545 Linz am Rhein, Neustr. 38 | http://buch-ist-mehr.de

Sollten Sie Fragen oder Anregungen haben, können Sie gerne eine E-Mail senden an service@verlag30.de

Lektorat:	Monika Holstein | www.monika-holstein.de
Grafik:	Atelier M. Wieczorek, Iserlohn www.atelier-wieczorek.de
Umschlaggestaltung:	Attila Hirth | http://kurziv.hu
Umschlagfoto:	© Mihai Simonia – Fotolia.com
Satz und Layout:	Olaf Lange, 69126 Heidelberg
eBook-Erstellung:	Verlag 3.0

Printed in EU

Bibliografische Information der Deutschen Nationalbibliothek
Die Deutsche Nationalbibliothek verzeichnet diese Publikation in der Deutschen Nationalbibliografie; detaillierte bibliografische Daten sind im Internet über http://dnb.ddb.de abrufbar.

Für

Richard Sonoda

und

Yoshiharu Matsuno

Inhalt

Licht

1 Das Juwel

2 Entdecke das Juwel in Dir

3 Erlebe das Juwel in Dir

4 *Das Juwel der Lotosblume*

5 *Die Schatzkammer deines Juwels*

Schatten

6 Wo Licht ist, ist auch Schatten

7 Schattenspiele in Liebesbeziehungen

Transformation

8 Öffne die Kraft deines Herzens

9 Das Licht deiner grenzenlosen Liebe

10 Kronjuwelen

Danksagung

Ich empfinde tiefe Dankbarkeit für die herzliche Begegnung mit meinem wunderbaren hawaiianischen Lehrer Richard Sonoda. Wo auch immer er heute ist, ich werde nie vergessen wie er mein Leben für immer verändert hat! Ich danke außerdem dem Buddhisten Yoshiharu Matsuno von ganzem Herzen für seine jahrelange leidenschaftliche Ermutigung und seinen weisen Rat.

Ich danke meiner Familie: meiner Mutter für ihre bedingungslose Liebe, meinem Lebenspartner für seine liebevolle Unterstützung (und die Inspiration zum Buchtitel!) und meiner wundervollen Tochter für ihre Geduld mit mir!

Ich danke meinem Verleger Zsolt Majsai und seiner Partnerin Kerstin Litterst für die tolle Zusammenarbeit, die mir als Autorin völlig freie Hand ließ. Mein besonderer Dank gilt meiner Lektorin, Monika Holstein, für ihre stets liebevolle Ermutigung und ihren fantastischen hanseatisch-rheinischen Röntgenblick als Feinschliff für das Juwel! Ich danke Gerd Schulz-Pilath, der den Kontakt zu Verlag 3.0 – Buch ist mehr – hergestellt und das E-Book gesetzt hat. Danke auch an Attila Hirth aus Ungarn für das geniale Cover, an Olaf Lange für den wunderbaren Satz dieses Buches und an Marion Wieczorek für die Grafik des *„Lotus Fokus“*.

Ein herzliches Dankeschön an meine Soulsister Angela Ahrens und ihren Hinweis auf Ho‘oponopono, Katrin Bigos für ihre goldigen Worte und last but not least – allen wunderbaren Frauen meines Netzwerks *„Power of Love – Frauen auf dem Pfad bedingungsloser Liebe“* für ihren wertvollen Input!

Vorwort

Nach dem Erscheinen meines Ratgebers *„Alles für ein bisschen Liebe?"* haben mir viele LeserInnen mitgeteilt, sie hätten beim Lesen das starke Gefühl gehabt, darin persönlich beschrieben zu werden. Die mystische Übereinstimmung mit so vielen Frauen bestätigte mein Empfinden, dass wir alle eins und miteinander verbunden sind. Worunter ich selbst lange Jahre gelitten hatte, das war also auch das Leiden vieler anderer: Die große, unerfüllte Sehnsucht nach Liebe und die Tendenz, das Leben in einer Art Wartesaal zu verbringen. Immer in der Hoffnung, ein Prinz oder Held könnte eines schönen Tages die ersehnte Lebensfreude bringen. Weitaus mehr Frauen als ich geahnt hatte leiden an liebessüchtigen Verhaltensweisen und verwechseln ‚romantische Bedürftigkeit' mit Liebe. Mein eigener, dornenreicher Weg zur Liebe hatte also einen tieferen Sinn gehabt: Mich und andere auf den Weg zur wahren Liebe zu führen. Nach der Transformation meines leidvollen Umgangs mit diesem Gefühl konnte ich andere ermutigen, sich ins eigene Leben zu verlieben und dazu inspirieren, echte Lebensfreude in der Tiefe des eigenen Seins erleben zu können! Ich hätte mir in meinen kühnsten Träumen nicht vorstellen können, dass aus meinem ‚emotionalen Misthaufen' einmal etwas so Schönes erblühen würde: Die Lebenskraft der Liebe! Aber so ist das Leben: mystisch, herausfordernd und voller Überraschungen. Die heftigsten Dramen halten oft die größten verborgenen Schätze für uns bereit! Wir können sie heben, wenn wir nur auf unserem Weg, der Reise nach Innen, bleiben bis wir Licht am Ende des Tunnels sehen. Und nicht vorher aufgeben.

Aus meiner Sicht geht es in Sachen Liebe darum, dass wir *zu uns* und unserem wahren Wesenskern finden. Es geht darum, zur reinen universellen Liebe in uns zurückzufinden. In deinem Zentrum liegt die Quelle allen Seins. Hier findest du, was du in der äußeren Welt verzweifelt gesucht hast: Deine ureigene Lebensfreude und das beglückende Gefühl der Verbundenheit mit deiner Umgebung. Vielleicht ist dir das alles längst klar und du *möchtest* dich ja lieben, hast aber noch keinen Zugang gefunden. Wege entstehen beim Gehen. Alle Wege, die du gehst um zum Licht zu finden, führen auch zum Licht. Egal unter welchem ‚Label' du das tust. Das ist das kosmische Gesetz von Ursache und Wirkung – und es funktioniert ausnahmslos, auch für dich!

Es ist schon seltsam mit uns Menschen: Einerseits sind wir von der Schöpfung perfekt ausgestattet, andererseits blockiert unser Schatten mit seiner ‚Ich-Illusion' hartnäckig den Zugang zur Schatzkammer unseres Herzens. Das erleben alle, die es wagen, über ihren Tellerrand hinaus zu sehen und nach dem zu suchen, was uns alle verbindet – anstatt uns voneinander zu trennen. Es ist frustrierend, aber auch Teil eines Bewusstwerdungsprozesses, dass wir immer wieder den Giften Ärger, Habgier, Dummheit oder Arroganz verfallen und dadurch vom Lieben abgehalten werden. Um den Schatten zu integrieren braucht es viel Mut, Vertrauen und vor allem Geduld.

Wie Erich Fromm bereits erläuterte, ist es eine wahre Kunst, sich von der Dominanz des Inneren Kritikers, unserem Ego, zu befreien und stattdessen die Liebe zu wählen. Doch das Praktizieren dieser Kunst lohnt sich! Damit entdecken und befreien wir unseren wahren Kern: das Juwel der Liebe, das in uns allen steckt.

Das Juwel der Liebe im eigenen Leben zu erleben ist gar nicht so schwer, wie es dir vielleicht erscheinen mag, denn es existiert bereits: in deiner inneren Schatzkammer. Du bist ein Juwel! Vielleicht hast du deinen Wert bereits erahnt, ihn vielleicht sogar umarmt. Um ein wertvoller Mensch zu werden, brauchst du gar nichts zu tun, denn du bist es bereits! Werde einfach, der oder die du bist. Traurigerweise haben dir im Laufe des Lebens eine Reihe von Menschen ihre Zweifel suggeriert, so dass du die Beziehung zu deinem Wesenskern nicht so feiern kannst, wie es dir von Natur aus gegeben ist. Das eigene Leben wertzuschätzen ist in unserer Gesellschaft immer noch ungewohnt. Menschen, die das tun, werden schnell und zu Unrecht als egomane oder esoterische Spinner abgestempelt. Sofort meldet sich unser innerer oder ein äußerer Kritiker mit den Worten: „*Eigenlob stinkt!*" Wir sind so sehr daran gewöhnt, uns selbst und andere zu kritisieren und zu verurteilen, dass es uns befremdlich erscheint, diese Mechanismen abzulegen und uns selbst zu loben. Ich möchte dir mit diesem Buch Impulse geben, dein Juwel zu erkennen und mit ihm in Kontakt zu treten. Ich bin überzeugt, dass wir in einer Zeit leben, in der immer mehr Menschen die Mitte ihres Seins erfahren, dieses Leben als erfüllend erleben und Glück und Enthusiasmus weitergeben können. Es ist mein Herzenswunsch, dass die Menschheit endlich ihr wahres Potenzial entdeckt und in Einheit mit allen Wesen und der Natur lebt – so wie es uns Naturvölker wie die Indianer bereits vorgelebt haben. Wie wunderbar wäre das Leben auf unserem Planeten, wenn er zum Planeten der Liebe würde, auf dem alle Geschöpfe der Erde den Respekt erfahren, der ihnen gebührt. Deine ‚Liebesrevolution' ist ein bedeutender Schritt dorthin. Dein Leben zählt! Wir sind alle eins und miteinander verbunden. Wir sind alle:

Wunderbare Wesen des Lichts!

Love & Light
Julia Kathan

Licht

1
Das Juwel

Wer bist du?

Wenn du die Wahrheit deines eigenen Seins gefunden hast, hast du die ganze Wahrheit gefunden, die zu erkennen nötig ist und die zu erkennen sich lohnt.
Osho

„*Wer bist du?*" Ist es dir schon einmal so ergangen, dass dich jemand gefragt hat wer du bist – und du hattest keine Antwort darauf? Du wusstest nicht so recht, was du sagen solltest? Weil es sich bei dieser Frage nicht darum drehte was du machst, wie alt du bist, wie du aussiehst, welcher Nation du angehörst oder welchen Beruf du ergriffen hast? Auch nicht, ob du ein Mann oder eine Frau bist, wie du heißt, wo und wie du lebst, welchen Status und welche Bildung du genossen hast? All diese Eigenschaften beschreiben in etwa, auf welche Weise du dein Leben lebst, welche Geschichte du hast und welche Rolle du darin spielst. Doch sie beantworten nicht, was in dir ist. Hier erkundigte sich jemand nach deinem Wesenskern. Wie steht es um die Kraft, die aus deinen Augen blickt? Was ist dein ureigenes Wesen? Fühlst du dieses Sein in dir überhaupt? Und falls ja: Was hast du dazu für eine Beziehung? Hast du überhaupt das lebendige Empfinden, ‚da' zu sein? Wenn ja, wer bist du?

Was hat man dir über dich erzählt, als du klein warst? Die wenigsten Kinder haben wohl gehört: *„Du bist ein Juwel!"* Was hat man dir stattdessen eingeredet? Was glaubst du seither, wer du bist? Bist du überhaupt schon jemand? Oder musst du dich immer noch irgendwie beweisen, um überhaupt jemand zu sein? Versuchst du unbewusst immer noch, von Menschen gesehen und aufgewertet zu werden? Und falls sie das nicht tun? Fühlst du dich dann unvollständig? Und was würde dich vervollständigen?

Wer bist du *wirklich*? Was macht dich aus? Warum bist du hier und wofür lebst du eigentlich? Was ist deine Bestimmung, deine Gabe? Welche Entwicklung liegt noch vor dir? Was hast du für ein unberührtes, einzigartiges Potenzial? Woraus besteht der Rohdiamant in dir? Was macht dich glücklich und worin findest du Erfüllung?

Ich wusste lange Jahre nicht viel mit solchen Fragen anzufangen. Weder, als mich massive Komplexe und Unsicherheiten meiner Teenagerzeit quälten, noch als ich mich auf der Suche nach Liebe beim anderen Geschlecht so sehr in Liebesbeziehungen verstrickte, dass ich unter chronischem Liebeskummer litt. Auch als ich mit Ende zwanzig als aufstrebende Schauspielerin nach Los Angeles ging um dort mein Glück zu suchen, musste ich feststellen dass ich nicht wirklich wusste, woher ich den Glauben an mich nehmen sollte um in dieser Megametropole ein Bein auf den Boden zu bekommen. Ich geriet von einer extremen Herausforderung in die nächste und suchte Anerkennung und Glück immer nur im Außen. Ich meinte zwar, genau zu wissen was ich wollte und was meine Ziele waren und kannte auch einige meiner Stärken und Schwächen. Doch ich wusste nicht wirklich, wer ich war und was an mir so Besonderes sein sollte. Ich suchte immer etwas Wertvolles außerhalb von mir und strengte mich wahnsinnig dafür an. Egal, ob es um eine Rolle, einen Job oder einen Mann ging – ich schien auf einem permanenten Dornenweg voller Hindernisse zu sein. Ich konnte mich nicht selbst umarmen und lieben, geschweige denn von mir ‚begeistert' sein. Wie sollte ich bei Castings glänzen, wenn mein Glaubenssatz war: *„Du bist nicht gut genug!"* Ich konnte weder mein Talent noch meine Kreativität anerkennen, sondern bewunderte andere, während ich mich selbst niedermachte. Zwar erlebte ich in manch brenzliger Klemme, dass es eine Kraft in mir gab, auf die ich mich in jeder schwierigen Lebenslage verlassen konnte. Doch damals war ich noch nicht in der Lebenskraft meines Daseins angekommen. In allem was ich tat spiegelte sich meine vorherrschende Überzeugung von Wertlosigkeit.

Eines Tages suchte ich in der großartigen Stadt der Engel einen buddhistischen Ratgeber namens Richard Sonoda auf. Ich schüttete ihm mein Herz aus, berichtete über meine verfahrene Situation als erfolglose Schauspielerin, beschrieb ihm, wie ich um jeden Penny kämpfen musste. Darüber, wie ich mich unglaublich anstrengte und doch meinen Zielen scheinbar keinen Zentimeter näher kam. Abgesehen von meinen Karriereplänen hatte ich einen ausgeprägten Familienwunsch, traf aber immer nur Männer, die nicht das geringste Interesse an mir und meiner Vision von einer glücklichen Familie hatten. Es kam mir so vor, als seien meine Träume und ich so weit von einander entfernt wie die Erde von der Sonne. Während ich Richard unter Tränen mein Leben als ‚ewige Verliererin' beschrieb, sah er mich liebevoll an und fragte plötzlich:

„Wer bist du, Julia?"

Ich schaute ihn perplex an. Wie jetzt? Was meinte er damit? Was für eine Antwort sollte ich ihm darauf geben? Als ich schwieg, sagte er plötzlich:

„Du bist wunderbar, Julia!"

Ich drehte mich peinlich berührt um und prüfte, ob noch eine andere Julia im Raum war. Denn mich konnte er ja unmöglich meinen! Mein Leben erschien mir als ein einziger Scherbenhaufen und ich konnte nicht nachvollziehen, woher Richard seine Begeisterung für mich nahm! Hatte er mir überhaupt zugehört als ich ihm beschrieb, wie mein Leben aussah und dass ich nichts von dem auf die Reihe bekam, was meine Träume und Ziele betraf? Er sah wohl etwas, was ich nicht sah. Richard schmunzelte über meine Verwunderung und fuhr liebevoll fort:

„Du bist ein sehr kreativer Mensch mit großem Mitgefühl und einer ausgeprägten Sensibilität. Du bist eine Geschichtenerzählerin und du kannst andere Menschen berühren, zum Lachen und zum Weinen bringen und ihr Leben motivieren. Aber das Beste an dir ist, Julia, dass du niemals aufgibst, egal, was passiert! Das ist eine große Qualität von dir! Mit deiner hartnäckigen Suche nach Veränderung gehst du in die Tiefe und verwandelst schließlich schmerzvolle Schwierigkeiten für dich und andere. Daher:

Wertschätze dich und dein Leben, egal wie es gerade ist, denn du bist fantastisch!“

Ich war tief beeindruckt und fragte mich, wie ein wildfremder Mann zu solch positiven Aussagen über mich kam. Es dauerte einige Jahre, bis ich die Qualitäten, die Richard damals bereits in mir sah, selbst immer deutlicher erkennen konnte. Sein Hinweis, mein Leben wertzuschätzen, egal wie meine Umstände auch immer sein würden, wurde der wichtigste Rat meines Lebens.

Einige Jahre später entwickelte sich mein Leben genau in die Richtung, die er mir vorhergesagt hatte: Ich machte tiefe Erfahrungen mit der Lebenskraft der Liebe, die keinen äußeren Anlass braucht und es gelang mir, meine leidbringenden Tendenzen zu transformieren. Es fiel mir immer leichter, mich, mein Leben und das Leben an sich zu lieben. Ich gründete eine Familie mit einem liebevollen Partner, der mich sehr unterstützte und verwirklichte meinen Wunsch, ein Buch über meine Erkenntnisse zu Liebe und Abhängigkeit zu schreiben. Das Leben geht oft seltsame Wege. Als in Los Angeles als mittellose Schauspielerin lebte, hätte ich niemals gedacht, dass meine Berufung nichts mit Schauspiel zu tun haben sollte. Das Leben hatte etwas anderes mit mir vor: Meine Gabe ist es, andere zu ermutigen.

Ich teile dir hier diese Erfahrung mit, weil sie mein Leben tiefgreifend verändert hat und weil ich mir wünsche, dass dir diese Veränderung auch gelingt! Unglaublich viele Menschen sind blind für die Gaben, Talente und wunderbaren Wesenszüge, die in ihnen schlummern. Sie finden keinen Zugang zu der Schatzkammer ihres Lebens und glauben daher, sie seien nicht begabt und liebenswert genug, um ein Leben ihrer Wahl zu führen.

Kennst du das Gefühl des Mangels, das sich dir genau dann in den Weg stellt, wenn du es am wenigsten gebrauchen kannst? Du hast eine Verabredung mit einem tollen Mann, deine Freude darüber hält sich aber in Grenzen. Denn wenn du in den Spiegel schaust, wertest du dich ab. Du verlierst dich in nagender, lähmender Selbstkritik und steigerst dich in eine verzerrte Wahrnehmung deiner selbst hinein. Schließlich bemängelst du dein Aussehen und deinen Körper so sehr, dass du gar keinen Schritt mehr vor die Tür machen möchtest. Solche Momente der Selbstkritik vermiesen dir alles Schöne. Sie können zum Selbstboykott bis hin zur kompletten Selbstaufgabe führen. Selbst wenn du deine individuellen Gaben und Fähigkeiten kennst, scheinen sie dir angesichts des Zerrbildes, das du im Spiegel zu erblicken scheinst, nicht der Rede wert zu sein.

In solchen Momenten hat dich dein *Schatten* fest im Griff, der sich wie eine feste Wolkendecke über die Sonne legt. Dunkle Gedanken und selbstzerstörerische Verhaltensweisen haben es leicht mit dir, wenn du entmutigt bist und vergessen hast, wer du wirklich bist, woher du kommst und warum du hier bist. Ich sage ‚vergessen', weil ich davon überzeugt bin, dass wir alle die Existenz unseres innersten Wesenskerns bereits erahnen, dass jedoch ein Schleier des Vergessens darüber liegt. Bestimmte selbst-boykottierende Verhaltensmuster laufen in dir ab und steuern dich fern, solange du es nicht schaffst, wirksam einzugreifen.

Sollte es dir auch so ergehen, dann ist es höchste Zeit, diesen Zweifel herauszufordern. Du *bist* absolut liebenswert! Auch wenn du in der Vergangenheit vielleicht andere Geschichten über dich erzählt bekommen, angenommen und geglaubt hast. Da bei so vielen der Start ins Leben alles andere als harmonisch verlief, ist das Phänomen allgemeiner Geringschätzung der eigenen Existenz kein großes Wunder. Wir werden geboren als Wesen des Lichts und schauen mit strahlenden Augen in die Welt. Doch es dauert nicht lange und unsere Umgebung wirft ihre ersten Schatten über uns. Sei es durch Eltern, Schule oder sonstige Einflüsse in der Gesellschaft. Im Laufe unserer Kindheit verlieren wir immer mehr die Verbindung zu unserem kindlichen Wesen, das voll natürlicher Neugier, Offenheit und Vertrauen ist. Statt Lob und Ermutigung hagelt es Kritik, bis wir uns selbst in Frage stellen oder den Deckmantel der Unnahbarkeit über unsere verletzte Seele werfen. Bis wir schließlich ‚erwachsen' sind *(ob wir je Erwachsene sind, solange wir unsere wahre Natur nicht kennen, sei hier mal dahingestellt)* und mit unseren erworbenen Ängsten, Begrenzungen, Komplexen und Trugbildern über uns selbst in die Welt ziehen, um irgendwo da draußen Liebe, Bestätigung und Erfolg zu finden. Erfahrungen, die wir scheinbar nicht in uns finden können und daher glauben, bestimmte Menschen oder Ereignisse müssten sie zu uns bringen. Die wunderbare Essenz unserer selbst bleibt den meisten dabei verborgen.

Besonders Frauen sind Meisterinnen darin, ihre Schwächen unter die Lupe zu nehmen und zu betonen, anstatt ihre Stärken zu würdigen. Anstelle von Wertschätzung empfinden sie Ablehnung und Hoffnungslosigkeit. Depressionen greifen um sich, die Einsamkeit wächst, der Mut sinkt. Ein wesentlicher Grund liegt darin, dass wir uns und unsere Gaben nicht zur Gänze erkennen. Wenn deine unentdeckten oder nicht gelebten Anlagen und Energien keinen Kanal finden um sich zu entfalten, weil du sie unbewusst unterdrückst, manifestiert sich diese unterdrückte Energie in dir als Depression, mangelnde Lebensfreude oder auch als lähmende Traurigkeit. Du erschaffst also genau das Gegenteil deines eigentlichen So-Seins, denn in Wirklichkeit ist in dir bereits alles vorhanden, um ein buntes, fröhliches und erfüllendes Leben zu erschaffen.

Frage dich: Was sind *deine* besonderen Eigenschaften? Vielleicht kannst du besonders gut zuhören oder hast das Talent, andere mitzureißen? Was ist deine Gabe? Wofür brennt dein Herz? Was hättest du als Kind am liebsten getan, wenn man dich gelassen und gefördert hätte? Zum Beispiel Tieren helfen oder die Welt retten? Erinnerst du dich jetzt? Das Kind in dir war schon auf der richtigen Spur. Du hast sie nur verloren und vergessen, was dich morgens voll Vorfreude aus dem Bett springen ließ. Erinnere dich! Was weckt deinen Enthusiasmus? Möchtest du diesen Fragen nachspüren? Dann nimm dir einen Moment, halte kurz inne und mache dir eine gedankliche Liste. Erlöse dich von der Illusion deiner Wertlosigkeit! Entdecke dich und deine Fähigkeiten neu und beginne damit, dich über deine einzigartigen Qualitäten zu freuen! Oder bist du so ein hartnäckiger Fall und glaubst felsenfest, dein Wesen und deine individuellen Gaben seien nicht erwähnenswert? Wage es, die Grenzen deiner Vernunft zu sprengen. Lass dir nicht weiter einreden, du seiest zu alt, zu untalentiert oder zu gewöhnlich. Die Geschichten über deine Wertlosigkeit sind nicht wahr, aber dein Glaube daran ist eine große Hürde in deinem Leben. In unseren Kindheitserfahrungen, die in deinem Unterbewusstsein abgespeichert sind, verbergen sich zahlreiche Glaubenssätze. Sie sind entstanden durch früheste Kindheitserfahrungen, durch deine Erziehung, durch Erfahrungen deiner Vorfahren. Die Gesellschaft, in der du aufgewachsen bist, spielt dabei ebenso eine Rolle wie das politische System, das Klima in dem du lebst und deine individuellen Lebenserfahrungen. Nicht zu vergessen: Wenn man an das Konzept des ewigen Lebens glauben möchte, spielen auch deine Leben *vor* deinem Leben (sprich, die ‚karmische Prägung' aus einer dir unbekannten Vergangenheit) eine Rolle.

Wenn du dich mit dem Begriff *Karma* bereits beschäftigt hast, dann weißt du, was damit gemeint ist. Falls nicht – ‚Karma' bedeutet: Die Summe aller Ursachen und Wirkungen, die du in diesem Leben und anderen Existenzen angesammelt und erlebt hast. Alle? Ja, tatsächlich alle. Der Buddhismus sieht das Leben als ewigen Ablauf von aktivem Leben (die Existenz) und passivem Leben (die Nicht-Existenz). Alle deine Existenzen, also alle Handlungen, die du in deinen vergangenen und in diesem Leben vollzogen hast, sind in einer Art ‚Lagerhaus' oder auf einem ‚Mikrochip' abgespeichert. Diese wirken auf die Entscheidungen ein, die du in deinem jetzigen Leben triffst. Karma hin, Karma her … Wir sind vom Zusammenspiel unzähliger Lebensfaktoren geprägt und daher fällt es uns viel zu oft nicht leicht, einfach frei und unbeschwert zu sein.

Bitte stelle nicht dich sondern deine Vorstellung von Minderwert in Frage: *Wer bist du wirklich? Bist* du tatsächlich so schwach, untalentiert, beschränkt, hässlich, dick, egoistisch, arm, undankbar und bedürftig wie du glaubst? Kannst du diese krassen Selbstverleumdungen loslassen und dich endlich einmal liebevoll annehmen und umarmen? So, wie du bist?

Egal, wie dein Leben gerade aussehen mag: Du bist es wert, geliebt zu werden! Du hast dein eigenes individuelles Leben mit all seinen Licht- und Schattenseiten, die du als Ganzheit mehr oder weniger integriert hast. Manche deiner Wesensanteile sind abgespalten. Sei es, weil du traumatische Erfahrungen gemacht hast, sei es, weil du deine wahren Talente noch nicht aufgespürt hast. Völlig unabhängig davon, wie weit du in deiner menschlichen Entwicklung bereits gekommen bist: Im tiefsten Kern deines Daseins bist ein Kind des Kosmos und der Liebe. Und könnten diese beiden Elternteile, Vater Kosmos und Mutter Liebe, zu dir sprechen, dann würden sie mit Sicherheit schlicht und einfach sagen: *„Du bist unser geliebtes Kind. Du bist ein Juwel!“*

Du bist ein Juwel

Das Leben ist kostbar. *Dein* Leben ist kostbar. *Du* bist kostbar. Du bist Liebe. Die Liebe ist kostbar. Die Liebe ist in dir. *Du bist ein Juwel!*

Ist dir bewusst, dass dein Wesenskern zutiefst wertvoll und liebenswert ist? Fühlst du diese tiefe Wertschätzung für dein Leben? Kannst du spüren, dass in dir das kosmische Leben ist, das du vielleicht als Sternenzelt über dem Nachthimmel bewunderst? Fühlst du die tiefe Verbundenheit? Glaubst du, dass du es wert bist, zutiefst geliebt zu werden? Hast du bereits erfahren, wie es ist, wenn dich die Leichtigkeit und Herrlichkeit universeller Liebe durchströmt? Oder kannst du dir dieses ‚grundlose Glück‘ zwar irgendwie vorstellen, erlebst es aber nur höchst selten oder überhaupt nicht?

Ungeheuer viele Frauen haben ein großes Problem damit, das Juwel in sich selbst zu entdecken. Es ist wie mit unseren Wimpern, die unserer Iris so nah sind, dass wir sie nicht sehen können. Wenn ich Frauen im Coaching frage, ob sie konkrete Erfahrungen mit der Lebenskraft der Liebe in sich gemacht haben, lauten die Antwort oft: *„Noch nicht so richtig. Und ich weiß wirklich nicht, was ich tun kann, um mich leicht, glücklich und frei zu fühlen. Ich scheine ein hartnäckiger Fall zu sein."*

Die Vorstellung, sich selbst zu umarmen, zu loben und zu lieben scheint vielen immer noch suspekt, überzogen, ja sogar unmöglich zu sein. Vielleicht lautet deine Antwort ja auch: *„Eigentlich liebe ich mich ja schon ein bisschen, aber …"* Lass dein programmiertes ‚Aber' doch einmal für einen Moment beiseite und führe dir folgendes vor Augen:

Ohne dich wäre das Universum unvollständig.
Der Kosmos hat dich gewollt, sonst hätte das Leben dich nicht hervorgebracht.
Du bist die Lebensenergie, die du in allem sehen kannst, was dir wertvoll und liebenswert erscheint. Diese Energie funkelt auch in dir, wie die Sonne, wie ein Diamant, wie ein Juwel. Die Schatzkammer deiner wahren Natur hat ihre Tore geöffnet und dein Juwel liegt bereit, um von dir entdeckt zu werden.

Ein Juwel ist ein Juwel. Niemand stellt es in Frage und nichts kann seinen Wert schmälern. Wenn das Leben kostbar ist, dann bist du es also auch, denn du bist Teil dieses Lebens und der ganzen kosmischen Schöpfung. Du bist sogar mehr als nur ein Teil: Du bist das Ganze, individuell manifestiert als ein kleiner Teil des Ganzen. Du bist eins mit dem Universum und wie ein Stern am Nachthimmel bist auch du ein funkelndes Juwel. Du bist also weit wertvoller und liebenswerter als du vielleicht bisher geglaubt oder erfahren hast. Nichtsdestotrotz fehlt dir wahrscheinlich noch die Erfahrung, der ‚Beweis', der dich aus vollem Herzen und in völliger Gelassenheit sagen lässt: *„Egal, wie ich mich gerade fühle, egal, welche Kleidung ich trage, ob mein Körper in Form ist oder nicht, ob ich Anerkennung erfahre oder nicht. Ich bin was ich bin: Ein kostbarer Ausdruck kosmischen Lebens! Ich bin ein Juwel!"*

Dein Juwel ist dein ureigener Wesenskern, die Quelle deines Seins. In ihm liegen die Schöpferkraft, die dir in jedem

Augenblick zur Verfügung steht, dein Enthusiasmus, deine unbändige Kreativität und Lebensfreude. Deine Weisheit und innere Führung, dein Mut, deine Entschlossenheit und deine Gefühlstiefen wie Leidenschaft, aber auch Sehnsucht und allumfassendes Mitgefühl. Es ist die Wiege deines inneren Feuers und deiner Spiritualität. In seinem Kern pulsiert reine Liebes- und Lebensenergie, unendliche Kraft und tiefes Mitgefühl. Du kannst dein Juwel wahrnehmen als Energie, als Glücksgefühl, als Schönheit, die mit allen Sinnen empfunden wird. Als Gnade, wenn dich grundlose Freude oder tiefe Dankbarkeit des Daseins durchströmt, als Liebe, wenn du das Gefühl hast, dein Leben dehne sich so sehr aus, dass du jeden damit berühren möchtest.

Du kannst dein Juwel tief in deinem Wesen spüren. Auch in Situationen, in denen du emotional so sehr herausgefordert wirst, dass du diese Verbindung scheinbar verlierst, bleibt der Kern in dir bestehen. Du kannst dir immer wieder neuen Zugang verschaffen. Wenn du in dem Bewusstsein lebst, dass du ein Juwel bist, verleihst du allem was du tust einen gewissen Glanz. Auf ganz natürliche Weise verbreitest du eine Ausstrahlung, die auch anderen einen Hauch von Würde gibt. Es gibt Persönlichkeiten, die solch eine herzliche, weise und authentische Ausstrahlung haben, dass wir uns in deren Anwesenheit ebenfalls besonders fühlen. Vielleicht kennst du das Gefühl, wenn du aus einem Kinofilm mit deinem Lieblingsschauspieler kommst. Es war nur ein Film, doch die Magie dieses Menschen trägt dich noch für eine ganze Weile. Du bewegst dich wie dieser Star und es erscheint dir, als seiest du zu ihm oder ihr geworden. Auf gleiche Weise verströmt dein Leben einen mystischen Glanz, der aus deinem ganzen Wesen strahlt, sobald du dich auf die Kraft zurückbesinnst, die dich durchs Leben trägt.

Immer, wenn du in den Kern deines Wesens hineinspürst und dich auf deine wahre Essenz besinnst, kannst du äußere Lebensbedingungen gelassen hinnehmen. Aber genau das, dieses In-sich-Hineinspüren, fällt uns ja so schwer, wenn es darauf ankommt. Entweder wir glauben einfach nicht daran, dass es in unserem Inneren etwas Kostbares zu entdecken gibt und sparen uns daher auch jegliche Meditationsversuche. Oder aber wir finden nicht die Zeit um nach Innen zu gehen, weil alle anderen Alltagsaktivitäten wichtiger erscheinen als die Stille in uns.

Unser Juwel liegt also als Rohdiamant brach, unberührt und unerkannt. Unsere Talente sind oftmals vergraben, manchmal unter einem Berg von scheinbar grenzenloser Traurigkeit und Resignation, die bereits in der Kindheit oder Jugend ihren Ursprung hatte.

Als Kinder sind wir neugierig, offen, positiv und voller Vertrauen. Doch diese spontane, naive Lebensfreude wurde uns mit den Jahren abtrainiert. Immer mehr Schwere zog in unser kindliches Herz. Diese Traurigkeit bringt Hoffnungslosigkeit mit sich, diese wiederum fühlt sich wie eine bleischwere Bremse an. Eine Kette, die uns wie ein Anker festhält und uns so zu blockieren scheint, dass unser Schiff nicht in See stechen kann. Mit der Zeit lagert sich so viel Schutt auf unserem Edelstein ab, dass wir sein Leuchten nicht mehr erkennen können. Seien es Verletzungen, Frustrationen oder Niederlagen – all diese Erfahrungen stapeln sich als Ablage auf deinem wahren Kern und sorgen dafür, dass dein zartes, gutes Gefühl zu deiner wahren Identität immer mehr verlorengeht. Stattdessen identifizierst du dich mit Gedanken und Verhaltensweisen, die dir nicht gut tun und spulst unbewusste Verhaltensmuster ab, die dich nicht glücklich machen. Kunststück! Traurige Erfahrungen gab es sicher auch in deiner Kindheit. Sei es, weil Vater, Mutter oder beide Elternteile dich nicht bedingungslos lieben und annehmen konnten, so wie du warst. Sei es, weil du von Klassenkameraden oder Lehrern geärgert, gehänselt oder regelrecht gemobbt worden bist. Diese Erfahrungen prägten dich ungemein. Was, wenn du jahrelang solchen Anfeindungen schutzlos ausgeliefert warst? Ein Jahr erscheint einem Kind wie eine Ewigkeit. Was hat dein Inneres Kind wohl alles durchgemacht, über das es nicht sprechen konnte, weil es keine Worte dafür fand oder kein offenes Ohr da war um zu hören, welche seelischen Grausamkeiten sich in ihm abgespielt haben? Was, wenn das Kind in dir weder Halt in der Schule noch zu Hause gefunden hat? Und wie haben wir als kleines Kind reagiert? Wir haben den Schmerz hingenommen, heruntergeschluckt, verdrängt, wurden sprachlos und stumm und haben unser Vertrauen in andere und ins Leben verloren. Oder aber wir wurden sehr wütend und misstrauisch. All diese schmerzhaften Gefühle: Unsicherheit, Ablehnung, Aggression und Lieblosigkeit wurden ins Schattenreich verdrängt. Dort wurden sie aufbewahrt, aber nicht vernichtet. Die traurigen Emotionen solcher Erfahrungen sind auf einer schwer zugänglichen Ebene, im Reich des Unterbewussten und im Zellbewusstsein, abgespeichert und sie sind jederzeit abrufbar. Es braucht nur einen kleinen Anlass in der Gegenwart, einen Satz, der dich verletzt, eine Geste, ein Blick – und schon sind all diese Emotionen wieder am Start und drängen sich dem Zentrum deiner Gefühls- und Gedankenwelt auf. Das ist der Grund, warum du ungeliebte Muster immer wiederholst, obwohl du es schon längst besser weißt. Doch das Wissen nützt dir nur wenig, wenn du von deinem Unterbewusstsein ferngesteuert wirst. Solange dir nicht klar ist, woher diese Verletzungen und quälenden Gedanken kommen, die dich traurig oder ärgerlich machen, bist du ihnen schutzlos ausgeliefert. Dann hältst du die Person, die nur der Auslöser dieser Gefühle ist, für die Ursache, für den Übeltäter und reagierst mit Angriff, Verteidigung, Angst, Ärger, Rache oder Rückzug.

Es ist ein trauriger Teufelskreis, in dem wir gefangen sind, solange wir die Wunden unseres Inneren Kindes nicht erkennen, annehmen und heilen. Solange du also nicht aus voller Überzeugung sagen kannst: *„Ich bin ein Juwel“*, solange glaubst du noch den Aussagen all der Menschen, die das Gegenteil behauptet haben. Die Liste solcher gemeinen Diffamierungen ist vielfältig und lang:

„Du bist dumm!“ – „Du bist hässlich“ – „Du bist eine Last!“ – „Du bist undankbar“ – „Aus dir wird nie etwas werden!“ – „Du bist egoistisch und selbstverliebt!“ – „Du kannst das nicht!“– „Du bist abartig!“ – „Du bist im Weg!“ – „Du bist ein Taugenichts“ –

„Du bist ein Miststück“ – „Du bist ein verzogenes Früchtchen!“ – „Du bist anstrengend!“ – „Du machst mein Leben kaputt!“ – „Du bist zu viel!“ – „Du bist mir ein Rätsel!“ – „Du dürftest eigentlich gar nicht am Leben sein!“

Erinnerst du dich an ein Ereignis, bei dem dir ein Verwandter oder Bekannter einen ähnlich gemeinen Satz an dein süßes Köpfchen geworfen hat? Erinnerst du dich an das Gefühl der tiefen Traurigkeit und Unsicherheit in dem Moment, als der Satz in dein Wesen drang? Diese Unsicherheit wurde zum Tor, durch das das Gift der Verleumdung in dich eindringen konnte. Kinder sind so offen und naiv dem Leben gegenüber, wenn sie klein sind. Diese Offenheit war fatal für die/den Kleine/n in dir, weil dadurch negative Behauptungen ungehindert in dein Ohr und deine kleine Kinderseele gelangen konnten. Denn: Was machte das brave Kind? Es stellte Mama und Papa nicht in Frage, es wollte ja geliebt werden. Also setzten sich solche Verleumdungen als Glaubenssätze im Unterbewusstsein des kleinen Kindes fest. Mit jeder weiteren Kritik oder Diffamierung gewannen diese Glaubenssätze mehr an Macht, bis sie zum Selbstläufer wurden. Auf diese Weise wurde die Grundlage dafür gelegt, dass so viele Menschen, vor allem aber Frauen, noch heute nicht die einfachen Worte sagen können:

„Ja, ich liebe mich. Ich liebe mich zutiefst!“

Die Hetzkampagnen, Verletzungen und Lügen von damals sind real geworden. In Wirklichkeit ist jedes Wesen absolut liebenswert. Du kannst zu dieser Wahrheit erwachen, die Illusionen durchschauen und zu deinem wahren Wesen zurückehren. Dem reinen, offenen Kind, das du einmal warst. Dieses Kind lebt noch in dir – genauso, wie das glitzernde Juwel in dir lebt und jederzeit von dir wachgeküsst werden kann.

Der allererste Schritt auf diesem Weg ist, über deinen Schatten zu springen und dir zu erklären: *„Ich bin ein Juwel! Egal, was die anderen sagen. Egal, was ich bisher über mich geglaubt habe, egal* *wie sehr ich mich beschränkt habe. Ich öffne mich der Möglichkeit, dass dieser Satz wahrer ist, als ich mir das bis jetzt vorstellen konnte. Ich bin bereit, mich vom Leben überraschen zu lassen. Ich bin bereit, mir selbst die Chance zu eröffnen, eines schönen Tages tief in mir zu wissen und zu glauben, dass dieser Satz wahr ist. Ich glaube diesen Satz und behandle mich ab sofort wie ein Juwel.*"

Der zweite Schritt ist Meditation. Meditation ist so wichtig für dich wie Wasser und Seife für deinen Körper. Es fühlt sich einfach besser an, gereinigt und gepflegt durchs Leben zu gehen, oder? Auch unser Geist braucht ‚Wellness', Reinigung und Pflege, weil wir täglich mit Gedankenmüll überschüttet werden. Meiner Erfahrung nach ist Meditation ungemein wichtig, wenn du Harmonie erleben willst, weil Harmonie immer in dir beginnt. Bist du in Harmonie mit dir? Jetzt gerade? Machst du dir Sorgen, bevor du einschläfst und fragst dich, wie du deine Probleme endlich in den Griff bekommen kannst? Rauben dir ‚Einerseits-Andererseits-Abwägungen' den Schlaf? Findest du keine Antwort auf die Frage, ob du auf deinen Kopf oder auf dein Herz hören sollst? Was machen solch konträre Energien mit dir? Herz und Kopf sind bei den meisten Menschen eben nicht in Harmonie, sondern Kopf-Strategien überwiegen bei vielen Entscheidungen.

Wir widmen unserem Misstrauen mehr Aufmerksamkeit als der Weisheit unseres Herzens. Nicht dein Herz ist blind, es sind vielmehr die Sehnsüchte, die die Kraft deiner Liebe immer dann überlagern, wenn du die Liebe außerhalb von dir selbst suchst!

Der Ausgangspunkt für ein harmonisches Leben liegt in dir. Falls du nicht in Harmonie mit dir bist, geben dir Meditationen jeglicher Art die Möglichkeit, Ordnung in deinem Inneren zu schaffen. Kümmere dich um deine Beziehung zu dir selbst! Ich nenne das ‚Feng Shui of the Mind'! Miste aus! Der Gedankenmüll muss einfach raus! Durch Meditation kannst du deine Gedanken ordnen und ‚aussortieren', dich neu sammeln und Pfade betreten, die dich zu deiner wahren Natur zurückführen: Dem funkelnden Juwel in Dir.

Warum bist du hier?

Wie beantwortest du dir die Fragen, die den Sinn deines Lebens betreffen, wie zum Beispiel: *„Was ist mein Lebenssinn? Wieso bin ich am Leben? Wofür brenne ich? Was sind meine Leidenschaften und einzigartigen Fähigkeiten? Wie kann ich mir und anderen mit meinen Talenten dienen? Wohin führt mein Weg?"*

Die Antworten darauf können, wenn sie eindeutig sein sollen, nur aus deinem Herzen kommen, denn dein Verstand wird wohl eher das Für und Wider abwägen. Vielleicht werden sie auch nie ganz eindeutig für dich sein. Meine Antwort auf die Frage nach dem Sinn meines Lebens ist: *„Ich bin am Leben um glücklich zu sein und dieses Glück mit allen Mitwesen zu teilen. Ich bin, wie alle Wesen, vollkommen ausgestattet, damit ich mein Leben zur Gänze entfalten kann! Ich lebe mein Leben aus seiner ganzen Fülle!"*

Ich bin sicher, alles Leben und jedes Geschöpf trägt das Potenzial in sich, seine individuellen Fähigkeiten voll zu entfalten und sich an seinem Dasein erfreuen zu können! Oder warum sonst hat sich die mystische Lebenskraft, die unsere Körper zusammengesetzt hat, solche Mühe mit der perfekten Kreation aller Lebensformen gemacht? Wie kann es noch Zweifel daran geben, dass dein wunderbarer Körper geschaffen wurde, damit du das Leben mit allen Sinnen erleben kannst?

Alles, was dich daran hindert, dein Potenzial auszuleben, macht dich unglücklich. Denn es widerspricht dem kosmischen Plan, unfrei und unglücklich zu leben. Wenn du mit deinem Leben unzufrieden bist, dann ist das immer ein klares Indiz dafür, dass du deine Gaben noch nicht vollkommen entfaltet hast. Vielleicht bist du dir selbst sogar so fremd, so dass du nicht weißt, was es sein soll oder kann, das du in dir aktivieren möchtest. Du stehst auf dem Schlauch, siehst den Wald vor lauter Bäumen nicht. Schmeiß nicht die Flinte ins Korn, bevor du gänzlich erforscht hast, was dich zum Leuchten bringt! Lass nicht zu, keine Antworten auf die Frage *„Warum bist du hier?"* zu finden! Die Antwort liegt in dir. Werde zu einem Schatzsucher, der keine Ruhe gibt, bis er den Schatz mit den Juwelen gehoben hat. *Du* gibst deinem Leben einen Sinn, denn du schreibst deine Geschichte. Du lebst in einer freien Gesellschaft und du bist mit individuellen Talenten und Fähigkeiten ausgestattet, um dein Leben in seiner ganzen Fülle und seiner erstaunlichen Vielfältigkeit genießen zu können. Allerdings hast du es auch mit einem Spektrum an Herausforderungen zu tun, die dich seit Kindheitstagen plagen und die dich auf die Probe stellen. Wenn du diese Hindernisse nicht als Stoppschild sondern als Sprungbrett siehst, kannst du an ihnen wachsen und wirst dich eines Tages im Rückblick sogar dafür bedanken. Natürlich gibt es auch Leiden durch Krankheit, Alter und Tod, mit denen du im Laufe deines Daseins – mehr oder weniger heftig – konfrontiert werden wirst. Es gibt Phasen, in denen man droht, im Leiden stecken zu bleiben. In solchen Zeiten kann man sich oft keine Linderung und erst recht keinen Sinn vorstellen. Doch selbst in solchen Momenten steht dir ein Pool von Möglichkeiten zur Verfügung. Die Frage, die sich dann stellt, ist schlicht und einfach: *„Bist du bereit? Bist du bereit zu erkennen, was alles in dir steckt? Bist du bereit, die Liebe in dir gänzlich zu erfahren und die Kraft, aus der du bestehst, für dein Leben (und das anderer Lebewesen) einzusetzen?*" Lautet deine Antwort *„Ja"*, dann wirst du ganz sicher auch deinen Weg finden, um deine individuelle Gabe zu entdecken, zu öffnen und zu beleben!

Was vor uns liegt und was hinter uns liegt,
sind Kleinigkeiten im Vergleich zu dem, was in uns liegt.
Und wenn wir das, was in uns liegt,
nach außen in die Welt tragen,
geschehen Wunder.
Henry David Thoreau

Jeder Tag steckt voller kleiner Wunder, die es zu entdecken gilt. Doch selbst, wenn das Wunder des Lebens zum Greifen nah ist, zum Beispiel in der Natur, gehst du vielleicht achtlos daran vorbei, weil du ihrer Schönheit keine Beachtung schenkst. Wie kostbar das Leben wirklich ist, erkennen Menschen meist erst dann, wenn es in Gefahr ist. Wenn wir unsere Gesundheit, Freiheit oder einen Menschen verlieren – sei es, weil eine Liebe zu Ende geht oder weil eine geliebte Person stirbt. Dann wird der Wunsch nach einer Verlängerung des Lebens plötzlich sehr groß. Unsere Trauer über den Abschied von einem geliebten Menschen beinhaltet immer auch das, was wir in diesem Menschen gesehen haben. Was er uns bedeutet hat und unsere Sehnsucht danach, was ‚hätte sein können'. Dies aber ist – auch das wissen wir – eine Illusion. Und es sind immer Illusionen, die uns leiden machen. Im Angesicht des Todes wird uns also schlagartig bewusst, was zählt. Wir werden unsanft daran erinnert, dass Leben tödlich ist, zumindest was unsere aktuelle Inkarnation betrifft. Jeder neue Tag ist ein weiteres Geschenk. In diesen Momenten ahnen wir, welches Potenzial das Leben hat und wie viele Möglichkeiten in uns verborgen sind, die wir bisher noch nicht zum Leben erwecken konnten. Doch diese ‚Carpe Diem Erkenntnis' hält meist nicht lange an. Ist der flüchtige Moment der Bewusstwerdung nämlich abgeklungen, verbringen wir unsere Zeit schnell wieder mit Verpflichtungen, Belanglosigkeiten, Klagen, Zweifeln und Kritik an anderen und der ganzen Welt. Und auch an uns selbst lassen wir häufig kein gutes Haar. Dabei sind wir doch absolut liebenswert!

Liebe - Die Kraft aus der wir kommen

Wir sind liebenswert, weil wir Liebe sind. Liebe ist die Kraft, aus der wir kommen. Die kosmische Lebensenergie durchdringt uns in jedem Augenblick. Ihre lebenserhaltende und lebensbejahende Energie existiert unentwegt in uns. Auch wenn du sie noch nicht bewusst erfahren oder verstanden hast, ist die Lebenskraft der Liebe in dir.

Die Liebe ist das einzige Gesetz, das das Weltall regiert.
Sie ist das Gesetz, das die Sonne und die Sterne bewegt.
Die Materie, aus der das Universum gemacht ist,
ist Liebe.
Ernesto Cardenal

Unser Körper wurde durch die liebevolle Detailarbeit der mystischen Lebenskraft erschaffen. Wir sind eben nicht nur durch den körperlichen Liebesakt unserer Eltern entstanden. Dieser war nur eine Voraussetzung dafür, dass dein Leben sich manifestieren konnte. Ob deine Eltern sich damals liebten oder nicht: Seit dem Moment der Empfängnis pulsiert in dir die Kraft, die dein Herz schlagen und deinen Atem fließen lässt.

Dein Atem ist ein klarer Beweis dafür, dass dich diese unbekannte Größe, die Lebenskraft der Liebe, unentwegt durchströmt und lenkt, denn deine Atmung läuft ja – wie ferngesteuert – in jedem Moment deines Lebens ab. Es gibt keine Atempause, solange du am Leben bist. Diese Kraft liegt außerhalb deiner Verantwortung, denn nicht *du* atmest. Nicht du steuerst deinen Atem, sondern du bist eins und verbunden mit dem großen Atem des Lebens selbst! *Es atmet dich!*

Genauso verhält es sich mit deinem Herzen. Nicht *du* lässt dein Herz schlagen. *Es* schlägt für dich! Dein Körper funktioniert ohne dein Zutun, ganz von allein. Du kannst deine Gesundheit zwar fördern, doch die reibungslose Funktion aller Organe steuert eine andere, dir verborgene Kraft. Einerseits bist du diese Kraft, anderseits kannst du sie weder verstehen noch fassen. Intelligente Zellen erledigen in faszinierender Genauigkeit ihren Job, der nur ein Ziel hat: dich am Leben zu erhalten.

Du bist an den Lebensatem angebunden, der alles Leben hervorbringt und am Leben erhält. Wir nehmen ihn einfach als gegeben hin, sind weder dankbar dafür noch konzentrieren wir uns auf die Tatsache, dass er immer weiter fließt – so wie die Wellen des Meeres im ewigen Rhythmus weiterströmen. Wirst du dir dieses Atems bewusst, dann kannst du erkennen, dass du nicht vom Leben abgetrennt existierst, denn du bist mit dem immerwährenden Rhythmus verbunden, der deinen Atem steuert. Du bist eins mit dem großen Ganzen und das bedeutet: Du nimmst nicht nur teil am kosmischen Spiel des Lebens – es ist in dir. Du bist das Ganze.

Ohne die Kraft, die dein Herz schlagen lässt, gäbe es dich nicht!

Dein Herz soll im Einklang mit den Herzen der Erde schlagen.
Du kannst fühlen, dass du ein Teil des Ganzen bist,
das dich umgibt.
Weisheit der Indianer

Deine Achtsamkeit dem Wunder des Lebens gegenüber verleiht deinem Leben augenblicklich Respekt, denn damit erkennst du an, dass es eine magische Kraft gibt, die die Funktionen deines Körpers steuert und dich am Leben erhält. Dein Herz schlägt für dich, damit du leben, dich entfalten und immer neue Erfahrungen machen kannst. Alles was du brauchst, damit diese Erfahrungen auch glückliche Erlebnisse werden, ist ein neues Bewusstsein.

Erinnere dich also in deinen dunklen Momenten daran, dass es etwas gibt, das größer ist als deine Zweifel, größer als deine Angst und größer als das Gefühl von Sinnlosigkeit und Depression. Es ist die Kraft der Liebe, die dich bewegt. Du bist niemals abgetrennt vom Lebensfluss. Selbst wenn es dir in Momenten oder Phasen von Traurigkeit so erscheinen mag. Indem du zur Dankbarkeit findest, am Leben zu sein, erkennst du das Geschenk des Lebens an – und damit auch den Wert deiner Existenz – ganz egal, wie dir diese gegenwärtig erscheinen mag. Denn dein Leben und das Leben selbst sind eins und untrennbar miteinander verbunden. Es gibt keine größere Wertschätzung als die, das Leben selbst zu schätzen. Wenn wir uns klarmachen, was die Liebe im Laufe der Jahrtausende angesichts der unzähligen Kriege, Morde und unfassbarer Grausamkeiten alles durchmachen musste, dann ist es schon erstaunlich, dass sie immer noch existiert. Das allein schon ist der Beweis ihrer Unsterblichkeit und ihrer unbändigen Kraft.

Liebe ist die stärkste Kraft!
Sie hat jedes Unheil überlebt.
Egal was war - sie ist immer noch da.

Was bedeutet für dich die Aussage: *„Liebe ist die stärkste Kraft?"* Hast du diese Erfahrung schon einmal gemacht? Oder klingt dieser Satz in deinen Ohren wie eine Provokation angesichts deines augenblicklichen Lebenszustandes und des Zustands unseres Planeten? Bei welcher Gelegenheit hast du erlebt, dass Liebe die stärkste Kraft ist? Kommt dir die Angst nicht viel stärker vor? Oder die Wut? Besonders wenn sie dich überkommt und du glaubst, ihr hilflos ausgeliefert zu sein?

Ich verschließe meine Augen keineswegs vor den unendlichen Grausamkeiten und dem Wahnsinn, der sich jeden Tag auf unserem Planeten vollzieht, ganz im Gegenteil: Die unfassbaren Verbrechen an Mensch, Tier und Natur, die sich tagtäglich in immer unvorstellbareren Ausmaßen abspielen, gehen mir extrem unter die Haut. Ich verzweifle oft fast an den Horrormeldungen, mit denen mich unsere multimediale Welt konfrontiert und es gibt Momente, da hadere ich mit der gesamten Menschheit wegen all des Grauens, das sie sich selbst und Mutter Erde antut. Und dennoch habe ich den Glauben an die Transformation auf unserem Planeten nicht verloren, denn ich bleibe dabei: Die Liebe ist potentiell immer existent, selbst dann, wenn wir vergessen haben wie sie sich anfühlt und selbst dann, wenn wir eine lieblose Welt sehen, in der es keine Hoffnung mehr geben mag. Die Liebe hat diesen Planeten nicht verlassen. Trotz allem Leid – die Liebe bleibt!

Liebe ist ja selber der stärkste Zauber,
jede andere Verzauberung muss ihr weichen.
Heinrich Heine

Im Gegensatz zur romantischen Liebe, die eine Person als Mitspieler braucht, ist die allumfassende Liebe immer da, selbst dann, wenn wir sie nicht wahrnehmen. Sie drängt sich nicht in den Vordergrund wie etwa unser Ego. Sie kommt immer dann zum Vorschein, wenn du an sie glaubst, ihrer gewahr wirst und wenn du sie einlädst, dein Leben zu erhellen.

Liebe ist ein Seinszustand. Deine Liebe lebt nicht außen, sie lebt tief in deinem Inneren. Du kannst sie nie verlieren und sie kann dich nie verlassen. Sie ist nicht abhängig von einem anderen Körper, von einer äußeren Form. In der Stille deiner Gegenwärtigkeit kannst du deine eigene formlose und zeitlose Wahrheit fühlen und sie bald als das unmanifeste Leben erkennen, das deine körperliche Form beseelt.

Eckhart Tolle

Die Liebe ist dein Zentrum. Du wirst dann glücklich werden, wenn du das Zentrum in dir statt im Zentrum eines anderen Menschen suchst. Wenn du glücklich werden willst, mache dich auf die Reise zu deinem Mittelpunkt, dem Raum in dir. Die Reise zu deinem Inneren Raum lohnt sich, denn in deiner Mitte wohnt das Glück, das du in der äußeren Welt suchst. Deine konditionierte Abhängigkeit von Mr. oder Mrs. Liebenswert ist nur ein Symptom für das energetische Loch, das du statt deines funkelnden Juwels in dir spürst.

Außerdem ist Suchtverhalten immer ein klarer Hinweis auf deine nicht ausgelebte Gabe und noch nicht entdeckte spirituelle Verbundenheit. Du kannst ganz konkrete Erfahrungen mit der Kraft der Liebe machen. Die Frage ist nur: Wählst du die Liebe – oder wählst du sie nicht?

Wir können uns tatsächlich entscheiden, ob unser Leben auf Liebe oder auf Angst basieren soll. Doch diese Entscheidung treffen wir nicht nur mit dem Kopf. Situationen, in denen deine Umwelt dir wenig Liebenswertes zu spiegeln scheint, eignen sich als Anlass dafür, tiefer zu gehen und dich für *energetische* Erfahrungen zu öffnen, durch die du Zugang zu deinem Unterbewusstsein und zu deinen spezifischen Verhaltensmustern bekommst.

Lotus Fokus

„Ich wähle die Liebe und bejahe alles, was ich bin!“

Besonders in Momenten, in denen du dich entmutigt, alt, hässlich oder gänzlich unfähig fühlst, wird es dir abstrakt vorkommen, dich als kostbares Juwel zu sehen. Höchste Zeit, dich daran zu erinnern dass du nur von der Spur der Liebe abgekommen bist und der Illusion unterliegst, nicht liebenswert zu sein. Deine harsche Kritik entspringt nicht der Lebenskraft der Liebe – und doch hältst du daran fest, weil du keinen Zugang zur Liebe zu dir findest.

Lasse die traurige Energie der Hoffnungslosigkeit los und öffne dich der Vorstellung, dass du *dich* jeden Tag mehr lieben kannst. In der Tiefe deines Herzens weißt du schon, dass du zutiefst liebenswert bist. Liebe ist die Entscheidung, alles, was nicht der Liebe entspricht, loszulassen und sich einer neuen, beglückenden Erfahrung zu öffnen. Wenn du dich dafür öffnen kannst, wähle die Liebe. Vielleicht fürchtest du dich davor, arrogant oder selbstverliebt zu wirken, wenn du dein Selbstwertgefühl steigerst.

Erinnere dich daran, dass es die Energien ‚Liebe‘ und ‚Angst‘ gibt und dass es auf deine Wahl ankommt, für welche der beiden Zustände in dir du dich entscheidest.

Schließe die Augen, fühle in dich hinein. Du lebst. Jetzt. Lass all deine Bewertungen für einen Moment los und fühle nur deinen Herzschlag, deinen Atmen. Entscheide dich für einen Neuanfang mit dir. Entscheide dich für eine Beziehung von dir zu dir, die sich nicht nur gut sondern wundervoll anfühlt. Du bist absolut liebenswert und wenn es einen Knopf gäbe, all die anderen Aussagen über dich zu löschen, dann wäre jetzt ein guter Zeitpunkt, ihn zu drücken. Lass alles los, was einmal war. Nur für diesen Moment. Komme ins reine Sein und visualisiere nichts als pure, glänzende Lebensenergie, die dich durchdringt. Die Liebe ist dein Lebenselixier, die Motivation, die neues Leben schafft. Die Kraft, die uns vereint, zutiefst beglückt und zum Strahlen bringt. Deine Entscheidung, dich eins mit der Lebenskraft der Liebe fühlen zu wollen, ist der erste Schritt durch das Tor der Freiheit. Denn allein du entscheidest, ob du ein Leben der Liebe und Fülle leben wirst oder nicht. Es ist deine Wahl, dir jeden Tag neu zu sagen: *„Ich wähle die Liebe und bejahe alles was ich bin!“*

2

Entdecke das Juwel in Dir!

Flügel sind zum Fliegen da!

Jedes Wesen möchte glücklich sein. Freiheit, Liebe und Glück sind die Elemente unserer wahren Natur. Doch mit dem täglichen Erleben von Glück ist es so eine Sache. Wir kommen viel zu selten dazu, denn der wachsende Druck, die vielfältigen Erwartungen an uns zu erfüllen, wirkt tagtäglich auf uns ein. Obwohl wir mit einem unbegrenzten Potenzial an Lebenskraft ausgestattet sind, leiden wir an einem Pflichtprogramm, das uns daran hindert, zu tun was uns gefällt. Selbst unsere Kinder verlieren den freien Spielraum, das zu tun wonach ihnen ist. Unter massivem Druck kommt das, was uns Freude macht, schlicht und einfach unter die Räder.

Noch vor kurzem gehörte auch ich zu den Menschen, die sich den Tag picke-packe-voll lud, die von Pontius zu Pilatus rannte und dennoch immer dachte, sie täte zu wenig. Ich hatte den perfektionistischen Anspruch an mich, viele verschiedene Aufgaben gleich gut meistern zu müssen – wollte Mutter, Partnerin, Autorin, Coach, Sängerin und Hausfrau zugleich sein, am besten alles zu hundert Prozent. Dabei setzte ich den Fokus überwiegend auf das Wohlergehen anderer und dachte nicht daran, mir Auszeiten in der Stille zu nehmen. Bis ein Tinnitus und chronische Schluckbeschwerden als Weckruf in meinen Alltag kamen um mir zu zeigen: *„Hallo? Was geht denn hier ab? Was machst du mit dir? Der Wasserkessel pfeift (der Pfiff des Tinnitus), die Alarmglocken schrillen und du bist immer noch nicht am Chillen! Lass dir Zeit und hör damit auf, ständig und immerzu zu funktionieren! Basta – es reicht!“* Mein Hausarzt fand zum Thema Tinnitus einen wunderbaren Begriff: *„Frau Kathan, machen Sie sich ein Zeitgeschenk!“*

Wow, ein Zeitgeschenk! Was für ein schönes Bild. Ein großes Paket mit einer bunten Schleife und darin eine dicke Portion Zeit, nur für mich!" Als Kind hatte ich beim Lesen von ‚Momo' immer gedacht: *„Wieso wollen die grauen Herren nur den Erwachsenen ihre Zeit stehlen? Es gibt doch so viel davon! Wieso sollte überhaupt jemand Zeit sparen?"* Ich hätte nie gedacht, dass ich eines Tages auch einmal zu diesen gestressten Erwachsenen gehören würde, die nur zu oft sagen: *„Dafür habe ich keine Zeit! Schnell, schnell, aus dem Weg! Mir rennt die Zeit davon!"*

Mal abgesehen vom Faktor Zeit: Es leben viel zu viele Menschen am Kern ihrer wahren Bedürfnisse vorbei, weil sie ihre Gaben entweder nicht erkennen oder sie nicht nutzen. Stell dir mal einen Baum vor, der weder Blätter noch Sauerstoff produziert, weil er daran zweifelt, ob er das überhaupt kann. Eine ziemlich absurde Vorstellung, oder? Doch genau so gehen wir mit unseren natürlichen Fähigkeiten um, wenn wir sie vergessen, sie bezweifeln oder noch trauriger: Gar nicht mitbekommen, dass wir sie besitzen.

Warum hat ein Vogel Flügel? Sicher nicht, um bewegungslos in einem Käfig zu sitzen, sondern um das Glück und die Freiheit zu erfahren, durch den endlosen Himmel fliegen zu können. Seine Flügel dienen ihm dazu, seiner wahren Natur gemäß zu leben. Viele Vögel können das nicht mehr, weil Menschen unsere luftigen Gefährten lieber einsperren und ihnen lieber dabei zusehen, wie sie verzweifelt von einer Seite des Käfigs zur anderen flattern oder traurig in der Käfigecke hocken. Wir tun uns und anderen ähnlich sinnlose Kerker an. Statt uns zu lieben, unsere Talente zu leben und unsere wunderbaren Flügel auszubreiten, um uns in das Abenteuer des Lebens zu stürzen, begeben wir uns freiwillig in Käfige, die uns unsere wahren Fähigkeiten vergessen lassen. Wir arbeiten in wesensfremden Berufen, die uns weder Freude bereiten noch etwas mit unseren ureigenen Gaben zu tun haben und quälen uns dann bis zur Rente im Hamsterrad des grauen Alltags. Warum? Weil wir entweder keine Alternativen kennen oder schlicht Angst davor haben, aus dem System zu fallen und die Erwartungen anderer zu enttäuschen. Wir verschieben oder vergraben unsere wahren Wünsche, nennen sie ‚Hirngespinste' und folgen einem freudlosen Trott, dem wir keinen Sinn entnehmen können. Auf diese Weise leben viel zu viele Menschen traurig vor sich hin: Als Hamster im Rad, um Verpflichtungen zu erfüllen, die oftmals nicht das Geringste mit dem Sinn und Zweck ihres Daseins zu tun haben. Erschreckend viele Menschen werden dabei depressiv oder leiden am Burnout-Syndrom, weil sie nicht dem Weg ihrer Bestimmung und ihres Herzens folgen, sondern sich in den oft sinnlosen Zwängen von Institutionen und Konventionen verloren haben. Sie strengen sich unentwegt an, um ein Leben zu führen, das sie letztlich immer mehr von ihren wahren Bedürfnissen entfernt.

Wenn es so weit gekommen ist, dass du das Leben eines anderen lebst, kannst du dir wahrscheinlich keine Lösung vorstellen. Vielleicht weißt du auch gar nicht mehr, wohin dein Weg dich führen soll. Aus Pflichtgefühl, deinen Eltern, deinem Partner oder der Gesellschaft gegenüber hast du den Schlüssel zu deinem eigenen goldenen Käfig abgegeben und grollst jetzt vielleicht heimlich gegen deine Gefängniswärter, weil du dich als Opfer fühlst. Kein Wunder, dass du bei diesem Lebensstil immer freudloser, kraftloser und hoffnungsloser wirst.

Die gute Nachricht: Es erscheint dir nur so, als seiest du gefangen oder als sei die Verbindung zu deinem Lebenssinn gekappt. Spielt sich in deinem Leben die immer selbe Leier ab, dann nur, weil du noch keine neue Platte aufgelegt hast! Sobald du erkennst, dass deine Käfigtür weit offen steht, kannst du der Situation entkommen und dich einer Tätigkeit deiner Wahl widmen.

Wenn du allerdings weiter passiv wartest auf ein diffuses Irgendwann, auf einen Zeitpunkt, ein Ereignis oder einen Menschen, der dir Erfüllung bringen soll, dann stagniert dein Leben und das Gefühl von Lähmung und Einsamkeit verstärkt sich. Ohne das Bewusstsein, dass auch du individuelle Flügel zum Durchstarten hast, wird es eng um dich. In dieser scheinbaren Dunkelheit und Enge entsteht oftmals der dringende Wunsch, von jemandem gerettet zu werden, der den Job des Piloten für dich übernimmt. Du hoffst, dass jemand auftaucht, in den du dich verlieben kannst um die ersehnte Wende aus deiner Sackgasse einzuleiten. Erfüllt sich dieser Wunsch und ein fähig wirkender Partner erscheint, dann wirst du schnell aus dem Häuschen geraten, dich ihm an den Hals und deine scheinbare Mitte kurzerhand über Bord werfen, denn die brauchst du ja nicht mehr. Du hast ja jetzt *ihn*!

Solche Verbindungen halten meist nicht länger als eine Monatskarte, denn die Basis für eine glückliche Partnerschaft fehlt, wenn einer den Retter und der andere das Opfer spielt. Wir sind weder das eine noch das andere! Unser Job ist es, unser Lebensglück selbst in die Hand zu nehmen anstatt es anderen zu überlassen. Die Vorstellung von einer harmonischen, erfüllten Beziehung oder einer Familie die uns glücklich macht scheint vielen das Allheilmittel zu sein, um einem traurigen Lebensalltag zu entfliehen und endlich im Glück anzukommen. Doch wie und wo willst du ankommen, wenn du nicht bei *dir* bist? Und wie soll ein Partner es lange mit dir aushalten, wenn du dich tief in deinem Inneren selbst nicht erträgst? Eine Familie ist ein großes Glück, keine Frage. Doch wie glücklich können alle Beteiligen werden, wenn die Basis wackelt, weil niemand der sogenannten ‚Erwachsenen' die Verantwortung für diese Gemeinschaft tragen kann? Wie willst du für das Glück anderer verantwortlich handeln, wenn du noch nicht einmal weißt, wie du selbst glücklich werden kannst? Die Illusion, die große Erfüllung würde schon von selbst eintreffen, wenn das ersehnte Baby das Licht der Welt erblickt, rächt sich oft schon nach kurzer Zeit. Die Rechnung geht nicht auf, denn wir können nur anziehen, was wir bereits sind – die alarmierend hohe Zahl alleinerziehender Mütter spricht hier eine traurige Sprache.

Du bist der Pilot, nicht der Co-Pilot deines Lebens! Welcher Traumprinz, der frei und unbeschwert durchs Leben geht, möchte sich schon in die nächste Nähe einer Frau begeben, die unausgefüllt an seinem Rockzipfel hängt und ihn vor einen Karren spannen will? Freie Menschen scheuen emotionale Trittbrettfahrer.

Tiefes Beziehungsglück erleben meist diejenigen, die bereits gelernt haben, auch alleine erfüllt und frei zu sein und die bereit sind, den Weg der persönlichen Entfaltung zu gehen, um das zu werden, was sie sind. Wer sich an seinem Dasein voll und ganz erfreuen kann, wird durch diese Lebensfreude zu einer Art Leuchtfeuer, das ausstrahlt: *„Hier bin ich und leuchte dir den Weg zu mir mit meinem Licht!"* Innere Festigkeit und eine liebende, leuchtende Ausstrahlung locken Partner an, mit denen ein dynamisches Zusammenleben kreiert werden kann, was ich: ‚Alleine stehen – Gemeinsam gehen' nennen möchte.

Um deinem Leben tiefe Erfüllung zu verleihen kommst du also nicht umhin, die Liebe zu dir selbst zu suchen und zu öffnen. Die äußere Sicherheit, nach der du Ausschau hältst, existiert nicht. Das Leben unterliegt permanenten Veränderungen. Was gestern noch stabil aussah, kann sich morgen schon in Luft auflösen. Um bei diesem stetigen Wandel nicht unter die Räder zu geraten, brauchst du eine innere Qualität, ein inneres Zuhause, das dir Halt gibt – komme was wolle. Baust du dein Leben darauf auf, wirst du dem Kommen und Gehen der Ereignisse standhalten können. Denn mit innerer Balance wirst du die Winde und auch Stürme des Lebens bestehen können und ganz nebenbei dein Selbstwertgefühl beflügeln.

In dir existiert eine ganze Welt von Möglichkeiten! Du wirst sie nach und nach wahrnehmen, wenn du es wagst, hinter den Vorhang deines Alltags zu blicken. Widme dich dir und den längst fälligen Fragen: *„Was sind meine Herzenswünsche? Was verleiht meinem Leben Kraft und Sinn? Was sind meine Prioritäten, und wie viel Zeit räume ich ihnen ein? Was sind meine wahren Talente und Gaben? Welche Aktivitäten machen mich und andere wirklich glücklich? Wo führt mein Herz mich hin?"*

Du hast immer die Wahl durch deinen freien Willen. Deine Flügel sind zum Fliegen da und sind jederzeit startklar! Breite deine Flügel aus! Alles was du brauchst um abzuheben, ist bereits in dir.

Liebst du dich?

Kleine Blume, wie ein Wunder,
Steht sie da und liebt sich selbst
Wie einfach das ist.
Nena

Glaubst du, du bist es wert, ein Leben der Fülle und Freude zu erleben? Bist du wirklich bereit, dich mit Mitgefühl, Feingefühl und Leidenschaft für dich einzusetzen? Oder anders formuliert: Liebst du dich?

Die an dich selbst gerichtete Frage: *„Liebst du dich?“* ist wesentlicher als die Suche nach Annahme durch andere, die da lautet: *„Mein Geliebter, liebst du mich?“*, denn schließlich bist du die Hauptperson in deinem Leben und trägst die volle Verantwortung dafür, auf welche Weise es verläuft. Doch genau an diesem Punkt verweigert das Pferd oft das Hindernis, stimmt's? So stark ist die Macht der Gewohnheit, Liebe und Lob durch andere zu erwarten. Ein Lieblingssatz von Frauen lautet: *„Es ist einfach sooo schwer, mich zu lieben!“*

Ist es nicht! Es ist nur ungewohnt! Ab dem Moment, in dem du den tiefen Wunsch empfindest, dich und dein Leben zu lieben, wirst du deine Reise nach Innen antreten. Dabei lernst du dich wirklich kennen, kommst an deine Grenzen, aber auch zu deiner wahren Natur, zu der Kraft, aus der du kommst und die du bereits bist.

Deswegen geht es nur um deine Entscheidung. Was willst du? Willst du erfahren, wie liebenswert du bist? Möchtest du ein Leben gestalten, von dem du begeistert bist? Kannst du deinen Ärger über deinen Körper loslassen und damit beginnen, ihn endlich anzunehmen und zu lieben, so wie er ist? Dann kommst du an der wichtigsten Person in deinem Leben nicht vorbei! Und das bist nun mal *du*! Du bist ein Juwel! Ach, das glaubst du nicht? Schließe doch mal kurz für einen Moment die Augen und vergegenwärtige dir das kleine Wunder, das du warst, als du geboren wurdest. Sei versichert, du warst entzückend, süß und absolut liebenswert – wie alle Babys. Nun, das bist du immer noch. Nur liegt es jetzt an dir, gut zu dir zu sein, dein Leben zu würdigen und dich um dich zu kümmern. Ab sofort geht es darum, dich zu sehen, dich anzunehmen und anzuerkennen.

Liebst du deinen Körper?

Liebst du deinen Körper oder kritisierst du ihn ständig? Unseren Körper zu lieben ist leichter gesagt als getan, denn wir leben nun mal in einer Welt, die den Vergleich sucht und so immer mehr Komplexe schürt. Mächtige Werbe- und Medienlobbys profitieren schamlos von unserer Bereitwilligkeit zu konkurrieren und zu kritisieren.

Frauen wertschätzen sich selbst oftmals deutlich weniger als mancher Mann ihnen unterstellen mag, denn in der Regel beäugen sie eher fleißig die Stellen ihres Körpers, die ihnen geeignet scheinen, sich gnadenlos abzuwerten. Selbst die schönsten Frauen werden bei diesem aussichtslosen Spiel vor dem Vergrößerungsspiegel immer fündig. Auch dann, wenn die Makel eingebildet sind! Deswegen verbringen sie wohl auch so viel Zeit im Badezimmer, denn die Salve der entsetzten Negativbewertungen scheint endlos: *„Wo kommen denn nur all diese schrecklichen Falten her und diese elenden, frechen Pickel? Meine Haare sind eine Katastrophe und wo ist das Kraut, das gegen Cellulitis gewachsen ist? Ich hasse jedes Pfund an mir, meine Brust macht mir das Leben schwer und wie in aller Welt komme ich eigentlich zu dieser schrecklichen Naaaaaaase?"*

Die beunruhigend hohe Zahl der immer gleichen Schönheits-OP-Einheitsgesichter spricht für sich. Man möge mir verzeihen, aber für meinen Geschmack sehen die gelifteten Damen mit ihren weit aufgerissenen Augen, tätowierten Brauen und aufgespritzten Fischmaullippen einfach alle gleichsam gruselig aus. Manch eine wird regelrecht süchtig nach dieser Art Operation, weil es immer neue ‚Baustellen' am Körper zu entdecken gibt.

Das Selbstwertgefühl scheint am Botox oder Silikon zu kleben, nach dem Motto: *„So, jetzt sehe ich so aus wie ihr mich haben wollt! Darf ich mich jetzt endlich rundherum wohl fühlen?“* – *„Du darfst!“*, plärrt es aus der Flimmerkiste. Du darfst noch viel mehr! Du bist weit mehr als die Person, die dem Schlankheitswahn der Werbeindustrie entsprechen muss, um liebenswert zu sein! Doch viele Ladies scheinen taub für Wertschätzung zu sein und können oft nicht mit Komplimenten umgehen. Sie werden rot, schämen und verkrampfen sich, fast so, als hätte man ihnen einen schlechten Witz erzählt. Sie mögen ihren Körper meist selbst so wenig, dass sie auch mit einer aufrichtig gemeinten Wertschätzung überfordert sind.

Wie viele Tagebücher habe ich als junges Mädchen mit Selbstanklagen gefüllt wie: *„Ich hasse meinen Körper! Ich will endlich schlank und schön sein! Ich hasse, hasse, hasse mich!“*

Ich fand meine Oberschenkel zu dick, weil sie kräftiger waren als andere und setzte mich herab, weil andere mit schlankeren Beinen mir normaler vorkamen als ich. Ich hatte große Angst vor der Frage: *„Wie viel wiegst du?“*, denn ich empfand mich als dick und schämte mich entsetzlich dafür. Wer nahm mich an die Hand und nahm mir diese eingebildete Scham? Niemand. Es wurde immer schlimmer, bis ich schließlich meinen gesamten Körper ablehnte und mich dafür hasste, dass ich nicht so aussah, wie ich es von mir erwartete.

Mir war damals nicht klar, dass meine massive Selbstablehnung nicht die gewünschte Veränderung brachte. Sie führte allerdings dazu, dass meine Figur immer mehr dem entsprach, was ich so sehr ablehnte. Der ständige Fokus auf meine Fettpölsterchen führte dazu, dass ich immer trauriger, frustrierter und dicker wurde. Aus Frust und wachsender Einsamkeit aß ich nicht weniger, sondern heimlich immer mehr und kreierte mir damit eine heftige Essstörung, unter der ich sechs lange Jahre lang furchtbar litt. Ich machte mich mit meinem strengen Blick auf die Waage selbst immer unglücklicher. Über meine buddhistische Ausübung gelang es mir zwar im Alter von 21 Jahren, diesem Teufelskreis ein Ende zu setzen, doch da waren die schönsten Jahre meiner Jugendzeit bereits vorbei.

Alles, was du in Gedanken an dir abwertest, verschlimmert die Situation nur. Deine Lebensfreude erlischt wie eine brennende Kerze, die du ausbläst. Ähnlich wie ich damals verhungern auch heute unzählige Frauen seelisch und körperlich vor dem gefüllten Kühlschrank. Mit deiner stetigen Selbstabwertung schaffst du ein negatives Zerrbild von dir, du machst dir das Leben schwer. Du blockierst deine natürliche Unbeschwertheit und Vitalität und machst dich in extremen Fällen an Leib und Seele krank, wie die wachsende Zahl von Zwangs- und Essstörungen belegt. Ich halte das Festhalten an dieser Form von Selbstverleumdung für *die* Krankheit unserer Zivilisation!

Wach auf und erkenne das Wunderwerk deines Körpers! Jede Zelle in dir arbeitet für dich, damit du leben, dich zur Gänze erfahren und entfalten kannst. Dein wunderbarer Körper, deine Organe funktionieren pausenlos. Selbst wenn du es ihnen nicht dankst, wenn du dich schlecht ernährst, vergiftest, kaum bewegst und deinen Körper ablehnst und beschimpfst. Auch, wenn dir heute vielleicht noch nicht bewusst ist, dass du ein fantastisches Fahrzeug bewohnst, das dir erlaubt zu tanzen, zu rennen, zu singen und zu springen und voller Energie zu sein, kannst du diese positive Einstellung zum Tempel deines Seins erwecken. Werde dir dankbar bewusst, dass du einen Schatz besitzt und dass du nur durch ihn quicklebendig bist! Auch, wenn du bisher nicht erkennen konntest, dass ein Juwel in dir steckt, kannst du ab sofort damit anfangen, es kennenlernen zu *wollen* und damit ein respektvolles Zeichen für deinen Körper setzen.

Hand aufs Herz! Wie sieht es aus mit deiner Selbstliebe? Was ist deine spontane Antwort auf die Frage: „*Wie sehr liebst du dich?*" Ein bisschen? Jetzt schon ein kleines bisschen mehr? Absolut? Über alles? Am Ende dieses Kapitels findest du einen ‚Lotus Fokus' mit einem kleinen ‚Liebes-Check-Up' für dich.

Die Krux mit der Selbstliebe

Gefolgt von Zeitmangel und dem mangelnden Glauben an die ureigene Gabe ist fehlende Selbstliebe ein hartnäckiger Spitzenreiter weiblicher ‚Problemzonen'. Das Thema *Selbstliebe* wird von vielen vernachlässigt, weil es als ‚unnatürlich' empfunden wird, sich selbst zu lieben und zu schätzen. Schon das Wort ‚Selbstliebe' kommt vielen schwer über die Lippen – es ist so ungewohnt und abstrakt wie eine schwer erlernbare Fremdsprache.

Im Coaching höre ich immer wieder von Frauen: *„Ich möchte mich ja selbst lieben. Aber wie soll ich das machen? Ich finde mich ja schon als ganz okay. Ich kann gut zuhören, ich sehe ganz gut aus. Aber lieben? Liebe ist ein großes Wort."*

Wenn ich dann frage: *„Auf einer Skala von null bis zehn, wie sehr liebst du dich zurzeit?"*, lautet die Antwort meistens: *„Ähm … Fünf."* – *„Aha."*, sage ich und fahre fort. *„Und deine Tochter, wie sehr liebst du sie?"* Darauf folgt immer wie aus der Pistole geschossen: *„Zehn!"* – *„Okay, dann weißt du ja jetzt, um welche Lücke es geht! Ich möchte dich dazu ermutigen, dich restlos liebevoll anzunehmen. Auf die gleiche Weise, wie du dein Kind trotz seiner Fehler liebst!"*

Geht es dir ähnlich? Findest du einfach zu wenige Gründe, um dich zu wirklich gern zu haben? Falls ja, liegt das vor allem daran, dass wir Mädels zeitlebens auf falsche Bescheidenheit getrimmt worden sind. Bloß nicht aus der Reihe tanzen! Bloß nicht zu viel Begeisterung! Sei sparsam mit Komplimenten und großzügig mit Kritik. Auf keinen Fall zu sehr von sich überzeugt sein! Schon mal gar nicht als Frau! Ansonsten könntest du ja arrogant und selbstverliebt wirken – das will keiner!

Fehlt dir das Selbstwertgefühl, um in entscheidenden Augenblicken auf liebevolle Weise für dich und deine Wünsche einzutreten? Reagierst du wie ferngesteuert auf das, was deine Umgebung scheinbar von dir will? Fühlst du dich dabei als Marionette anderer? Fragst du dich: *„Warum ist es so verdammt schwer, mich einfach zu lieben?"*

Fällt es dir schwer, grenzenlos von dir begeistert zu sein ohne ein ‚schlechtes Gewissen' zu bekommen, weil sich sofort Stimmen in deinen Kopf melden wie: *„Oh, Mädel, für wen hältst du dich eigentlich?"* Hast du Angst vor Zurückweisung, wenn du zaghafte Impulse wagst, dich selbst zu lieben und zu dir zu stehen? Fürchtest du dich vor Neid und möglichen Verurteilungen anderer und wagst es deshalb nicht, dich bedingungslos zu lieben? Kein Wunder, denn dein Fokus ist auf die äußere Welt ausgerichtet. Du schaust auf die Wirkungen, die du erzeugst und bist meist ahnungslos, dass alles, was im Außen sichtbar ist, untrennbar mit deiner inneren Welt verbunden ist. Denn die Welt um dich ist dein Spiegel. Wenn du dich selbst nicht lieben kannst, können es andere auch nicht in dem Maße, in dem du es dir wünschst. Denn alles ist eins und miteinander verbunden.

Auch wenn immer mehr Menschen zu einem neuen Bewusstsein erwachen, ist ein positives Selbstwertgefühl, das keine Bedingungen braucht und das aus sich selbst heraus stabil ist, in unserer Gesellschaft immer noch Mangelware. In unserer Leistungs- und Vorzeigegesellschaft gilt nun mal das ungeschriebene Gesetz, dass du dich erst dann annehmen und lieben darfst, wenn du gesellschaftlich anerkannte Errungenschaften wie zum Beispiel eine sportliche Figur, ein tolles Aussehen oder besondere Leistungen vorzuweisen hast. Das verbale Rad unserer Gewohnheiten ist in der Regel nicht auf Liebe, sondern auf Selbstverleumdung und Verleumdung anderer programmiert. Es produziert im Sekundentakt den ganz normalen Wahnsinn, der niemanden glücklich macht: Selbstzweifel, Selbstkritik, Selbstverurteilung, Selbstmitleid und Selbstaufgabe, ja oft genug sogar Selbstzerstörung!

Du bewertest du dich ständig mit strengem Blick auf eine Werteskala, die nicht deiner wahren Natur entspricht und die es selten gut mit dir meint. Doch als einstiges ‚braves Kind' hast du deinen Vorbildern geglaubt und gelernt, dass du dich ‚*richtig*' verhalten musst, um für andere liebenswert zu sein. Mami und Papi, Omi und deine Lehrer haben dich trainiert, dich nicht mit einer Note wie ‚befriedigend' zufrieden zu geben sondern stets etwas Besonderes leisten zu müssen, um es überhaupt wagen zu dürfen, dich selbst zu mögen. Und der Leistungsdruck steigt. Du glaubst, du musst Schönheits- und Verhaltensidealen entsprechen, um Wertschätzung erwarten zu dürfen. Castingshows aller Sparten suggerieren:‚Nur die Harten kommen in den Garten und nur die Besten der Besten haben Aussicht auf Erfolg.'

Logisch, dass du so zaghaft mit der Liebe zu dir umgehst, denn das, was du über dich denkst, ist oft ein Frontalangriff auf dein Selbstwertgefühl. Wenn du doch einmal so mutig bist und es wagst, dich zu mögen, dann kommt bestimmt ein Bekannter, ein Arbeitskollege oder der Mann von nebenan vorbei und redet dir dein soeben erworbenes Selbstwertgefühl mit unsensibler Rechthaberei wieder aus.

Nicht nur Frauen leiden unter dem gewaltigen Druck, einen breiten Spagat bewerkstelligen zu müssen. Denn sie haben es mit dem Balance-Akt ihrer vielfältigen Aufgaben besonders schwer: Einerseits sollen sie ein starkes Selbstwertgefühl und eine gewisse Unabhängigkeit ausstrahlen, um attraktiv, modern und begehrenswert zu wirken. Andererseits sind sie meist blutige Anfängerinnen in Sachen Selbstliebe und machen oft nur sehr viel Wind um nichts. Denn so selbstbewusst, wie sie auf das andere Geschlecht wirken mögen, sind sie meistens nicht. Nicht nur immer mehr Brüste sind unecht. Das vermeintliche Selbstwertgefühl dahinter ist auch nicht gerade wetterfest. Schließlich sind Frauen über Jahrtausende darauf programmiert worden, sich unterdrücken zu lassen und sich hypnotisch auf die Bedürfnisse anderer zu konzentrieren. Auch wenn es ihnen oft nicht bewusst ist: Frauen sind noch immer die rettenden Engel im Hintergrund, denen nicht nur beruflich viel zu wenig Spielraum bleibt, um sich vollends zu entfalten. Dass dies so ist, hat eine wichtige Ursache, die in uns Frauen selbst liegt: Wir, die gefühlvollen, empfangenden Wesen, spulen Non-Stop-Gedankenschleifen ab, die sich in der Regel um das Wohlergehen anderer drehen: „*Wie geht es meinen Kindern, meinen Eltern, meinem Mann und meinem Chef? Sind auch alle zufrieden und versorgt? Wem kann ich sonst noch weiterhelfen?*" Egal ob es darum geht, hinter der Familie zu stehen, Durststrecken zu überstehen oder schlicht tapfer zu lächeln, wenn keinem Mann das mehr einfallen würde: Frau steht ‚ihren Mann'.

Frauen haben von ihren Müttern und Großmüttern gelernt, sich eher zurückzunehmen, sich minderwertig zu fühlen und die eigenen Bedürfnisse so lange zu verdrängen, bis sie keine Rolle mehr spielen oder ganz in Vergessenheit geraten. Anderen dienen zu können ist eine wundervolle Gabe, wenn die Freude am Geben echt ist, dich erfüllt und beglückt. Kippt jedoch die Balance zwischen der ständigen Widmung an andere und der für eigene Bedürfnisse, dann setzt ein Fehler im System ein und die Freude am Geben wird zu einem beengenden Pflichtgefühl und zu aufreibendem Stress. Falsche Bescheidenheit ist kein Ausdruck von Liebe, sondern eher von Geringschätzung der eigenen Existenz!

Durch jahrtausendlange Konditionierung trägt also selbst die sogenannte emanzipierte, unabhängige Frau von heute noch immer das Programm ‚*Vorfahrt für die anderen*' in sich und wird so massiv davon gesteuert, dass sie, die feminine Alleskönnerin, oft am Rande ihrer Kräfte steht. Während sie eisern versucht, ihr anspruchsvolles Leben unter dem Motto ‚Kinder-Küche-Karriere-Körper' zu meistern. Zwar boomt der Wellness-Markt, doch auch hier geht es meist weniger um liebevolle Aufmerksamkeit für sich selbst, als schlicht um Fassadenerneuerung, sprich: Die Optik muss stimmen, damit frau attraktiv und begehrenswert bleibt. Kurz vor dem Mutter-Burnout soll sie jetzt auch noch die Lizenz zum Lieben in der Tasche haben? Sorry, liebe Männer, aber grau ist alle Theorie!

Männer sind in der Regel egoistischer als Frauen, es fällt ihnen durch jahrhundertelanges Training leichter, an sich zu denken. Frauen sorgen sich um andere, weil ein Teil ihres Wesens darauf ausgerichtet ist, auf die Bedürfnisse anderer zu achten. Es herrscht also ein inneres Ungleichgewicht zwischen Geben und Nehmen unter den Geschlechtern. Kein Wunder, dass es zwischen Mann und Frau so oft kracht. Da Frauen das Thema Selbstliebe oft sträflich vernachlässigen, sehen Männer häufig keine Veranlassung, ihr eigenes überzogenes Anspruchsdenken herunterzuschrauben. In den seltensten Fällen bekommt ein Paar überhaupt mit, dass es der einen am *‚Selbstwert-Muskeltraining‘* und dem anderen an der Bereitschaft zur Empathie fehlt.

Auch, wenn die es sich die Damenwelt nicht gern eingesteht: Eine Vielzahl von Frauen sucht hauptsächlich die Wertschätzung anderer, vor allem die von einem Mann. Männer möchten natürlich auch Anerkennung und Bestätigung erfahren, sei es im Job oder in der Partnerschaft. Doch es geht ihnen dabei offensichtlich um Einiges besser. Sie haben in der Regel kein Problem damit, sich breitbeinig vor den Spiegel zu stellen und sich zu sagen: *„Na, bitte. Geht doch*!“ Selbst oft dann noch, wenn ihr Äußeres mehr als zu wünschen übrig lässt. Was sie unter Selbstliebe verstehen, ist oft nicht viel mehr als aufgeblasenes Ego-Gehabe, das dazu dient, andere Platzhirsche zu verdrängen. Hier ist oft eher narzisstische Energie am Start als die Liebe zum Leben.

Narzissmus ist ein weiterer Grund, warum Selbstliebe bei Frauen nicht besonders hoch im Kurs steht. Einerseits ist das Modewort ‚Selbstliebe‘ in aller Munde, anderseits gilt es als Fauxpas, weil Selbstverliebtheit verständlicherweise einen unsympathischen Beigeschmack hat. Das eigene Selbst zu lieben suggeriert skeptischen Ohren, dies bedeute ‚nur noch‘ sich selbst zu lieben und sich selbstsüchtig zu überhöhen. Der Begriff kann leicht mit überzogener Egozentrik verwechselt werden, wenn das Element der Verbundenheit, nämlich das echte Mitgefühl fehlt. Narzissmus hat jedoch weniger mit Selbstliebe, sondern eher mit überspielter Unsicherheit und einem tiefen Mangel zu tun. Der Betreffende bläht sein Ego auf und versucht, seine Umgebung mit ‚seiner Person‘ zu beeindrucken um damit die Bestätigung zu kassieren, die er sich selbst nicht geben kann. Wirkliche Selbstliebe bedeutet nicht, als eitler Pfau durchs Leben zu schreiten um allen anderen zu beweisen, wie schön, fähig oder erfolgreich man ist. Selbstliebe ist die bewusste und verantwortungsvolle Achtsamkeit für das eigene Befinden und für die Bedürfnisse von Körper und Seele. Sie entsteht aus der Widmung an die Quelle des Lebens, die uns befähigt, glücklich zu sein und diese Freude bereitwillig zu teilen.

Der Diamant im Gewand

„Diamonds are a girl's best friend!" hauchte die einzigartige Marylin von der Kinoleinwand. Doch selbst die wunderschöne Sexbombe Marylin Monroe schien Anfängerin in Sachen Selbstliebe zu sein. Kunststück, denn zu Lebzeiten der Diva war es Frauen nicht vergönnt, sich der Suche nach ihrem Selbstwert zu widmen. Und auch heute noch ist es oft nicht mehr als Kosmetik, wenn Frauen sich ein Juwel leisten oder geschenkt bekommen. Statt tiefe Selbstliebe zu empfinden, dient den Ladies das Anlegen des Geschmeides doch eher bereits erwähnter Imagepflege: *„Seht her, ich bin es wert Diamanten zu tragen. Mein Mann hat mich mit Juwelen geschmückt, das beweist doch, dass ich ihm wichtig bin."* Unter dem schönen Schein hält sich hartnäckig die Schwierigkeit, sich wirklich wertzuschätzen und von ganzem Herzen zu lieben.

Osho's klares Statement zum Dilemma ‚*Wie kann ich mich nur lieben?*' lautet in etwa so: *„Es geht nicht darum zu lernen, wie wir uns lieben. Das wäre so, als wollten wir lernen wie unser Herz schlägt oder unsere Lungen atmen. Nein, wir können und brauchen nicht zu lernen, wie wir uns lieben, weil wir bereits Liebe sind! Es geht vielmehr darum zu verlernen, wie wir uns selbst boykottieren, ausbremsen und uns damit unsere ureigene Lebensfreude vorenthalten!"*

Genau so sehe ich es auch. Es ist nicht schwer sich zu lieben – die Herausforderung besteht eher darin, über den eigenen Schatten zu springen und bereit zu sein, die Liebe in einem neuem Licht zu sehen. In uns allen befindet sich eine innere Schatzkammer, angefüllt mit funkelnden Juwelen und Diamanten. Doch wir sind uns so sehr entfremdet, dass wir sie oft weder wahrnehmen noch erahnen können. Und falls doch, dann meinen wir, uns fehle der passende Schlüssel. Schuld daran sind zahlreiche hartnäckige Glaubenssätze, die uns seit Ewigkeiten unbewusst beherrschen. Diese aufzuspüren und in Frage zu stellen ist eine der wesentlichen Aufgaben für jeden, der das Diktat negativer Gedanken außer Kraft setzen möchte um wirklich frei und glücklich zu sein.

Liebe ist grenzenlos. Wahre Liebe kennt kein Du und kein Ich. Wahre Liebe ist selbstlos und frei. Wir sind Liebe, ohne Ausnahme. Doch die Schwierigkeit für uns alle ist, dass wir den Zugang zu dieser freien Liebe nicht in die Wiege gelegt bekommen haben – zumindest nicht durch unsere Eltern, die selbst nicht lernen konnten, wie man sich liebt. Uns wurde mit Macht der Glaube vermittelt, dass Liebe außerhalb von uns zu finden sei: In einem heiratsfähigen Partner, in einer steilen Karriere, in einem perfekten Körper. In einem Gott, der sich außerhalb von uns befindet und der mit Blick auf unseren Lebenswandel beurteilt, ob wir seine Liebe überhaupt verdienen. Wir haben nicht gelernt uns zu lieben, wir haben gelernt zu misstrauen. Wir alle haben Dinge erlebt, die wir gar nicht erwartet haben und die uns oft sehr wehgetan haben.

Die eigentliche Kunst des Liebens liegt also darin, sich von den lieblosen Denk- und Verhaltensweisen, die wir als ‚normal' empfinden, zu befreien und ein neues Kapitel aufzuschlagen, dass da heißt: *„Ich bin Liebe und ich bin bereit, dies zu erfahren."*

Dein Leben birgt viel mehr Erlebniswelten in sich als du ahnst und deine Existenz ist weit kostbarer, als du es bisher ermessen konntest. Gib dir selbst die Erlaubnis, glücklich zu sein und ziehe die Möglichkeit in Betracht, dass du viel mehr bist als das ungeliebte Bild, das du in der Vergangenheit von dir erschaffen hast. Entmachte die Rollen, die du bis jetzt unbewusst oder bewusst gespielt hast. Lass all diese Begrenzungen los und springe einfach ins Ungewisse. Das Juwel der Liebe ist *in dir*, auch wenn du es vielleicht noch nicht wahrnimmst.

Es gibt eine japanische Geschichte von einem Diamanten, der in einem alten Gewand eines Bettlers eingenäht ist. Der Bettler, der das Gewand trägt, leidet sehr unter seiner Armut und sucht überall nach Almosen, um zu überleben. Bis er eines Tages hinter das wundervolle Geheimnis seines Mantels kommt und den Diamanten finden, den er jahrelang unentdeckt mit sich trug. Anders ausgedrückt: Wir suchen verzweifelt nach unserer Brille und haben sie die ganze Zeit auf der Nase! Der buddhistische Meditationsmeister Thich Nhat Hanh drückt es in einer Anekdote so aus:

Der Fluss wollte eine Wolke besitzen, sie für sich haben.
Doch die Wolken schweben und ziehen über den Himmel
und verändern ständig ihre Form.
... Er erkannte, dass das, wonach er Ausschau hielt, schon in ihm war. Er fand heraus, dass Wolken nichts als Wasser sind.
Wolken werden von Wasser geboren und kehren zu ihm zurück.
Und der Fluss sah, dass auch er aus Wasser war.

Im Bann des „Wenn-Dann"

Ich habe eine rührende Erfahrung zum Thema ‚Selbstwertgefühl' gemacht, als ich eine Zeit lang ‚Lesemutter' in der ersten Klasse meiner Tochter war. Ich lieh den Kindern bei ihren ersten Leseversuchen mein Ohr und mein Auftrag war, ihnen ein Feedback zu geben. Meine Strategie dabei war so einfach wie wirkungsvoll: Ich habe einfach immer alle Kinder gleichermaßen gelobt. Ich gab ihnen Vorschusslorbeeren und brach dabei oft in regelrechte Begeisterung aus: „*Wow, das ist ja noch besser als letzte Woche! Hast du geübt oder was ist passiert? Du bist echt begabt, ein Naturtalent! Weiter so!*" Die Kinder, die wirklich prima lesen konnten, gingen gelassen und bestätigt zurück in die Klasse, wenn ihre fünf Minuten vorbei waren. Diejenigen hingegen, die große Schwierigkeiten mit dem Lesen hatten, sahen mich mit rührendem Erstaunen an und schlichen sich dann weg, fast so als hätten sie Angst, dass mein Urteil doch noch negativ ausfallen könnte. Mit der Zeit fassten aber auch sie immer mehr Vertrauen und nahmen mein großes Lob selbstbewusst an. Manch andere Lesemutter rümpfte die Nase über mein Entzücken, weil sie fand, dass es übertrieben sei. Mir war das egal, denn ich war sicher, dass meine Belobigungen fruchten würden. Zumindest hatte ich als Kind selbst erfahren, dass das Gegenteil von Lob leider sehr gut funktionierte. Seit meine Deutschlehrerin mir einmal vor der gesamten Klasse an den Kopf geworfen hatte: „*Wir sind hier nicht bei den Stotterern und Stammlern!*", hatte ich über Jahre nicht mehr flüssig vorlesen können. Die Kinder kamen jedenfalls nicht nur gerne zu mir, sie verbesserten sich tatsächlich von Woche zu Woche. Selbst Kinder mit einer ‚Leseschwäche' oder mit ‚Migrationshintergrund' lasen irgendwann sicher und vor allem mit großer Freude, statt mit Angst vor Kritik. Ein Testverfahren der Pisa-Studie belegte schließlich, wie gut die Klasse abschnitt. Der kleine Teil, den ich dazu beigetragen hatte, war simpel aber wirkungsvoll. Ich hatte den Kindern nicht gesagt: *„Wenn du fleißig weiterübst, dann wirst du eines Tages lesen können"*, sondern das ‚Wenn-Dann' weggelassen und mein Lob einfach vorweggenommen.

Wenn du meinst, deine Existenz nicht wertschätzen zu können, weil du nichts Wertvolles an oder in dir entdecken kannst, dann glaubst du wahrscheinlich unbewusst an dieses ‚Wenn-Dann-Prinzip' aus Kindheitstagen. Es steht für den bereits erwähnten Haben-Modus, der besagt, dass du erst mal etwas geleistet haben musst, um Liebe und Aufmerksamkeit zu verdienen. Du darfst dich nicht einfach um deiner selbst willen lieben und schätzen, sondern du musst erst einmal ‚abliefern' und damit beweisen, dass dein Tun auch einen tatsächlichen Wert hat. Besonders Frauen nehmen sich dieses Dogma dermaßen zu Herzen, dass schließlich ihr gesamtes Leben von pausenlosem Funktionieren dominiert wird. Ihr Gedankenkarussell, das ja ohnehin ständig um das Wohlbefinden anderer kreist, überschlägt sich mit Aufträgen innerer Antreiber wie zum Beispiel:

„Wenn ich schlank, fit und jung aussehe, bin ich schön und liebenswert."
„Wenn ich schön und liebenswert genug bin, bin ich es wert, mich selbst zu lieben."
„Wenn ich einen Partner habe, werde ich endlich glücklich sein."
„Wenn mein Partner mich liebt, werde ich ihm all meine Liebe schenken."
„Wenn mein Partner mich nicht mehr liebt, werde ich ihn auch nicht mehr lieben."
„Wenn ich alles schön aufgeräumt und geputzt habe, bin ich eine gute Partnerin."

„Wenn ich alle versorgt habe, bin ich eines Tages auch mal dran."
„Wenn ich einen Burnout habe, darf ich mich endlich ausruhen!"
„Wenn ich in Rente bin, kann mein Leben beginnen."
„Wenn ich sterbe, darf ich endlich leben – im Paradies."

Manch eine kommt durch dieses ewige ‚Wenn-Dann' niemals an. Denn diese Einstellung erzeugt immer eine zeitliche Kluft, in der wir es noch nicht wagen dürfen, unser Leben zu genießen. Die unendlichen Möglichkeiten des Augenblicks werden durch das stetige Aufschieben in die Zukunft unmöglich gemacht, denn im Hier und Jetzt kann keine Freude aufkommen. Wir verdienen es ja noch nicht, uns gut und entspannt zu fühlen – sondern erst dann, wenn all unsere Bedingungen erfüllt sind! Das Festhalten an dieser Illusion ist nur für eines geeignet: Dich unglücklich zu machen!

Wenn du dich beim ‚Wenn-Dann-Denken' ertappst, ist es höchste Zeit für eine Programmänderung! Bist du bereit, dieses tyrannische Ritual zu beenden und damit Raum für die Liebe zu schaffen? Dann begegne dir selbst mit Achtsamkeit und Mitgefühl. Sobald du den Anfang machst, wird deine Umgebung dir folgen. Übe dich ab sofort darin, genau so liebevoll und rücksichtsvoll mit dir umzugehen wie du dein eigenes Kind behandeln würdest. Nicht nur für Kinder ist es essentiell wichtig, gesehen und gelobt zu werden um glücklich zu sein.

Atme einfach bewusst ein und aus und erinnere dich daran, dass du bereits hier und jetzt absolut liebenswert bist. Lobe dich selbst, auch für Kleinigkeiten. Sprich dir damit selbst Mut zu und baue dir Schritt für Schritt innere Festigkeit auf. Gib dir selbst Vorschusslorbeeren! Es liegt in deiner Verantwortung, deine großen und kleinen Taten wohlwollend anzuerkennen. Aus diesem Sich-Annehmen und Mögen kann dann ein wachsendes Selbstwertgefühl entstehen. Einfach indem du bereit bist, ‚Ja!' zu dir zu sagen.

Lass dich ein auf die wunderbare Welt unendlicher Möglichkeiten, nimm die Pistole von deinem Kopf. Du musst dir dein Glück nicht verdienen! Zerschneide das unsichtbare Band zwischen dem gegenwärtigen Moment und dem Bild, das du von deiner Zukunft hast. Lande sanft im Hier und Jetzt. Du wirst feststellen: Es gibt etwas viel Lohnenderes als das Prinzip des ‚Wenn-Dann'. Diese Formel lautet: ‚Von jetzt an!'

„Von jetzt an - Liebe!"

Jetzt ist ein guter Zeitpunkt, das scheinbar Unmögliche möglich zu machen und dir die Zeit und Aufmerksamkeit zu schenken, die du brauchst! Liebe dich so wie du bist, genau da wo du bist. Mach dich auf den Weg der kleinen Schritte:

Lass es dir selbst gut gehen! Du kannst dich am Schopfe aus dem Sumpf deiner Traurigkeit ziehen, egal, wie sehr du gerade unter der eingeschränkten Wahrnehmung deiner Möglichkeiten leiden magst. Halte inne und werde dir bewusst, dass du der machtvolle Schöpfer deines Erlebens bist. Sollte dir das alleine nicht gelingen, streck doch deine Fühler einmal nach Menschen aus, die dir auf deiner Reise nach Innen behilflich sein können. Inspirierende Workshops, Vorträge, Seminare oder geführte Meditations-CDs gibt es dazu mittlerweile wie Sand am Meer.

Bist du wirklich bereit und entschlossen, ‚von jetzt an' aus der Lebenskraft der Liebe zu leben, dann setzt du mit dieser inneren Haltung dein gesamtes Leben in Bewegung. Deine Entschlusskraft wirft deinen Motivationsmotor an, weckt die dynamische Kraft des Neuanfangs in dir und öffnet dich für das scheinbar Unerreichbare. Sobald du deine Achtsamkeit auf einen richtungsweisenden Impuls deiner Intuition richtest, wird dieser zum roten Faden. Folgst du ihm, wirst du immer mehr von deinem enormen Spielraum erforschen können. Alles, was du dafür brauchst, ist bereits in dir: Leidenschaft, Fantasie, Mut, Tatkraft, Geduld und Entschlossenheit. Johann Wolfgang von Goethe hat eine treffende und brillante Ermutigung dazu formuliert:

Unsere Wünsche sind Vorgefühle der Fähigkeiten, die in uns liegen, Vorboten desjenigen, was wir zu leisten imstande sein werden. Was wir können und möchten, stellt sich unserer Einbildungskraft außer uns und in der Zukunft dar; wir fühlen eine Sehnsucht nach dem, was wir schon im Stillen besitzen. So verwandelt ein leidenschaftliches Vorausgreifen das wahrhaft Mögliche in ein erträumtes Wirkliches.

Wenn du es wagst, mit offenen Augen zu träumen, also eine klare Vision von dir zu haben, erkennst du, wer du wirklich bist und bewegst dich mit Souveränität voran. Du gibst deinem Leben eine neue Richtung und ermöglichst dir damit, neue Erfahrungen zu machen, die dir beweisen, dass dein Leben voller Überraschungen steckt.

Beginne zum Beispiel mit einfachen Affirmationen wie: *„Ich danke dir, mein wunderbarer Körper! Von jetzt an entschließe ich mich, dich liebevoll zu pflegen und zu hegen. Ich wertschätze dich. Und zwar genauso, wie du jetzt gerade bist.“*

Da du ja sehr an deine Selbstkritik gewöhnt bist, ist es gut möglich, dass es dir erst einmal seltsam, albern oder einfach unehrlich vorkommen mag, solche Sätze gelassen auszusprechen. Falls etwas in dir gegen diese Aussagen rebellieren sollte, dann ist das die Stimme deines mangelnden Selbstwertgefühls, gepaart mit den zahlreichen Negativ-Erfahrungen, die du bereits gemacht hast. Sei es aus Passivität, Angst, Zweifel, Selbstsabotage oder aus welchen Gründen auch immer. Entgegne deinem inneren Kritiker: *„Warum eigentlich sollte ich dir glauben? Ist es so unangebracht, meinem Körper dafür zu danken, dass er mich täglich am Leben erhält?“*

Die Vergangenheit ist vorüber, die Zukunft ist noch unbekannt. Es gibt nur den Moment. Genau jetzt schlägt in dir der Puls des Lebens, der Puls unendlich vieler Möglichkeiten. Widme dich mit mutiger Entschlossenheit deinen Fähigkeiten:

„Von jetzt an erkenne ich mein Wesen und mein enormes Potenzial. Ich bin von jetzt an fähig, das zu erleben wonach ich mich sehne, weil dieses Vorgefühl mir zeigt wer ich jetzt schon bin. Von

jetzt an handle ich als der kreative/ kommunikative/ sensible/ helfende/ starke/ eigenständige/ etc. Mensch, der ich bin und genieße die Reise, Schritt für Schritt!"

Deine Zweifel und Versagensängste werden sich zwar nicht einfach so in Luft auflösen wenn du dich dazu entschließt, doch du bewegst dich trotzdem voran. Es ist sogar gut möglich, dass deine Ängste, je mehr Aufmerksamkeit du ihnen schenkst, erst einmal stärker werden. Also lieber doch keine Entschlossenheit und noch mal eine weitere Runde abwarten und Tee trinken? Weiter warten, bis sich dein Schicksal vielleicht eines schönen Tages von selber wendet? Nun, das ist auch eine Option. Es kommen auch bessere Tage – keine Frage – irgendwann. Doch das kann dauern. Wenn du dir keine Verbesserung deiner Lage vorstellen kannst, dann ist es so als würdest du dem Film deines Lebens sagen: *„Achtung, eine Durchsage an alle! Ich möchte auf keinen Fall etwas Neues erleben, weil ich zutiefst davon überzeugt bin, dass es nicht möglich und daher auch nicht nötig ist!"* Ob du's glaubst oder nicht: Dein Wunsch ist dem kosmischen Leben Befehl und es wird nicht viel Positives passieren, solange etwas in dir deinem Glück dazwischenfunkt.

Entschließt du dich jeden Tag neu mit der Haltung: *„Von jetzt an … erlebe ich die Fülle des Lebens!"* wird sich eine Veränderung in dir vollziehen, die dir erlaubt zu erfahren, wie fähig, kostbar und liebenswert du in Wahrheit bist.

Du bist zutiefst liebenswert!

Gib dir die Chance zu erfahren, dass du absolut liebenswert bist. Ohne Bedingungen, ohne das Einfordern von Beweisen oder irgendwelchen Taten, ohne das Erreichen von irgendetwas. Du *bist* wunderbar – und von Anfang bis Ende deiner Existenz zutiefst liebenswert! Wage das Experiment und liebe, liebe, liebe dich! Ab sofort und radikal!

Verwöhne dich, lass es dir gut gehen! Stehe dir selbst zur Verfügung und sei bewusst für dich und deine Bedürfnisse da! Entwickle dich zu einem Menschen, der sich und sein Dasein bedingungslos liebt!

Lass deine unangebrachten Schuldgefühle los. Befreie dein begrenztes, liebloses, bewertendes Denken und liebe dich als die Person, die du bereits bist! Liebe dich für all deine Wesenszüge, deine Gaben und menschlichen Qualitäten. Aber auch für all deine Charakterschwächen und Unsicherheiten, die auch alle eine Funktion im Puzzle des Lebens haben. Wenn du dich heute noch nicht lieben kannst, dann gehört das zu einem Prozess der Selbstannahme, die irgendwann geschieht. Und zwar dann, wenn du bereit bist, die strengen Gedanken über dich loszulassen. Schätze deine Bereitschaft, nicht aufzugeben und dich als Mensch stetig zu entwickeln.

Heute ist ein guter Tag um restlos von dir begeistert zu sein! Öffne dein Herz für dich selbst und tröste dich, denn du hast schon so viele schwierige und schmerzvolle Situationen überstanden. Besonders als Kind, als du vielleicht Opfer grober Fehlentscheidungen und Verletzungen deiner Eltern wurdest. Hier und heute bist du die Person, die du durch all diese Herausforderungen geworden bist. Mit Narben auf dem Herzen, aber auch mit deinem unentdeckten Juwel in dir. Der Fähigkeit grenzenlos zu lieben und dein Leben neu zu erfinden, egal was du bereits erlebt hast! Lass es zu, dass die Liebe, die bereits tief in dir ist, dich beglücken kann, so wie die Sonne hinter dem Nebel hervortritt um alles, was gerade noch trüb erschien, mit ihren warmen Strahlen zu erhellen. Es ist gar nicht schwer, diese Liebe zuzulassen. Es ist nur ein wenig ungewohnt.

Jeder Mensch bekommt zu seiner Geburt die Welt geschenkt.
Die ganze Welt. Und die meisten von uns haben aber
noch nicht einmal das Geschenkband berührt,
geschweige denn hineingeschaut.
Leo Buscaglia

Du bist so wertvoll wie das Leben selbst! Du bist ein kosmisches Geschöpf, individualisiert durch ein Ich-Bewusstsein, gesteuert und gelenkt von einer Energie, die wir nur als mystisch bezeichnen können, weil sie – genau wie die Liebe – niemand wirklich erklären kann.

Erlaube dir einfach, dich auf das Bewusstsein einzulassen, dass jeder Moment in dem Spektakel, das wir Alltag nennen, ein Geschenk ist. Lass dich überraschen von der Kraft in dir, die freundlich „Hallo" zu dir sagen möchte. Die Liebe ist in dir. Klopfe an ihre Tür. Du wirst sie finden, wenn du wirklich glaubst, dass sie da ist.

Lotus Fokus

Wie sehr liebst du dich?

Hier ein paar konkrete Fragen an dich, um Klarheit zu gewinnen, wie es derzeit um deine Selbstliebe steht. Vielleicht möchtest du deine Gedanken dazu auf einem Blatt ausführlich beantworten. Sieh diese Übung als eine Art schriftlicher Meditation, ohne Bewertung. Was auch immer sich über deine Antworten für dich zeigt – folge dem Impuls, den sie auslösen.

Macht dir dein Leben Spaß? Erfüllt es dich?

Wie sehr liebst du dich, auf einer Skala von 0 – 10?

Was tust du für *dich*?

Was schätzt du konkret an *dir*?

Was kannst du nicht an dir leiden?

Verurteilst du dich dafür, oder kannst du dich trotzdem lieben?

Liebst du deinen Körper?

Bist du bereit deinen Körper so anzunehmen, wie er gerade ist?

Was verweigerst du dir und was tust du nicht,
obwohl es dir gut tun würde?

Wie kannst du dich noch mehr lieben?

Was kannst du tun, damit dein Leben
dich vollkommen erfüllt?

Statt dich in leidvoller Abhängigkeit zu einem Partner
zu quälen – kannst du dich leidenschaftlich dem widmen,
was dir wichtig ist?

Falls ja, wie machst du das?

Was macht dich zu einem besonderen Menschen?

Erkennst du das Juwel in dir?

Anhand deiner Antworten wirst du selbst erkennen, wo du stehst und nach welcher Veränderung du dich sehnst. Wenn du dich mehr als nur ‚ein bisschen' lieben möchtest, kann es von Vorteil sein, dir darüber klarzuwerden was dich eigentlich genau daran hindert.

3
Erlebe das Juwel in Dir!

Du bist ein Juwel und du kannst die fantastische Essenz deiner selbst immer wieder erleben! Damit dies geschehen kann, kommst du allerdings nicht umhin, dich nach innen zu wenden um die lebensbejahende Energie zu fühlen, die in dir ist. Sollte es dir schwer oder sogar unmöglich erscheinen, den edlen Stein deines Seins wahrzunehmen, möchte ich dich ermutigen, die Blockaden aufzuspüren, die dich am natürlichen Erleben deiner Lebensfreude hindern.

Die Illusion, es sei schwer sich zu lieben

Eine der zahlreichen Illusionen, die uns vom Glücklichsein abhalten ist die Vorstellung, bestimmte Bedingungen müssten erfüllt sein, damit das Glück in unser Leben einziehen kann. Wir halten an Glaubensätzen fest wie: *„Es ist ja sooo schwer mich zu lieben!“* Oder: *„Glück hat man oder nicht. Es ist nur ein flüchtiger Moment und es ist schwer ihn zu erhaschen.“ Oder auch: „Ich war ja glücklich, aber dann kam dieser Mann in mein Leben und hat es mir unmöglich gemacht, glücklich zu sein!“*

Ich halte den festen Glauben an solche Behauptung für einen ganz miesen Trick unseres Egos. Denn solche Gedanken untermauern den Irrglauben, dass es sei schwierig sei, dauerhaft glücklich zu sein. Vor allem sei es unnatürlich, sich selbst zu lieben, weil echte Liebe nur in der Zuneigung zu finden sei, die wir von anderen erfahren. Daher suchen und verlangen wir so sehr nach Menschen oder Ereignissen, die uns Nähe, Energie und Erfüllung verschaffen sollen.

Selbstverständlich brauchen wir andere, denn wir leben in ständiger Koexistenz. Nähe und Wärme sind grundlegende menschliche Bedürfnisse und gehören zu den schönsten Erfüllungen unseres Daseins. Doch die Harmonie mit anderen kann nur dann eintreten, wenn wir bereits in Harmonie mit uns selbst sind. Wenn wir uns und unser Leben lieben.

Selbstliebe bedeutet sicher nicht, als Eremit zu leben sondern vielmehr die Fähigkeit, liebevoll mit sich selbst umzugehen. Und zwar unabhängig davon, ob andere Menschen im Spiel sind oder nicht. Auch in Momenten des Alleinseins können wir uns verbunden fühlen. Doch genau das fällt uns so schwer, weil wir uns im Allein-Sein meist nicht verbunden, sondern abgetrennt fühlen und nicht so recht wissen, wie wir das ändern können.

Obwohl uns die kosmische Energie permanent durchströmt, werden wir uns ihrer nur in bestimmten Situationen bewusst: Wenn wir uns verlieben, beim Sex oder wenn ein Adrenalinrausch durch unsere Adern schießt. Bleiben diese Highlights aus, fühlen wir uns meist abgeschnitten und allein. Aus meinem Song, „*Ozean der Einsamkeit*", geschrieben von Osiris Pausch:

Der Wind spielt mit deinen Haaren, du fühlst es aber nicht
Du hast etwas verloren, da draußen auf dem Weg
Es ist als ob dein Herz nur noch ganz lautlos um sich schlägt
Auf dem Ozean der Einsamkeit, treibst du ewig mit der Zeit
Jedes Ziel scheint fern und viel zu weit - zu weit

Wären wir erfüllt, wäre da nicht das traurige Gefühl der Einsamkeit. Ein glücklicher Mensch wird keine emotionalen Erwartungen an andere haben, denn er oder sie empfindet kein energetisches Loch in sich, sondern Fülle. Diese Fülle ist es, die uns beglückt und die andere anzieht.

Deine unbewussten Überzeugungen halten dich davon ab, dich zu lieben und glücklich zu sein. Ist das Gefühl des Mangels in dir aktiv, empfindest du ein ständiges Verlangen nach Nähe, Bestätigung und Anerkennung anderer – was zu mehr oder weniger suchthaften Forderungen führen kann. Fällt es dir schwer, dich für dein Glück einzusetzen, weil du an keine wirklich bahnbrechende Veränderung glauben kannst, dann haben negative Glaubenssätze dich auf Mangelgedanken programmiert. Auf der anderen Seite existiert in dir sicher auch das Bewusstsein für die liebenswerte Person, die du bist. Doch dieses Bewusstsein wird immer dann von emotionalen Forderungen getrübt, wenn andere sich nicht entsprechend deiner Sehnsüchte verhalten. Dann drängt sich Wut und Verzweiflung in dein Herz, denn irgendwie scheinst du nie gut genug zu sein. Warum sonst erhältst du nicht die Wertschätzung, nach der du dich sehnst?

Im Bann deiner Selbstablehnung wird dir die Aussage, dass du ein Juwel bist, absurd vorkommen, weil dir deine bisherigen Erfahrungen wahrscheinlich keine überzeugenden Beweise dafür liefern. So wirken ungebremst zahlreiche zahlreiche selbstzerstörerische Überzeugungen in dir, die deinem Glück und deiner Selbstliebe im Wege stehen.

Der erste Schritt – um dich dem Licht deines Bewusstseins zu nähern – heißt also: Aufwachen! Erkenne, dass du dich gedanklich und emotional in einer Abwärtsspirale befindest, die wenig zweckdienliche Taten nach sich zieht, wenn du nicht auf die Bremse trittst! Du kannst deine negativen Überzeugungen in Frage stellen, indem du dich daran erinnerst: *„Die Quelle meiner Suche liegt in mir!“*

Der relativ unbeliebte Satz: *„Alles, wonach du suchst, ist bereits in dir“*, bleibt allerdings so lange eine leere Feststellung, bist du selbst diese Erfahrung machst. Du brauchst einfach einen Beweis. Eines kann ich dir versprechen: Für diesen ‚Beweis‘ brauchst du deinen Intellekt nicht. Im Gegenteil, dein Kopf hindert dich sogar in gewisser Weise daran, weil er nur glaubt, was er verstehen kann. So hilfreich es auch sein kann, sich über bestimmte Schritte im Leben Gedanken zu machen, so hinderlich können diese auch sein, wenn sie die Welt deiner wahren Möglichkeiten begrenzen. Die Voraussetzung dafür, die unendliche Liebe in dir zu erfahren ist, einen Raum in dir für diese Erfahrung zu schaffen. Erlaube dir, mit einem neuen Bewusstsein dafür zu sorgen, dass dein Kopf nicht mehr alleiniger Herr deiner Wahrnehmung ist.

Sobald du anfängst den Verstand zu beobachten, kommt es zu einer ungeheuren Erfahrung - zur Erkenntnis, dass du nicht der Verstand bist.
Osho

So großartig unser Kopf auch sein mag, verfügt er über wohl kaum mehr als 0,01 % Einblick in die Wirklichkeit des Lebens und die kosmischen Ordnung. Die meisten Phänomene unseres Lebens sind nicht über den Verstand erklärbar. Studien der Neurowissenschaften belegen, dass wir zu ca. 95 Prozent von unserem Unterbewusstsein gesteuert werden. Demnach können wir mit unserer Ratio auch nur mit 5 Prozent auf unser Leben einwirken.

Wie der weise Sokrates vor Jahrtausenden schon erkannt hat, bleibt unserem Wissen der größte Teil des Wunders ‚Leben' verborgen. Weder wissen wir, woher wir kommen noch wohin wir gehen und welche Kraft unseren Körper erschaffen hat. Wir wissen nicht genau, warum wir leben und wie es überhaupt zu Leben auf unserem Planeten gekommen ist. Wir können uns das Wort ‚Unendlichkeit' nicht vorstellen und das Land der Träume nicht erklären – phantastische Phänomene schon mal gar nicht! Wir haben keinen Schimmer, wer oder was die Schönheit unseres Planeten bis ins kleinste Detail inszeniert und jedem Geschöpf individuelles Leben eingehaucht hat. Wir können auch nur erahnen, was die Liebe wirklich ist, zumindest kann unser Verstand keine eindeutigen Begriffe für sie finden. Der Zustand unserer Beziehungen zeigt, wie wenig wir bisher von der Kraft der Liebe erfahren haben. Wir wissen nicht, was die Seele ist und ob sie wirklich existiert. Das Mysterium Tod ist uns ein Rätsel und wir wissen nicht genau, ob es in den unendlichen Weiten des Universums intelligentes Leben gibt, das uns vielleicht schon seit langer Zeit in irgendeiner Weise auf dem Schirm hat. All diese Phänomene durchdringt unser Verstand nicht, dennoch halten die meisten Menschen den Kopf als rationale Schaltzentrale für das Maß aller Dinge!

Da unser Verstand sehr begrenzt ist, reicht es für eine tiefgreifende Veränderung in dir sicher nicht aus, ein Buch zu lesen und dann zu sagen: *„So, ab jetzt liebe ich mich und Schluss!"* Auch das wertvollste Buch kann nicht mehr als eine richtungsweisende Inspiration sein, um neue Wege einzuschlagen. Du brauchst also nicht nur Futter für deinen Verstand, sondern vor allem eine energetische Erfahrung, die dir Ausflüge in tiefere Bewusstseinsschichten ermöglicht. Das vor allem, wenn du tiefsitzende, unbewusste Glaubensmuster aufspüren und erneuern möchtest! Wende dich deinem Mittelpunkt zu und entlasse deinen Verstand für ein Weilchen aus seiner Übermacht.

Wie bereits erwähnt sehe ich sehe die Notwendigkeit für Meditation in unserem hektischen Zeitalter als so wesentlich wie die, den eigenen Körper täglich gut zu ernähren und zu pflegen. Ohne eine regelmäßige Widmung nach Innen, die uns Halt schenkt, werden wir zu Opfern ständig wechselnder Ereignisse, die uns emotional hin und her schleudern. So sehr wir uns auch nach Sicherheit im Außen sehnen, die einzige Beständigkeit im Leben ist nun mal das ewige Auf und Ab. Nichts bleibt. Es gibt keine Sicherheit, denn unser Leben hält permanent Veränderungen und zahlreiche Herausforderungen für uns bereit. So gesehen kommen wir in der äußeren Welt niemals an! Auch dann nicht, wenn wir unsere Ziele erreicht haben. Wir können jedoch erleben, dass der Weg das Ziel ist: Wenn wir uns darauf konzentrieren, im Hier und Jetzt glücklich zu sein, egal wie die äußeren Umstände gerade sein mögen.

Doch das ist leichter gesagt als getan. Wir haben es in unserer schnelllebigen, multimedialen und teilweise sehr lieblosen Welt nun mal mit vielfältigen Herausforderungen zu tun, die auf uns einwirken. Fast pausenlos reagieren wir auf Informationen und Reizüberflutungen, werden von Telefonanrufen, Internetpräsenz und Multimedianachrichten verfolgt und auf Trab gehalten.

Die Überzeugungen unseres Verstandes haben uns fest im Griff: Sie wollen uns weismachen, wir müssten immer weiter funktionieren. Und so spulen unsere inneren Antreiber auf Autopilot ihre Stress-Kommandos ab und wir merken meist erst als

Burnout-Kandidaten, dass uns diese gedankliche Versklavung alles andere als gut tut. Wenn es soweit gekommen ist dass du dich gestresst, ausgebrannt und leer fühlst, dann wird es Zeit, dich zu entschleunigen. Statt als Schatten deiner selbst durchs Leben zu hetzen, kannst du durch regelmäßige Meditation dafür sorgen, dass innere Ruhe in dir einkehrt. Sie erlaubt dir, auf deine Intuition und die Weisheit deines Herzens zu hören. Du bist am Drücker und kannst die Weichen stellen, die dich auf dem Kurs deiner individuellen Lebensreise halten.

In der inneren Stille hört jede Bewegung des Denkens auf und das Herz beginnt zu sprechen.
Weisheit der Indianer

Wenn du dich in den Fluss allumfassender Liebe einklinken willst, solltest du zunächst bereit sein, dich aus der Macht deiner Gedankenloopings ‚auszuklinken', denn dein Verstand macht was er will. Gedanken spazieren penetrant und ungefragt durch deinen Kopf, so wie es ihnen gerade passt. Du hast es also mit einer inneren Dauerberieselungsanlage zu tun. Gerade warst du noch auf XY konzentriert, schon denkst du an den Urlaub, an die Waschmaschine, deine unbezahlten Rechnungen oder an den schönen Nachbarn von nebenan. Oder du liegst nachts wach und machst dir Sorgen, obwohl du schon seit Stunden schlafen willst.

Solch schlaflose Nächte sind vermeidbar, denn es ist möglich, deine Gedankenflut kurzfristig anzuhalten, wenn du dich bewusst der Stille und dem Raum in dir widmest. Eine faszinierende und einfach anzuwendende Methode ist die Quantenheilung nach Dr. Frank Kinslow (www.quantenheilung.info). Er beschreibt in seinem gleichnamigen Buch, wie man eine Lücke im Gedankenstrom verursachen kann, wenn man seine Gedanken bewusst beobachtet und sich beispielsweise die Frage stellt: „*Woher kommt mein nächster Gedanke?*"

Meditation ist ein hilfreiches Mittel für unsere innere Stabilität und damit auch für eine glückliche Beziehung mit uns selbst und anderen. Regelmäßiges Meditieren, das tiefer geht als reine Entspannung, kann unser Bewusstsein in Bahnen lenken, in denen wir kleine und große Erleuchtungserlebnisse haben können. Sie ermöglichen eine erweiterte Perspektive und Momente tiefen Glücks. Welche Methode auch immer dich anziehen mag, letztlich dienen all diese Wege dazu, dich in dein Zentrum zu bringen, von dem wir uns allzu leicht entfernen – und von dem wir oft genug noch nicht einmal wissen, was es eigentlich ist.

„Wo isses denn, mein Zentrum?"

Lebst du aus der Kraft deiner Mitte, dem Juwel im Zentrum deines Seins, bist du voller Energie. In diesem zentrierten Zustand fällt es dir leicht, deinen Alltag so zu gestalten, dass du in Harmonie bist. Doch genau an diesem Punkt scheiden sich die Geister, denn die ultimative Gebrauchsanweisung zur geerdeten Gelassenheit wurde beim Start ins Leben meist nicht vergeben. So stehen wir leicht irritiert auf dem Schlauch und fragen uns:

„Wo isses denn, mein Zentrum?"

Sagen wir mal so: Das Zentrum eines anderen ist jedenfalls nicht *dein* Zentrum! Das müssen wir immer wieder schmerzlich erfahren! Wenn du einen Menschen zu deinem Zentrum erklärst, kippt die Beziehung oder Freundschaft in eine ungute Abhängigkeit, die euch irgendwann sehr belastet oder sogar entzweit. Egal, ob es sich dabei um deine Freundin, deinen Partner oder dein Kind handelt – es tut keinem von euch gut, wenn du nicht bereit bist, dein eigenes Lebensschiff zu steuern und stattdessen dem geliebten Gegenüber die Verantwortung für dein Wohlbefinden zumutest.

Besonders Frauen, die sich schnell hingeben können, fällt es ungeheuer schwer bei sich zu bleiben, sobald ein neuer Partner in ihr Leben kommt. Eine plötzliche Fixierung setzt ein und so gibt frau sich nicht nur hin – sie gibt sich förmlich weg! So schön das Gefühl von Symbiose auch sein mag, so unglücklich kann es uns machen, wenn sich die ‚bessere Hälfte' entfernt und wir intensiven Mangel fühlen. Verlieren wir unsere Mitte, sind wir den Stürmen des Lebens und der unberechenbaren Dynamik einer Beziehung ausgeliefert, da Partnerschaften nicht nur Oasen der Ruhe sondern vor allem stetige Herausforderungen zum persönlichen Wachstum sind. Eine Beziehung zu führen, ohne eine Verbindung zu unserem Zentrum zu haben, gleicht dem Autofahren ohne Führerschein! Ein äußerst riskantes Manöver, bei dem du schnell im Graben landest.

Dein Zentrum ist dein Herz. In deinem Herzen fließt all die Liebe, die du selbst erfahren möchtest. Du bist immer dann in deiner Mitte, wenn du liebevolle Empfindungen für dich und die Welt hast. Die Lebenskraft der Liebe, die in deinem Herzen wohnt, hält dich in Balance, sie gibt dir Stabilität, Kraft, Ausstrahlung und die Motivation zu handeln. Verlierst du deine Mitte, verschließt du dich zeitweise auch der Weisheit deines Herzens, denn du überlässt unbewusst den alten Verhaltensmustern deines Egos das Kommando über dein Empfinden und deine Entscheidungen. Das Thema ‚Ego' werde ich im zweiten Teil des Buches vertiefen.

Lass dich nicht von der Illusion, nicht liebenswert zu sein abhalten um nach Pfaden zum dem Juwel in dir zu suchen. Auch nicht von dem Gefühl, in Einsamkeit gefangen zu sein.

Diese ‚Handicaps' in Sachen Juwel-Safarie haben eine Funktion, ja einen tieferen Sinn. Es geht darum über ihren leidvollen Aspekt hinaus zu wachsen.

Denn gerade die dunklen Momente geben uns die Chance, wieder ins Licht zu finden! In einem leidvollen Zustand, der alles eng und unerträglich macht, kann sich der tiefe Wunsch entwickeln, unbeschwert und glücklich zu sein. In der tiefsten Traurigkeit steckt immer auch das Potenzial, sich wie der Phoenix aus der Asche zu erheben. Gerade dann, wenn du dich in einer Situation befindest, in der du das Gefühl hast das Licht am Ende des Tunnels nicht sehen zu können, bist du diesem Erlebnis oft sehr nah, weil du aktiv suchst. Es ist so, als befändest du dich in einem dunklen Raum. Du willst ihn erleuchten und machst dich auf die Suche nach dem Lichtschalter. Früher oder später wirst du ihn finden, selbst wenn dieser Raum dir fremd ist. Dazu brauchst du Entschlossenheit und den Mut, durch das unbekannte Dunkel zu tapsen. Gib nicht auf, bevor du nicht das Licht am Ende des Tunnels erblickst! Höllische Zustände sind tatsächlich die wirkungsvollsten Sprungbretter – man möchte sich davon befreien und durch die Macht der Verzweiflung beginnt man endlich, sich zu bewegen.

Wir sind wie Häuser in denen die Lichter noch nicht angeschaltet sind. Wir stellen unaufhörlich neues Mobiliar hinein, aber nach wie vor bleiben die Räume dunkel. Noch haben wir kaum das Licht gesehen, das auf uns wartet.
Marianne Williamson

Das Abenteuer Schatzsuche

Der Zeitpunkt wird kommen und du machst dich auf, etwas in dir zu finden, was du verloren oder noch nie in Augenschein genommen hast. Indem du dich auf die Suche nach deinem Zentrum machst, wirst du zu einem Schatzsucher, der erst alle möglichen Abenteuer bestehen muss, bevor er den Schatz heben kann. Wie in dem Film ‚*Der Medicus*' wirst du als Hauptdarsteller deines Lebens herausgefordert, die Reise von der Dunkelheit ins Licht anzutreten, wenn du dein ganzes Potenzial verwirklichen möchtest. Zunächst ist da etwas wie eine innere Gewissheit in dir – ein Ruf, ein Gefühl, dass es sich lohnt, deinen Rohdiamanten zu finden. Wenn du nach zahlreichen gelebten Irrgärten schließlich in die Nähe der Schätze deines Herzens kommst, wirst du dich durch verschiedene Schichten graben müssen. Erst dann kannst du den Schatz heben, der in deinem Innersten immer schon vorhanden, aber lange verschüttet war. Zuerst schaufelst du nur lockere Erde oder Sand weg. Darunter stößt du jedoch auf den Widerstand festerer Erde, auf Lehm, ja sogar auf Felsschichten des Erdreichs, die sich zwischen dir und deinem Rohdiamanten befinden.

Was ich mit dieser Abenteuerreise beschreiben möchte: Es ist gut möglich, dass du eine Weile zu einem spirituellen Vagabunden wirst und alle möglichen Dinge ausprobierst, bis du einen Weg nach Innen findest, der dir liegt und der für dich funktioniert. Alle spirituellen Lehren verheißen ja eine gewisse Berührung mit deinem Zentrum. Gemeint ist wohl immer das Gleiche unter verschiedenen Labels: Herz, Mitte, höheres Bewusstsein, Quelle, wahres Selbst, wahre Natur. Ich finde das Symbol eines Juwels in unserem innersten Kern so treffend, weil es Qualitäten wie Licht, Kostbarkeit und Ewigkeit symbolisiert, die dir als Zentrum für ein glückliches Dasein dienen.

Während deiner Suche stößt du vielleicht auch auf spirituelle Praktiken, die für dich nicht funktionieren oder die du einfach von vornherein ablehnst. Mir ging es so mit dem Christentum. Schon als Kind hatte ich einen ausgeprägt suchenden Geist und ging jeden Sonntagmorgen alleine in die Kirche ohne genau zu wissen, wieso. Ich konnte den Worten des Pfarrers eigentlich nichts abgewinnen und war von der ganzen Veranstaltung immer sehr schnell enttäuscht. Dennoch ging ich immer wieder hin, denn ich suchte wohl schon damals unbewusst nach Gott. Die Gebete und Zeremonien der katholischen Kirche waren für mich jedoch kein geeignetes Mittel um einen Draht nach ‚oben' zu bekommen. So drehte ich der Kirche schließlich den Rücken zu. Das Wort ‚Gott' war für mich seither so negativ besetzt, dass ich es mir nie mehr über die Lippen kam. Selbst eines meiner späteren Lieblingsbücher, die Triologie ‚Gespräche mit Gott' von Weltbestsellerautor Neale Donald Walsch konnte ich erst einige Jahre nach dem Erscheinen lesen, so sehr schreckte mich der Titel ab. Als ich es schließlich doch las, fand ich darin zu meiner großen Überraschung viele Übereinstimmungen mit den Prinzipien des Buddhismus wieder. Diese Bücher wurden ein klarer und unverzichtbarer Leitfaden für meine Entwicklung.

Du kannst dich nur auf das einlassen, wohin dich dein Inneres zieht. Gib nicht auf, bis du eine Meditation, eine Methode oder eine Gebetsform findest, mit der du dich stimmig und wohl fühlst. Sei es Reiki, Huna, Hypnose, Gebete, Quantenheilung, Mantra-Rezitationen, Atem-Therapie, Matrix-Code-Sessions, Theta Healing oder Theta Floating, schamanische Rituale, Engeltherapie, geführte Meditationen oder was auch immer.

Allerdings kann das Überangebot an spirituellen Wegen auch zum Verwirrspiel werden. Bei der Auswahl deiner Lehrer und Ausübungen ist es ratsam, eine gesunde Skepsis zu behalten und nicht Hinz und Kunz blind zu vertrauen und deine Verantwortung aus den Händen zu geben. Viele Wege führen nach Rom. Ich mag keine aufdringlichen Leute, die mich überzeugen wollen, *ihren* Weg einzuschlagen. *Ihr* Weg ist nun mal *ihr* Weg und nicht meiner. Woher kommt nur dieser menschliche Drang, andere auf die eine oder andere Art missionieren zu wollen? Wenn all die wortgewaltigen Energien, die für Absichten des kleinen Egos verschwendet werden, in Taten umgesetzt würden und jeder Prediger durch sein gutes Beispiel seine Botschaft wirklich belegen würde, dann blieben uns eine Menge heißer Luft und vielerlei Halbwahrheiten erspart. Zumal es auf dem kunterbunten ‚Eso-Markt' eine Menge Egomane, selbsternannte Meister und – Verzeihung – durchgeknallte Scharlatane gibt, die weniger an deiner Bewusstseinserweiterung als an ihrem Kontostand interessiert sind. Esoterik ist ‚in', da ist vielen so manches Mittel recht, um dich abhängig zu machen. Viele Wege führen nach Rom!

Dass ich an dieser Stelle ein wenig schimpfe hat damit zu tun, dass viele Menschen unter dem Deckmantel der Spiritualität auch bewusst in die Irre geleitet werden. Hüte dich also vor Menschen, die dich mit der ‚Geistigen Welt' verbinden wollen und dir dafür sehr viel Geld abknöpfen, indem sie versuchen, dich von ihren Aussagen abhängig zu machen. Jeder von uns ist medial veranlagt und wenn du Antworten suchst, wirst du sie auch über deine Intuition finden. Natürlich gibt es auch seriöse Hellseher, die dir mit ihrer ausgeprägten medialen Gabe aufrichtig dienen wollen. Aus meiner eigenen Erfahrung werden solche Menschen aber kein Interesse daran haben, sich über dich zu erheben und deine Unsicherheit für ihren Profit auszunutzen. Pass also auf, dass du deine Verantwortung bei solchen Kontakten nicht abgibst und vertraue dich möglichst nur Menschen an, die ihren Job von ganzem Herzen tun.

Das Schlüsselwort heißt ‚Widmung'

Dies ist eines der größten Wunder unserer Existenz. Wir sind keine bloße Materie. Wir sind Energie und damit Licht, Bewegung, Kraft, Information. Die Energie, die seit Anbeginn des heute bekannten Universums die Bewegung der Gestirne steuert, Pflanzen wachsen lässt und alles Leben fördert, ist in uns. Wir können sie vergrößern, wenn wir die kosmische Energie bewusst nutzen. Wir können alles erreichen, wenn wir uns in den universalen Energieaustausch ‚einklinken'.
Demian Lichtenstein

Die Frage steht im Raum: Wie klinkst du dich ein und wie verbindest du dich? Wie kannst du das strahlende Licht deines Juwels erfahren und deine potentiellen Energien bewusst nutzen?

Indem du dich zunächst einmal auf das Juwel in dir konzentrierst. Der Schlüssel dazu liegt in deinen Händen. Wie schnell du die tiefe Erfahrung machst, dass du ein Juwel bist, hat mit deiner Widmung zu tun. Es gibt sicher nicht den einen, wahren Weg. Jeder energetische Weg kann der Richtige für dich sein, solange in dir das brennende Bedürfnis ist, das allumfassende Bewusstsein zu erschließen.

‚Widmung' bedeutet dein Einlassen auf die Einheit mit der Quelle des Lebens. Wie auch immer du dir diese Essenz vorstellst – als universelle Lebenskraft oder als das Licht Gottes – verbinde dich damit, indem du dich von Herzen entschließt:

Ich widme mich der Lebenskraft der Liebe und entziehe der Angst die Macht über mich.

Ich entschließe mich, der Essenz meines Lebens das Steuer zu übergeben und lasse mich von der Weisheit meines Herzens führen.

Meine Erfahrung ist, dass die Absicht und der tiefe Wunsch, das Licht in mir sehen zu wollen ausschlaggebend dafür waren, dass dies schließlich auch geschah. Seit sich ich das Licht in mir erlebt habe, steht mir der Zugang offen. Immer, wenn ich mich von ganzem Herzen dem strahlenden Licht meins Juwels widme, erlebe ich es.

Der Zugang zur Urkraft des Universums liegt darin,
uns als einen Teil der Welt zu betrachten und nicht mehr
als etwas von ihr Getrenntes.
Gregg Bradden

Das Schlüsselwort des effektivsten Türöffners zu der Schatzkammer deines Juwels trägt als den Namen ‚Widmung!' Dein tiefer, aufrichtiger Herzenswunsch, die Liebe in dir zu erfahren, ist bereits die Ursache, um eine beglückende Erfahrung mit dem Licht in Gang zu setzen.

Die Natur, die Schöpfung, das Universum, Gott oder das mystische Leben hat uns mit einem wunderbaren Wegweiser ausgestattet: Unserer Intuition. Vertraue dich deinem inneren Führungsinstrument an, um harmonisch durchs Leben zu gehen. Die Stimme deines Herzens kann dir jede gewünschte Auskunft geben, wenn du ihre Existenz würdigst und dich ihr öffnest. Es lohnt sich vor wichtigen Handlungen oder Ereignissen immer, dass du die Geduld aufbringst und dich nach innen wendest, um dich mit der Weisheit des Lebens zu verbinden. Viele impulsive Handlungen zeigen uns, wohin es führt, wenn du nicht mit deiner inneren Führung übereinstimmst. Mit deinen inneren Gaben wie Weisheit, Gelassenheit, Schöpferkraft und Fantasie kannst du kraftvoll auf dein Leben einwirken und selbst unglücklich erscheinende Situationen in glückliche verwandeln. Damit all diese Qualitäten in dir gedeihen und dir dienlich sein können, brauchst du die Bereitschaft, den Garten deiner Gedankenwelt und deines höheren Bewusstseins regelmäßig zu pflegen. Wie pflegst und hegst du dein Zentrum? Mit der regelmäßigen Widmung an dein tieferes Bewusstsein! *Widme dich* der kosmischen Lebenskraft, die dich durchströmt! Tu einfach mal so, als wäre sie immer für dich da, denn das ist sie. Mit deiner Hinwendung zur Quelle deiner Kraft lässt du deinen Zweifel los und wendest dich zum Licht!

Egal, ob du meditierend in die Stille gehst, Mantren chantest, schreibst, betest, tanzt, dich durch die Natur bewegst, einfach nur bewusst atmest, Yoga machst oder einer geführten Meditation lauschst. Schon ein kleines Ritual am Morgen kann dir helfen, deinen Fokus auf die Schöpferenergie zu lenken und damit deine über Jahre kultivierten Unglücksstrategien und vor allem dein Gefühl von Machtlosigkeit loszulassen. Auch hartnäckige Illusionen verlieren ihren Einfluss, sobald du regelmäßig ein kleines Ritual in deinem Tagesablauf etablierst. Damit startest du den Tag aus der Fülle reiner Lebensenergie und Freude – statt mit einem Gefühl von Leere, Angst oder Stagnation.

Alles, was dir hilft dich auszuweiten, dich auf dein Herz zu konzentrieren und Energien wieder fließen zu lassen, wird dein Leben mit Leichtigkeit auf Kurs bringen. Hast du einmal deinen Kanal geöffnet, kannst du diese Erfahrung immer wieder machen, denn du hast einen Zugang gefunden, den du jederzeit für dich nutzen kannst. Diese Öffnung wird die Ursache dafür sein, dass dir es viel leichter fällt, andere loszulassen und sie von der Verantwortung für dein Glück zu entbinden. Deine Verbindung mit der reinen Lebensenergie, die dir jeden Tag unbegrenzt zur Verfügung steht, gibt dir den Anschub, sicher und unbeirrt durch schwierige Zeiten und Herausforderungen zu navigieren.

Solltest du noch keine konkreten meditativen Wege beschritten haben, frage dich einfach: *„Welcher spirituelle Weg zieht mich an?“* Lass dich von deiner Intuition führen und probiere die Ausübung, die dich anzieht, einfach aus. Nach einer gewissen Probezeit kannst du dich fragen: *„Mache ich bei dieser Ausübung konkrete Erfahrung mit grundloser Freude? Nehme ich dadurch eine neue Perspektive ein, um meine Welt in neuem Licht zu erblicken?“*

Erlebe die Welt neu

Du willst das Licht deines Juwels erleben, jedoch keinerlei Form der Meditation ausprobieren? Dann findest du deinen Zugang vielleicht in der freien Natur. Nimm dir Zeit, um die Geschenke des Lebens zu betrachten, die dich in der Natur tausendfach umgeben. Nicht umsonst werden Burnout-Kandidaten, die sich vom Leben entfremdet haben, zurück zum Ursprung geführt. Durch das Einlassen auf die Natur kannst du die Schönheit und Faszination des Lebens im Detail wahrnehmen, zur Ruhe kommen und den Puls des Lebens spüren. Wann warst du das letzte Mal in einer Landschaft und hast bewusst das Wunder des Lebens bestaunt? Gibt es Momente, in denen du vor einem Grashalm mit ein paar Tautropfen innehältst und von seiner perfekten Schönheit verzaubert bist? Wann hast du das letzte Mal den Ruf des Falken gehört, so als meinte er dich: *„Wach auf, erinnere dich an das Wunder des Lebens! Erinnere dich daran, wer du bist!“*

Empfindest du Freude, wenn du die Weite des Himmels siehst? Empfindest du die Verbundenheit mit der Erde, auf der du stehst und auf der du lebst? Macht dir der sternenklare Himmel die Unendlichkeit des Alls deutlich? Fühlst du die Kraft, die alles bewegt und mit der du verbunden bist? Widme dich der Kraft, die dich erschaffen hat, indem du ihr deine Aufmerksamkeit schenkst. Werde ihrer gewahr: In dir, um dich, in allem, was lebt. Und du erlebst ihren göttlichen Funken.

Jede Pflanze verkündet dir nun
die ewigen Gesetze.
Jede Blume, sie spricht lauter und lauter mit dir.
Johann Wolfgang von Goethe

Wenn du einmal die Verbindung mit dem Licht erlebt hast wirst du wissen was ich meine, wenn ich vom ‚göttlichen Funken‘ spreche. Es kommt zur Berührung mit der Kraft, die alles schafft und für die es viele Namen gibt: Gott, Licht, Schöpfer, Krishna,

Quelle, Allah, Akua, Universum, Buddhanatur, Höheres Selbst, Kosmos, Gaia, All-Liebe. Keine Bezeichnung der menschlichen Welt wird dieser Kraft wohl wirklich gerecht, denn sie ist allumfassend und gleichzeitig nicht fassbar, jenseits aller menschlichen Regeln und Vorstellungen. Doch sie ist erfahrbar. Egal, welchen Namen du also für die Quelle der mystische Lebenskraft oder der kosmischen Ordnung des Lebens auswählen magst – wesentlich ist, dass du die Verbindung mit ihr fühlst und Erfahrungen damit machst.

Du und das Licht seid eins. Es ist in dir und um dich.
Du siehst es nur nicht – oder viel zu selten.

Du bist erfüllt von Liebe! Dein Körper ist der Palast lebendiger Lebenskraft, die sich ständig neu erschafft!

Deine Worte haben Kraft

Wie erschaffen wir unsere Realität? Durch Gedanken, Worte und Taten. Unsere Gedanken sind die verborgene, unsichtbare Kraft im Hintergrund des Lebens, die sich in Worten und Handlungen materialisiert. Unsere Worte haben großen Einfluss auf den Verlauf unseres Lebens, denn sie verbinden uns mit anderen und hinterlassen Spuren.

Das gilt insbesondere für die Worte, die wir an uns selbst richten. Unser Unterbewusstsein unterscheidet nicht, ob wir das, was wir sagen, auch wirklich so meinen oder eben nicht. Es nimmt einfach alles wörtlich und speichert diese Worte auf unserer inneren Festplatte ab. Wenn wir also in angenehmen Lebenszuständen leben und positive Ereignisse hervorrufen möchten, ist es wesentlich, dass wir achtsam mit unseren Worten umgehen und uns auch bewusst werden, wie wir mit uns selbst sprechen.

Die wunderbare Pionierin in Sachen Selbstliebe, Louise L. Hay, sagt dazu:

Wenn du die Macht deiner Worte erfassen könntest, wärst du mit dem, was du sagst, vorsichtig. Du würdest ständig in positiven Affirmationen reden. Das Universum sagt immer ‚ja' zu allem, was du sagst, ganz egal, was du glauben möchtest. Wenn du glauben möchtest, dass du nicht viel wert bist, und dass das Leben nie gut genug sein wird und du nie das bekommen wirst, was du möchtest, wird das Universum darauf reagieren.

Wie sieht es mit den Worten aus unserer Umgebung aus? Tagtäglich werden wir mit Hiobsbotschaften und negativen Kommentaren unserer Umwelt konfrontiert, ja regelrecht überhäuft. Wir nehmen all diese negativen Informationen ungefiltert auf und lassen zu, dass sie unser Gemüt belasten, denn wir halten das für einen ganz ‚normalen' Vorgang. Lass es nicht zu, dass andere dich mit ihrer Negativität entmutigen! Sobald du erkennst, dass es jemand alles andere als gut mit dir meint, ist es ein Akt der Selbstliebe, dich vor solchen Attacken zu schützen und zu gehen. Du musst dir nicht jede Meinung über dich zu eigen machen. Wenn du dich liebst und schätzt, kannst du ohne schlechtes Gewissen den Raum verlassen, in dem jemand den Versuch startet, dich herunterzuziehen.

Verstärkt wird der Hang zur Einnahme von Negativ-Cocktails von unserer ‚deutschen Mentalität', alles und jeden skeptisch zu beäugen, nach Fehlern zu durchleuchten und gnadenlos kritisch zu sein. Es ist wirklich erschreckend zu hören, auf welche Weise wir mit uns und anderen kommunizieren. Worte können mit Leichtigkeit richten und etwas anrichten. Doch sie können auch aufrichten. Warme, anerkennende, liebevolle Worte sind Mangelware und wir tun gut daran, achtsamer zu sein, unseren Sprachgebrauch zu beobachten und gegebenenfalls zu korrigieren. Es geht also darum, dass wir auch Verantwortung für das übernehmen, was wir sagen.

Mit aufrichtigen Aussagen, die von Herzen kommen, geben wir Herzensenergie und gute Botschaften weiter, laden unseren Selbstliebe-Akku auf und erhalten neuen Elan und Lebensfreude. Wir setzen damit die lebensbejahende Kraft in Gang, die dem negativen Ansturm etwas entgegensetzt. Ob wir lobende oder vernichtende Worte wählen ist also eine Entscheidung, die Folgen hat. Mit deiner Wortwahl kannst du jede Situation verändern, je nachdem, welche Energie du mit diesem Wort aussenden möchtest. Du kannst absichtsvoll positive Stimmungen mit deinen Worten schaffen und es kommt dabei darauf an, wie achtsam und aufrichtig du bist.

Alles was du brauchst ist die Bereitschaft, mit deinen Worten behutsamer zu sein. Nicht auf kontrollierende Weise, sondern ehrlich und liebevoll: „*Ich bin mir bewusst, dass meine Worte manchmal zerstörerisch sind und ich bin bereit mich zu korrigieren, wenn ich bemerke, dass sich mein Mundwerk in herabwürdigender Weise verselbständigt hat. Auch mir selbst gegenüber.*“ Dann kannst du dir selbst sagen: „*Entschuldige, dass ich so grob über mich gesprochen/gedacht habe. Ich habe es nicht so gemeint. Ich bin wertvoll und wunderbar! Ich bin ein Juwel! Das hatte ich nur wieder einmal vergessen.*“

Eine andere Sache, bei der wir uns oft ertappen, je bewusster wir mit unserer Sprache umgehen, ist die üble Nachrede. Louise machte dazu in einer ihrer Reden (ich empfehle von Herzen ihre CDs) folgenden Gag: „*Ich nahm mir fest vor, von nun an nicht mehr schlecht über andere zu reden. Und dann musste ich entsetzt feststellen, dass ich drei Wochen lang nichts mehr zu sagen hatte!*“

Dein Juwel spricht zu Dir

Die Macht des gesprochenen Wortes, an dich selbst gerichtet, ist so wirkungsvoll weil du Sender und Empfänger in einer Person bist. Du wirst quasi ‚abgehört‘, denn dein Unterbewusstsein hört mit und speichert all deine Worte ab. Ab dem Moment, wo du dein Leben verbal lobst, leitest du eine grundlegende Veränderung ein, denn deine Worte wirken wie ein innerer Hausputz.

Negative Aussagen, die du lange kultiviert hattest, werden entsorgt und durch positive Statements ersetzt. Die Macht deiner Worte öffnet deinen Kanal für die lebensbejahende Energie, die in der Tiefe deines Seins strömt. Könnte dein Juwel sprechen, würde es sich dir offenbaren und dir Botschaften mitteilen wie:

Ich bin Liebe.
Die Liebe ist in dir.
In dir ist dein Liebeselixier!
Ich bin, was du wirklich bist.
Ich bin, was du schon so lang vermisst.
Ich bin hier.
In dir.

Da das Juwel in dir jedoch erst dann wirksam zu dir durchdringen kann, wenn du ihm Aufmerksamkeit schenkst, liegt es allein an dir, dich dem unbekannten Schatz in dir zu widmen. Öffne deine Sinne für die Botschaften aus deinem Inneren. Du kannst dich daran erinnern, dass die Liebe bereits in dir ist, indem du dir zum Beispiel sagst:

Ich bin Liebe. Ich bin aus Liebe und Licht gemacht.
Ich widme mich der Liebe, dieser Kraft in mir.
Indem ich mich meiner wahren Kraft widme,
erlebe ich Situationen völlig neu.
Ich erkenne, dass ich in der Lage bin,
mein Leben selbst in die Hand zu nehmen.
Ich kann meine Situation zum Besten für alle Beteiligten verändern.
Ich bin die Ursache, nicht die Wirkung.
Ich bin selbst verantwortlich.
Ich bin in der Lage, die Liebe wieder zu wecken
und zwischen uns fließen zu lassen.
Ich widme mich der allumfassenden Liebe.

Eine Liebeserklärung an Dich

Sitze bitte nicht auf deiner Liebesenergie und warte auf den Tag, an dem du damit beginnen wirst, dich zu lieben. Du kannst heute schon mit liebevollen Taten starten – statt warten! Eine Liebeserklärung an *dich* und dein Leben zu verfassen und auszusprechen ist eine beglückende Erfahrung, die du ganz leicht in Gang setzen kannst. Schreibe dir selbst einen Brief und liste darin alles auf, was du an dir schätzt, egal ob dir diese Eigenschaften bedeutend oder unbedeutend erscheinen. Du kannst mit Sätzen beginnen, wie:

„Ich mag mich. Es gibt Eigenschaften an mir, die ich richtig gut finde, wie …
„Ich bin begeistert von meiner Fähigkeit …“
„Das Allerbeste an mir ist …“

Frage dich, was wirklich liebenswert an dir ist. Frage auch deine Freunde oder Verwandte, was sie besonders an dir lieben und überprüfe deine Resonanz auf deren Aussagen. Kannst du fühlen, was sie an dir schätzen? Sammle Sätze über dich wie: *„Ich finde dich wunderschön! Du bist so klug. Ich liebe deine Direktheit!* Oder: *Mit dir fühle ich mich immer so wohl!* Lass diese Statements auf dich einwirken und dann stell dich vor den Spiegel, sieh dir tief in die Augen und wiederhole sie unter Nennung deines Namens:

- ***„Du bist wirklich wunderschön, …*** (dein Name)***!“***
- *„Du bist so klug, …!“*
- *„Du bist so direkt, …!“*
- *„Mit dir fühle ich mich wirklich wohl, …!“*

Finde immer mehr Eigenschaften an dir, die du wirklich schätzt und konzentriere dich für eine Weile darauf. Erzähle dir selbst davon, wie großartig du bist und erkläre dir, was dich absolut liebenswert macht! Lobe dich für alles, was du bereits erreicht hast – sei es für deine Wesensqualitäten oder was dir sonst noch alles einfällt. Finde dabei positive, begeisterte Worte für dich. Schreibe alles auf, was dir in den Sinn kommt und dann lies dir deinen Text laut vor! Gesprochene Worte haben enorme Kraft. Setze diese Kraft gezielt für dich ein. Du kannst dir auch einfach wünschen, glücklich und erfüllt zu sein. Dann sagst du dir einfach:

- *„Ich verdiene es zutiefst, glücklich und erfüllt zu sein. Ich liebe mich!"*
- *„Ich nehme mich so an, wie ich bin. Ich stehe voll hinter mir."*
- *„Ich verstärke meine Selbstliebe von Tag zu Tag."*

Affirmationen wie diese haben mehr Einfluss auf dein Wohlbefinden als du vielleicht glauben magst. Sie zu verfassen und auszusprechen ist kinderleicht. Letztlich mangelt es uns oft einfach nur an einem: Der Tat. Schenke dir diese wertvollen Momente der Widmung an dich und genieße es, dich selbst zu loben und aufzurichten.

Lotus Fokus

Begegne dem **Juwel** in Dir!*

Setze oder lege dich entspannt hin, schließe die Augen und richte deine Aufmerksamkeit nach Innen. Atme ein paar Mal bewusst ein und aus und komme zur Ruhe. Stell dir jetzt vor deinem geistigen Auge vor, wie deine Aufmerksamkeit immer tiefer und tiefer in den Kern deines Wesens vordringt, bis du plötzlich das Juwel deines Herzens in dir erblickst. Jetzt bist du dir nicht nur bewusst, dass du ein Juwel in dir trägst. Du erkennst, dass du selbst dieses Juwel bist. Du erblickst den funkelnden Wesenskern deiner selbst, dein Zentrum, dein Herz, deine Essenz in Form eines Juwels und wirst dir gewahr, dass du untrennbar damit verbunden bist. Genau wie mit deinem physischen Herzen, das in deiner Mitte schlägt. Du erlebst jetzt, dass du untrennbar eins mit dem Juwel in dir bist. Du bist das Juwel, auch wenn du es beobachten kannst und es scheinbar nur in deinem tiefsten Inneren existiert.

Wie sieht dein Juwel aus? Ist es klein oder groß? Lass dir Zeit, bis ein inneres Bild entsteht. Welche Form hat es? Welche Farbe? Rubinrot? Golden? Oder kristallklar? Ist es von weißem Licht durchdrungen oder glitzert es in allen Regenbogenfarben? Lass dich auf seine Strahlkraft ein und entdecke und genieße die funkelnde Schönheit deines Juwels. Genieße diese glitzernde Pracht tief in dir und verweile in dem Bewusstsein, dass du mit innerer Schönheit, Liebe, Kostbarkeit und Weisheit ausgestattet bist. Die Suche im Außen ist

* Kleiner Tipp für diese Meditation: Du kannst dir zur Unterstützung diesen Text – langsam, mit ein paar Pausen – aufs Handy sprechen/aufnehmen. Auf diese Weise kannst du dem Text danach mit geschlossenen Augen lauschen. In Kürze erscheint auch das Hörbuch (als mp3) zu „Du bist ein Juwel“ mit geführten Lotus Fokus Meditationen.

vorbei. Alles, was du jetzt wahrnimmst, spielt sich tief in dir selbst ab. Dein Juwel offenbart dir, wie wunderbar du bist. Erlebe, wie sehr du dich liebst. Erfahre, wie wertvoll du bist und dass du mit jeder Faser deines Seins verdienst, vollkommen gelassen und glücklich zu sein. Du fühlst tiefen Frieden, Leichtigkeit und Glückseligkeit.

Hat dein Juwel vielleicht noch eine Nachricht für dich? Möchte es dich auf etwas hinweisen? Hast du vielleicht eine Frage? Lass eure Begegnung so intensiv wie möglich werden. Genieße diese Zusammenkunft und ziehe neue Weisheit und Kraft aus diesem Moment des Austauschs. Wenn du dich ganz geborgen und angekommen fühlst, verweile noch ein wenig in diesem glücklichen Zustand im Zentrum deines Seins. Nichts ist mehr wichtig jetzt. Nur deine Begegnung mit dem Juwel in dir!

Langsam, ganz langsam, löst du dich wieder aus deiner kosmischen Schatzkammer und machst dich auf den Weg zurück in dein Wachbewusstsein. Ein Lächeln legt sich auf dein Gesicht, weißt du doch jetzt, dass alles, was du je gesucht hast, bereits in dir ist und immer bei dir sein wird, was auch immer in deinem Leben geschehen mag. Ganz langsam öffnest du wieder deine Augen und kommst in dem Raum an, in dem du deine kleine Reise nach Innen gemacht hast, an. Abschließend kannst du dir sagen:

Mein Wesenskern ist kostbar wie ein Juwel.
Ich lasse mein Leben in diesem Licht erstrahlen,
und mich von der Liebe und Weisheit in mir leiten.
Ich bin ein Juwel und dem entsprechend lebe ich ab jetzt.

4
Das Juwel der Lotosblume

Im Folgenden möchte ich dir einen kleinen Einblick in die buddhistische Ausübung geben, die ich praktiziere, um dir ein hilfreiches Mittel vorzustellen, falls du noch keine konkreten Erfahrungen gemacht hast, wie du das Gesetz der Anziehung für dich nutzen kannst.

Seit dem weltweiten Erfolg von ‚*The Secret*' sind in den vergangenen Jahren zahlreiche Bücher zum Resonanzgesetz von Ursache und Wirkung erschienen, eine der fundamentalen Kernaussagen des Buddhismus. Erfreulicherweise entdecken immer mehr Menschen uralte Lebensgesetze und erkennen dadurch, dass sie ein glückliches Leben erschaffen können. Allerdings sind theoretische Erkenntnisse das eine. Wie genau sie praktisch umsetzbar sind, ist für viele noch ein Schloss mit sieben Siegeln.

Diese Lücke lässt sich beispielsweise durch die buddhistische Lehre schließen. Vor allem eignet sich die buddhistische Praxis dafür, mit dem Juwel in dir, deinem Wesenskern, in Berührung zu kommen. Ich möchte allerdings betonen, dass es mir nicht darum geht, dich dazu zu ‚bekehren', Buddhist/in zu werden, zumal ich als spiritueller Freigeist nicht mehr Mitglied einer buddhistischen Glaubensgemeinschaft bin. Das war ich zwanzig Jahre lang und bin für diese Zeit sehr dankbar. Mein Leben wäre sicherlich anders verlaufen, hätte ich nicht die unglaubliche Unterstützung anderer Buddhisten erlebt. Egal in welcher Situation ich war, ich erfuhr immer Ermutigung und konnte mit anderen die Lehren des Buddhismus vertiefen und ein beglückendes Geben und Nehmen erfahren. Doch als ich nach einer sehr beglückenden Erfahrung mit dem Licht in mir erlebte, dass mich der buddhistische Weg auch Gott näher brachte, wurde mir klar, dass die universelle Wahrheit keine religiöse Zugehörigkeit verlangt. Ich erweiterte meinen spirituellen Radius und damit auch meinen Wortschatz. Ich öffnete mich beispielsweise den Engeln und empfand sie als etwas ganz ähnliches wie die Schutzfunktionen, die in der buddhistischen Terminologie als ‚Shoten Senji' (Schutzfunktion) bezeichnet werden. Letztlich geht es um die Energie hinter einer Worthülse und so setzte ich das Wort ‚Schöpfer' auch mit der mystischen Lebenskraft gleich. Als ich jedoch feststellen musste, dass ich für meine spirituelle Offenheit innerhalb der buddhistischen Gemeinschaft überraschend wenig Toleranz erfuhr, zog ich mich schließlich aus der Glaubensgemeinschaft zurück. So sehr ich auch vom Buddhismus überzeugt war, konnte ich den buddhistischen Glauben nicht als den ‚einzig wahren Weg' betrachten und empfand die angebliche Toleranz vieler Buddhisten leider nur als reine Lippenbekenntnisse. Mein persönlicher Eindruck von manchmal unflexibler Halsstarrigkeit und hierarchischen Strukturen waren die Hauptbewegründe, warum ich aus der Bewegung austrat.

Ich glaube, in allen spirituellen Strömungen finden hinter den Kulissen oft auch Machtkämpfe statt, die offiziell unter den Teppich gekehrt werden. Wirkliche Spiritualität kann in einer Gruppe vielleicht gar nicht überleben, denn das Ego, besonders auch das charismatischer Anführer, wird von vielen Anhängern verkannt oder verdrängt. Auch Meister sind nur Menschen! Ich war noch nie ein Fan von religiösen Gruppen und ‚Labels' und konzentriere mich lieber auf den gemeinsamen Nenner spiritueller Bestrebungen. Denn alles was zählt ist nach meinem Empfinden das Verbindende. Und nicht das Trennende.

Von all dem einmal abgesehen halte ich das buddhistische Mantra, das ich bis heute rezitiere, für eines der kraftvollsten Werkzeuge, die ich kennengelernt habe und das ich dir daher nicht vorenthalten möchte. Meine tägliche Praxis bereichert mich nach wie vor und ich habe mich nach reiflicher Überlegung entschlossen, diese faszinierende Ausübung vorzustellen, damit du bei Interesse die Kraft erleben kannst, die das meditative Rezitieren dieses Mantras freisetzt. Um zu chanten (rhythmischer Sprechgesang, abgeleitet aus dem Englischen: ‚to chant') braucht man kein bekennender Buddhist zu werden oder zu sein. Am

Ende dieses Kapitels werde ich sowohl das Chanten wie auch das Mantra *„Nam MyoHo Renge Kyo"* erklären.

Wie schon in vielen Büchern zum Gesetz der Anziehung erklärt, kannst du konkrete Erfahrungen mit dem Gesetz von Ursache und Wirkung machen, indem du den Zusammenhang zwischen deiner Energie (also der Schwingung – deinem Verhalten, deiner Ausstrahlung und der Wahl deiner Gedanken und Worte) mit den Auswirkungen in deinem täglichen Leben in Beziehung setzt. Das soll nicht heißen, dass du an etwas ‚schuld' bist, sondern schlicht, dass du permanent Ursachen setzt und damit Wirkungen erzielst. Werde dir bewusst, welche Ereignisse und Reaktionen du durch deine Impulse in Gang setzt. Welches sind die Worte, Gedanken und Taten, mit denen du Einfluss auf dein Leben und deine Umwelt nimmst? Konkret bedeutet das: Übernimm die Verantwortung für alles was du erschaffst und triff eine kluge Wahl. Damit wirst du deines Glückes Schmied und schaffst dir eine Welt, die dir gefällt.

Das Mantra: „Nam MyoHo Renge Kyo"

Das Geheimnis meines persönlichen Glücks liegt darin, einen Schlüssel gefunden zu haben, um das Licht des Juwels in mir zu öffnen und die Lebenskraft der Liebe in mir zu erleben. Lange bevor ich Bücher zum Gesetz der Anziehung las, begegnete ich Ende der 1980er dem Buddhismus und erhielt dank der Rezitation des buddhistischen Mantras *„Nam MyoHo Renge Kyo"* zahlreiche Beweise dafür, dass das Gesetz von Ursache und Wirkung funktioniert. Was das Wundervollste an dieser Ausübung ist: Beim Chanten, also dem rhythmischen Rezitieren von *„Nam MyoHo Renge Kyo"*, erlebe ich eine Schwingungsfrequenz, die mich mit der universellen Schwingung harmonisiert. Selbst in Momenten, in denen ich antriebslos oder betrübt bin, gelingt es mir dadurch, mich mit neuer Lebensenergie aufzuladen und ein Lächeln auf mein Gesicht zu zaubern. Es ist das hilfreichste Mittel das ich kenne, um mich augenblicklich heiter, gelassen und voller Lebenskraft zu fühlen. Ich habe damit eine Art inneren ‚Wireless-Lan-Anschluss' zur kosmischen Lebensenergie gefunden, der mich in Nullkommanix mit dem mächtigen Strom der Lebensfreude verbindet.

Die Praxis des Chantens öffnet alle sieben Chakren und damit die Schleusen zu unserem eigentlichen Energiereservoir. Durch diese Öffnung kann die Lebenskraft der Liebe frei fließen und es fühlt sich so an, als würde man förmlich darin schwimmen. So erfüllt und positiv eingestimmt verlieren sogenannte ‚Probleme' an Bedeutung, denn wir lassen los und öffnen uns für die passende Lösung. Jedem Problem wohnt bereits eine Lösung inne. Leider fehlt uns nur zu oft die Weisheit, diese zu finden. Aus Sicht des Buddhismus ist die erste Voraussetzung dafür, dass man sie im eigenen Leben sucht und die Verantwortung für die jeweiligen Herausforderungen übernimmt. Häufig unterliegen wir jedoch der Illusion, andere Menschen seien für unsere Lage verantwortlich – im positiven wie im negativen Sinne. So neigen wir dazu, die Verantwortung für unser Leben abzugeben: Sei es an Gott, einen Guru, die äußeren Umstände, unsere Familie, unseren Partner, die Gesellschaft, die Politiker. In Wirklichkeit ist jedoch alles, selbst jeder Mensch, der um uns herum erscheint, ein Spiegel unseres eigenen Lebens.

Es mag für skeptische Ohren banal klingen, aber ich erlebe es tatsächlich so: Indem ich meine Lebensenergie und die entsprechende Schwingung erhöhe, lösen sich trübe Stimmungen auf und der Weg zur Umsetzung inniger Visionen wird frei. Genauso, wie die Sonne vom klaren Himmel erstrahlt, sobald dicke Wolkentürme vorübergezogen sind.

Ich konnte mir im Laufe meines Lebens viele Träume verwirklichen, die ich zunächst ‚eigentlich' für unmöglich hielt. Dazu gehört die Erfahrung, ein US-Visum mit zehnjähriger Gültigkeit zu erhalten um nach Los Angeles auszuwandern, obwohl ich weder die Voraussetzung dafür mitbrachte noch das nötige ‚Kleingeld' für einen solchen Schritt hatte. Es gelang mir, das leidvolle Kapitel meiner langjährigen Liebessucht umzuschreiben und die damit verbundenen Essstörungen aus eigener Kraft zu überwinden. Meine buddhistische Ausübung war es auch, über die ich meine mir damals unbekannten Halbbrüder in mein Leben zog. Nach gewaltigen Hindernissen, die mit meiner Kindheit und meiner Herkunftsfamilie zu tun hatten, gelang es mir schließlich auch, meine eigene Familie gründen. Ich habe viele solcher kleinen Wunder erlebt, indem ich meine unerschütterliche Entschlossenheit auf meine Ziele richtete und für die Erfüllung meiner Herzenswünsche chantete. Dadurch, dass sie nach und nach tatsächlich eintrafen, vertiefte sich auch mein Glaube an meine Wunschkraft. Ich werde diese und andere Erfahrungen in Kürze in einem weiteren Buch veröffentlichen, weil sie auf mystische Art erzählen, wie es mir durch meinen ‚Draht nach oben' immer wieder gelang, scheinbar unüberwindbare Hindernisse zu überwinden. Es ist weit mehr möglich, als wir uns meist vorstellen können. Doch abgesehen davon ob es uns nun gelingt, einen neuen Partner, einen Job oder ‚bessere Lebensumstände' aus dem Hut zu zaubern lautet die wesentliche Frage wohl, ob wir auch grundlos glücklich sein können. Ich empfinde solche Momente als einen Sechser im Lotto, weil grundlose Freude eine dankbare und positive Sicht auf unser Dasein erlaubt, egal, wie es auch gerade erscheinen mag.

All das ist graue Theorie, solange du es nicht selbst erfährst. Wenn du eine Erfahrung mit dem Chanten von ***„Nam MyoHo Renge Kyo"*** machen möchtest, kannst du es einfach ausprobieren, ohne daran glauben zu müssen. Schließlich kannst du auch mit einem Handy telefonieren oder mit einem Flugzeug fliegen, ohne wirklich zu begreifen wie das möglich ist. Wenn dich meine kleine praktische Anleitung zum Chanten interessiert, springe einfach zum ‚Lotus Fokus' dieses Kapitels.

Bevor ich dir die genaue Bedeutung der einzelnen Silben näherbringe, hier noch ein wenig Hintergrundwissen zum Ursprung dieses Mantras: Im zwölften Jahrhundert lebte ein japanischer Mönch namens Nichiren Daishonin. Auf seiner Suche nach Antworten auf das große Rätsel des Lebens studierte er von frühester Jugend an die buddhistischen Schriften, ‚Sutras' genannt, von denen es übrigens 80.000 gibt (man stelle sich 80.000 Bibeln vor!). Er wollte unbedingt eine Formel finden, um das universelle Lebensgesetz auf den Punkt zu bringen und betrachtete schließlich das Lotos Sutra des Mahayana Buddhismus als wesentliche Botschaft des historischen Buddhas Gautama Siddhartha Shakyamuni. Die darin enthaltenden Kernaussagen sind im Wesentlichen: Jedes Wesen besitzt die Buddhanatur und kann in *diesem* Leben die Erleuchtung erfahren.

Mit anderen Worten: Eigentlich sind wir alle bereits potenzielle Buddhas – so wie wir sind! Doch wir erkennen meist die Essenz unseres Wesens, das Juwel das wir sind, nicht und daher kommt uns eine solche Aussage äußerst ‚spanisch' vor. Kaum jemand geht im Ernst davon aus, dass unsere wahre Natur die des *Buddhas* ist, daher erscheint uns die Suche danach auch nicht erstrebenswert. Dennoch existiert dieses grenzenlose Potenzial in allen Lebewesen und ist als solches erfahrbar. Unsere wahre Identität ist nach dem Lotos Sutra unsere potenzielle ‚Buddhanatur'. Buddha ist kein Gott, den man anbetet, sondern ein Wesen, das vom Licht der Erkenntnis durchdrungen wurde. Buddha heißt: der Erleuchtete. Die Buddhaschaft ist jedoch kein Privileg für wenige weise Menschen, sondern ein Lebenszustand, der es jedem Wesen erlaubt, sich grundlos glücklich und erfüllt zu fühlen und tiefe Einblicke in die kosmischen Gesetze zu erleben. Diesen Zustand eindeutig zu beschreiben fiel selbst Buddha Shakyamuni schwer, obwohl er die Buddhaschaft tatsächlich erlebt hat. Das Mantra ***„Nam MyoHo Renge Kyo"*** beschreibt weitestgehend die unaussprechliche Dimension des Erleuchtungszustandes Nichiren Daishonins, dessen Herzensanliegen es war, an andere weiterzugeben, welche Einblicke er in die kosmischen Lebensgesetze erleben durfte.

‚Mantra' bedeutet *Kraft des Wortes* oder Gebetsformel. Dieses Mantra ist zugleich der Titel des Lotos Sutra und drückt eine tiefe Verehrung für das Leben an sich aus. Das Anrufen von ***„Nam MyoHo Renge Kyo"*** gleicht einer Liebeserklärung an dein Leben und an das Leben selbst, weil du es verbal wertschätzt. Du klinkst dich in den universellen Rhythmus ein, indem du deine ursprüngliche, tiefe Identität beim Namen rufst. Salopp übersetzt lautet diese Anrufung, also das Chanten, in etwa: *„Hallo liebe Lebenskraft! Ich weiß, dass du in mir existierst und ich öffne mich dir. Bitte erfülle mich!"*

Um zu erleben, dass du selbst die Lebenskraft der Liebe bist, ist so ein Umweg manchmal nötig. Schließlich brauchst du auch einen Spiegel um dich zu erkennen, um dein Gesicht wahrnehmen zu können. Sobald du ein Gefühl dafür bekommst, dass das Leben selbst ein kostbares universelles Wunder ist, wird es dir auch leichter fallen, dich als Teil dieses Wunders zu betrachten. Selbstliebe hat also nicht nur mit der Annahme deines ‚Selbst' zu tun sondern vor allem mit der Empfindung, Teil der unendlichen Lebenskraft zu sein. Wir sind mit unserer Umgebung so untrennbar verbunden wie Fische mit dem Wasser. Wir sind eins mit allem und dadurch aufgefordert, immer zuerst bei uns selbst anzufangen, wenn wir eine Veränderung in unserem Leben wünschen. Das gilt besonders für Liebende. Indem du die wunderbare Lebenskraft deines Juwels, die reine Liebe in dir, aktivierst, verstärkst du deine positive Anziehung: Denn Liebe wirkt magnetisch.

Ein wesentlicher Aspekt dieser Praxis ist, dass ein Prozess der Innenschau möglich wird, der dich in die Lage versetzt, deine Herzensqualitäten deutlicher wahrzunehmen. Er versetzt dich auch in die Lage, deine zahlreichen Illusionen klarer zu durchschauen, die dich vom harmonischen Lebensfluss abzutrennen scheinen. Das Chanten erleichtert es dir, in deinen inneren Spiegel zu blicken, der dir zeigt, in welchem Lebenszustand du bist. Was sich in dir stimmig anfühlt und was nicht. Wie ein Maler, der an seinem Werk arbeitet, kannst du einen tiefen Blick auf alles werfen, was du geschaffen hast und noch zu kreieren beabsichtigst.

Viele Buddhisten sehen viel jünger aus, weil ihre Energie frei fließen kann und sie sich dynamisch fühlen. Der Sänger ‚Boy George' ist solch ein prominentes Beispiel: Nach Jahren des Drogenkonsums, heftigen Abstürzen und Misserfolgen hat er vor einiger Zeit mit der Ausübung von ***„Nam MyoHo Renge Kyo"*** begonnen. Zurzeit feiert er ein strahlendes Comeback und macht den Eindruck, in seiner Mitte angekommen zu sein. Das Licht seines Bewusstseins strahlt förmlich aus seinen Augen. Auch Richard Gere (der das tibetanische Herz-Sutra chantet) strahlt trotz seines Alters jugendliche Frische aus. Ganz zu schweigen vom starken Kraftfeld, das Superstar Tina Turner umgibt.

Da wir aus purer Lebensenergie bestehen, fühlst du und auch deine Umwelt deutlich, wenn sie frei in dir fließen kann. Die Harmonie mit der Quelle des Lebens, die dich zur richtigen Zeit an den richtigen Ort führt, ist der Zauber, den ein glückliches Dasein ausmacht und ausstrahlt. Sie ermöglicht es dir, aus der Fülle deines Seins zu schöpfen.

Die Bedeutung der einzelnen Silben

Die Silbe ***„Nam"*** bedeutet *„Ich widme mich"* oder auch *„Ich fokussiere mich"*. Die entscheidende Frage für den Verlauf unseres Tages, ja unseres gesamten Lebens lautet: Worauf fokussierst du dich? Worum kreisen deine Gedanken? Fixierst du dich auf deine Probleme und Sorgen und all das, was dir anscheinend zu deinem Glück fehlt, wie zum Beispiel ein Partner oder ein erfüllender Beruf? Verschwendest du oft deine Zeit mit Sorgen und negativen Gedankenspiralen, die sich vermehren und dich immer stärker beherrschen, je mehr Raum du ihnen gibst? Meistens widmen wir uns doch den täglichen Anforderungen, Pflichten und belastenden Gedanken statt unsere Aufmerksamkeit auf das zu lenken, was uns gut tut. Das Ergebnis ist, dass wir uns zunehmend gestresst, entmutigt und erschlagen fühlen.

Richtest du dich dagegen auf das Zentrum deiner Innenwelt aus, auf die universelle Kraft, die dein Leben durchströmt, dann erlebst du, wie deine Lebensgeister erwachen und du dich immer besser fühlst. Du wirst sie umso stärker wahrnehmen können, je mehr du dich auf sie fokussierst.

Eine weitere Quelle der Kraft ist, sich mit dem zu verbinden was unsere individuelle Gabe ist. Widmest du dich frohen Herzens deiner Gabe? Oder kannst du sie einfach nicht finden? Wozu dient dir der heutige Tag und wofür willst du deine Kraft einsetzen? Hier heißt es: ***„Nam - MyoHo Renge Kyo“***, was vereinfacht bedeutet:

„Ich widme mich dem mystischen Lebenssgesetz von Ursache und Wirkung durch Stimme.“

Die Silben ***„MyoHo Renge Kyo“*** drücken das Phänomen ‚Leben‘ aus, denn alle fühlenden und nichtfühlenden Wesen sind von der Kraft des mystischen Lebensgesetzes durchdrungen. Mit dem der Silbe ***‚Nam‘*** davor heißt es also: *„Ich widme mich dem Leben selbst.“* Oder: *„Ich widme mich der Essenz meines Lebens, der Kraftquelle, die mich am Leben erhält.“*

Das Schriftzeichen ***‚Myo‘*** beschreibt die mystische Seite des Lebens und bezieht sich auf alles, was sich nicht logisch erklären lässt und was im Verborgenen bleibt. Mit ***‚Myo‘*** ist also auch das ungelüftete Geheimnis des Todes und die unendliche Weite des Universums gemeint. Beides ist und bleibt für uns das größte Rätsel dieses Lebens. Alles, was nicht sichtbar und gleichzeitig doch existent ist, wie zum Beispiel die Lebenskraft, die einem Baum im Frühling neue Blätter wachsen lässt oder die Kraft, die die Wellen des Meeres bewegt, ist ***‚Myo‘***.

‚Myo‘ steht auch für: Öffnen, zu deinem Ursprung zurückkehren und wiederbeleben. Wir können zu jedem Zeitpunkt eine innere Tür zu unserem Wesenskern öffnen und mit unserer wahren Natur in Kontakt treten. Darüber hinaus haben wir als Menschen die Fähigkeit, unsere potenziellen Energien wieder zu beleben. ***‚Myo‘*** weist darauf hin, dass es eine unzerstörbare Energiequelle in unserem Inneren gibt, die wir zu jeder Zeit anzapfen können – selbst unter den widrigsten Umständen. Praktisch bedeutet das: Sich dem Lebensstrom zu öffnen, sich damit zu verbinden und diese Energie für die Entfaltung des Lebens zu nutzen.

‚Ho‘ steht für die andere Seite der Medaille des Lebens. Es repräsentiert die sichtbare Realität, die rationale Welt und die manifeste Seite des Lebens. Unsere Umgebung, ein Möbelstück, unser Körper, Geld, Arbeit, alles was eine konkrete Form hat und logisch erklärbar ist, wird mit dem Schriftzeichen ‚Ho' ausgedrückt.

Die beiden Silben ‚***MyoHo***' stehen für das mystische Lebensgesetz, denn sie beschreiben einerseits die Kraft, die das Mystische wie auch das Manifeste durchdringt: Traum und Wirklichkeit, Körper und Geist, alles Sichtbare und Unsichtbare. Andererseits beschreiben sie die zwei immer wiederkehrenden Phasen des Lebens: Leben und Tod. Beide zusammen sind das dynamische kosmische Leben, das nicht mit dem Tod endet. Im Buddhismus gibt es keinen Tod im Sinne eines Endes, sondern nur eine latente Phase des Lebens, die irgendwann von einer erneuten Inkarnation abgelöst wird. Das ewige Spiel der Verwandlung heißt: Leben, Sterben, Zwischenexistenz und Wiedergeburt. Das ist für viele von uns nur schwer vorstellbar. Dennoch existiert sie, die unendliche Sinfonie der Schöpfung, die dem mystischen Rhythmus eines sich ausbreitenden Universums folgt. Manche Sterne, die wir am Nachthimmel leuchten sehen, sind schon vor ewigen Zeiten explodiert, weil das Licht so lange braucht, bis es zu uns gelangt. Vielleicht sind die Sterne längst von einem Schwarzen Loch verschluckt worden, in dem wiederum Hunderte von Sonnen auf die Größe eines Tennisballs zusammengeschrumpft sind. Das ganze Leben ist Transformation und Bewegung. Unser eigenes Leben und das Leben aller anderen Wesen, wie das der Natur. Ebbe und Flut, Tag und Nacht, die Jahreszeiten, all dies ist Ausdruck rhythmischer Bewegung; sozusagen der Rhythmus, wo alles mit muss! Die mystische Lebenskraft darin, die sich stetig verändert und dennoch nie verloren geht, bezeichnet man im Buddhismus als ‚mystisches Lebensgesetz'.

‚***Renge***' heißt Lotosblume. Da die Lotosblume Blüte und Samen zur gleichen Zeit trägt, symbolisiert sie so das Phänomen des Lebensgesetzes von der ‚Gleichzeitigkeit von Ursache und Wirkung'. Auf jede Aktion folgt eine Reaktion, da in der Ursache bereits die Wirkung enthalten ist. Die Gleichzeitigkeit von Ursache und Wirkung ist für uns schwer zu erfassen, da wir die Auswirkungen unserer Ursachen zeitlich versetzt wahrnehmen. Manchmal erscheint die Wirkung sofort, manchmal dauert es Jahre, bis wir die Früchte unserer Bemühungen sehen. Würde sich alles im Jetzt und Hier durch unsere Wunschkraft manifestieren, hätten wir zwar eindeutige Beweise dafür, dass wir Schöpfer unserer Realitäten sind, doch es entstünde auch ein riesiges Chaos auf unserem Planeten, das das natürliche Gleichgewicht zerstören würde. Daher erkläre ich mir die *potenzielle Gleichzeitigkeit*, die sich jedoch in der weisen Dynamik von Gegenwart und Zukunft verkörpert. Der Preis, den wir für die Wahrung dieses Gleichgewichts zahlen müssen: Oft sind die Zeitabstände zwischen einer einmal gesetzten Ursache und der sich manifestierenden Wirkung so groß, dass wir sie nicht mehr mit uns in Verbindung bringen können, wenn sie sich schließlich zeigen. Das macht es uns oft so schwer nachzuvollziehen, dass wir unsere ‚positiven' oder ‚negativen' Lebensumstände selbst erschaffen haben.

Auch ein winziges Samenkorn trägt schon potenziell einen ganzen Baum in sich, der unter geeigneten Umständen zum Vorschein kommt. Wir bestimmen den Verlauf unseres Lebens mit unseren Gedanken, Worten und Taten, wobei unsere Taten eine entscheidende Rolle spielen. Organisiere ich ein Benefizkonzert, ist diese konkrete Tat für den Frieden der Welt mit Sicherheit wirkungsvoller, als wenn ich es mir bloß gedanklich vorstelle oder nur von solch einem Event rede. Wie schon Goethe sagte: „Am Anfang war die Tat."

Die edle Lotosblume steht für eine weitere schöne Symbolik: Reinheit und Kostbarkeit. Sie erwächst mitten aus dem Sumpf und bleibt doch unberührt von diesem! Ihre Blätter sind von einer Art Wachsschicht überzogen und ihre Blüten haben ebenfalls eine Oberfläche, an der kein Schmutz haften kann. Die Lotosblume ernährt sich mit Hilfe ihrer tief verankerten Wurzeln vom Schlamm, während ihre Blüte strahlend weiß über der Wasseroberfläche erscheint. Würde man die Lotosblume abschneiden und sie in ein klares Glas Wasser stellen, so wäre sie zwar nicht mehr in der *unreinen* Umgebung, doch sie müsste nach kurzer Zeit verblühen.

Betrachten wir den Schlamm als unsere täglichen Leiden und Probleme, so lautet die Botschaft der Lotosblume im übertragenen Sinne demnach: *„Benutze das, was dich leiden lässt, als Nahrungsquelle und verwandele es in Glück!"*

Die große Kunst ist also zu wissen, wie wir mit Leid umgehen, das uns nicht erspart bleibt. Wie wir es nutzen können, damit wir es zum Ausgangspunkt einer glücklichen Wende machen. Da ich von der wundervollen Lotosblume so fasziniert bin, habe ich die Übungen dieses Buches ‚Lotus Fokus' genannt. Fokussiere dich immer wieder darauf, dass du ein kostbares Juwel bist und aktiviere damit dein inneres Potenzial, das die Macht hat, dein Leid oder deine Schwierigkeiten zu transformieren.

Soll das heißen, dass sich all deine Probleme einfach in Luft auflösen, weil du ein Mantra rezitierst? Schön wär's! Selbst ein Buddha hat Ängste, Kummer und Nöte. Auch unsere sogenannten Fehler und Schwächen gehören zu uns und verlassen uns nicht einfach so, nur weil wir uns nach dem Licht ausrichten. Aus buddhistischer Perspektive können wir sie jedoch als Nahrung für unsere Entwicklung betrachten, wenn wir unsere innewohnende Lebenskraft und Weisheit etablieren. Eine entscheidende Frage, die wir uns also inmitten von Schwierigkeiten stellen können, lautet also: *„Wozu dient mir diese Herausforderung? Wie kann ich hieraus einen Wert für mich und andere erschaffen?"* Mit der Absicht, selbst tiefes Leid als Entwicklungschance zu betrachten, kann schließlich aus Angst Mut werden, aus Ärger der Wunsch nach Gerechtigkeit und aus Schwäche unbegrenzte Lebenskraft. Die Perspektive, die du einnimmst, ist also der entscheidende Faktor, der dich ermutigen und aus der Opferhaltung herausführen kann.

Die Silbe *‚Kyo'* bedeutet Klang, Stimme, Vibration, Schwingung, Ausstrahlung und unendliches Band. Das kosmische Gesetz von Ursache und Wirkung funktioniert über Energiewellen, die wir empfangen und aussenden. Jede Zelle und jedes Atom ist von Schwingungsfrequenzen durchdrungen und *‚Kyo'* beschreibt dieses Phänomen. Alles im Universum ist Energie und ist auf verschiedene Arten von Wellen miteinander verwoben, seien es Licht-, Schall-, Handy- oder Radiowellen.

Die Stimme ist ein wesentlicher Teil der buddhistischen Ausübung. Das besagt der Satz: *„Die Stimme verrichtet die Arbeit des Buddhas."* Harmoniert unsere Stimme mit der Schwingung des Kosmos, sind wir glücklich und strahlen Lebensfreude aus. Dann empfinden wir pure dynamische Lebenskraft in uns, die uns erneuert und erfüllt. Erhöht sich unsere Schwingung, nehmen unsere Mitmenschen dies als erhöhte Vitalität und Ausstrahlung unbewusst wahr. Auch ein blockierter Energiefluss ist wahrnehmbar. Es ist, als seien wir mit angezogener Handbremse unterwegs und auch diese Frequenz strahlen wir mit unseren Gedanken, Worten und Taten aus.

Bist du eins mit der Fülle des kosmischen Lebensstroms, dann kannst du diese Lebenskraft auch gezielt an andere weiterleiten. Ähnlich wie beim Reiki lässt sich Energie übermitteln, wenn du für einen Menschen chantest. Sende also ruhig deine positiven Wünsche mit Hilfe der energetischen Gebetsformel ***„Nam MyoHo Renge Kyo"*** gezielt an Personen, die du unterstützen möchtest.

In seinem faszinierendem Buch: *„Im Einklang mit der göttlichen Matrix"* drückt Gregg Bradden das Phänomen, dass wir alle aus dem gleichen Material geschaffen und untrennbar miteinander verbunden sind, folgendermaßen aus:

„Woraus bestehen das Universum, der Planet und unsere Körper? Wie passt das alles zusammen? Können wir wirklich irgendetwas steuern? Um diese Fragen zu beantworten müssen wir das uns bekannte Wissen aus Wissenschaft, Religion und Spiritualität mit einer größeren Weisheit verknüpfen. Das ist der Punkt, an dem die göttliche Matrix ins Spiel kommt. Die Matrix ist die Schöpfung. Sie ist sowohl das Material, aus dem alles besteht, als auch das Gefäß, in dem alles existiert."

Unsere Gefühlswelten

Wie bewusst bist du dir über den Einfluss, den du auf deine Gefühlszustände hast? Mal ehrlich, glaubst du nicht insgeheim, deine Stimmungen seien in erster Linie von Ereignissen und Begegnungen mit anderen Menschen abhängig? Neigst du nicht auch dazu, die Verantwortung für deine Stimmungen und Verstimmungen an andere abzugeben?

Schauen wir uns unsere Gefühlswelten doch mal ein bisschen genauer an: Wie ist dein momentaner Lebenszustand, während du diese Zeilen liest? Liegst du vielleicht entspannt unter freiem Himmel und lässt die Seele baumeln? Oder sitzt du angespannt in der U-Bahn und bist genervt über die Lautstärke deiner Mitmenschen, die verhindert, dass du in Ruhe lesen kannst? Bist du heute vielleicht schon den ganzen Tag auf Krawall gebürstet? Falls ja, wann hat deine schlechte Stimmung begonnen? War der alleinige Auslöser dafür jemand, über den du dich geärgert hast? Hast du vielleicht einen schlechten Traum gehabt? Oder fühlst du dich in letzter Zeit einfach nicht wohl in deiner Haut, zweifelst an dir und nimmst eine Menge unangenehmer Zeitgenossen um dich herum wahr, die dich scheinbar ablehnen? Erlebst du beneidenswerterweise das komplette Gegenteil in Form einer Liebeseuphorie und siehst alles durch und durch positiv und unbeschwert? Falls ja: Meinst du, du hast etwas zu deiner Hochstimmung beigetragen oder glaubst du, es sei einfach dein Partner, der dir diese Glückseligkeit beschert? Ich könnte ewig so weiterfragen, denn wir unterliegen als komplexes Gesamtkunstwerk nicht nur den permanenten Einflüssen unserer Umwelt, die eine entscheidende Wirkung auf die bunte Palette unserer Gemütszustände hat, sondern auch den komplexen Energien, die sich etwa durch Krankheit, Gesundheit, hormonelle Schwankungen, Wetterfühligkeit oder individuelle Anlagen in uns tummeln.

Wie auch immer unsere seelische oder geistige Verfassung ist, sie zeigt sich auch in unserem Körper als Freude, Traurigkeit, Ärger oder Gelassenheit. Meist werden diese Gefühlswelten von unseren Mitmenschen ausgelöst. Schauen wir uns doch mal die Achterbahn der Emotionen an, durch die wir tagtäglich schlittern. Unsere inneren Befindlichkeiten verändern sich schneller als uns lieb ist, je nachdem, mit welchen Menschen wir in Berührung kommen und wie abhängig wir uns von den ständigen Eindrücken und Einflüssen unserer Umgebung fühlen. Betrachten wir einmal einen ganz normalen Arbeitstag:

Gerade noch warst du im Land der Träume und bist noch ganz benebelt von den wundervollen Orten, die du darin bereisen und bestaunen konntest, da reißt dich der Wecker unsanft aus dem Paradies. Der Tag beginnt mit dem rechten oder linken Fuß, je nachdem und dementsprechend ist auch deine morgendliche Stimmung. Ein Kaffee und Radioklänge zum Frühstück heitern dich wieder auf und so startest du beschwingt in den Tag. Auf dem Weg zur Arbeit siehst du in viele griesgrämige Gesichter, jemand tritt dir auf die Füße, der Regen peitscht dir ins Gesicht und du würdest am liebsten auswandern. Deine Stimmung ist wieder auf dem Nullpunkt gelandet. Doch dann im Büro eingetroffen, wirst du überraschend zum Chef zitiert und bekommst die freudige Nachricht einer lang ersehnten Gehaltserhöhung. Du tanzt vor Entzücken, würdest am liebsten die ganze Welt umarmen und verlebst einen angenehmen Arbeitstag. Wieder zu Hause hast du Post vom Finanzamt, die dir einen riesigen Schrecken einjagt. Du öffnest angespannt das Couvert und es bestätigt sich deine Befürchtung: Du sollst eine hohe Summe an Steuern nachzahlen und bist von einem Moment auf den anderen am Boden zerstört. Die Freude über die gute Nachricht des Tages ist völlig verflogen.

Fazit: Jeder Trip in die Glückseligkeit geht so schnell vorbei, wie er gekommen ist. Euphorie ist wie ein flüchtiger, intensiver Rausch und der Sturz von Wolke Sieben mit nachfolgender Ernüchterung ist vorprogrammiert. Auch negative Stimmungen können wieder verfliegen, doch wenn wir sehr sensibel sind, können solche Herausforderungen uns schon einmal komplett aus der Bahn werfen und entmutigen. Um Herr der Lage im wechselwarmen Bad der Gefühlswelten zu sein und uns immer wieder neu zentrieren zu können, dient uns eine innere Basis und ein waches Bewusstsein. Ohne das Bewusstsein, dass die Qualität unseres Energieflusses unseren Alltag kreiert, erleben wir uns als Opfer äußerer Ereignisse und glauben fest daran, unser Befinden sei vom Verhalten anderer abhängig. Es ergeht uns gut oder schlecht, je nachdem, was in unserer Umgebung passiert. Es erscheint, als hätten wir selbst keinen Einfluss darauf, ob sich eine glückliche Fügung einstellt oder nicht. Diese Einstellung mag bequem erscheinen, ebenso die Konzentration nach Innen als unnötige oder sogar lästige Bemühung. Doch macht es uns auf Dauer glücklich, als Fähnchen im Wind zu leben, das keinen wesentlichen Einfluss auf den Verlauf des Lebens nimmt?

Durch das Gesetz der Anziehung ist jeder von euch ein kraftvoller Magnet, der zu jedem beliebigen Zeitpunkt noch mehr des Gefühls, das du hast, anzieht.
Esther und Jerry Hicks

Wenn du wirklich glücklich werden möchtest, kommst du mit Warten nicht weiter. Das Gesetz der Anziehung wird immer auf die Emotion antworten, die du aussendest, weil du sie unentwegt erschaffst. Daher bist du aufgefordert, eine mutige Innenschau zu kultivieren um zu erkennen, in welcher Gefühlswelt du dich befindest und um auf diese Emotion Einfluss nehmen zu können.

Eine Frage der Energie

Wir leben in einem kosmischen Gefüge, das nach mystischen und dennoch sehr konkreten Gesetzmäßigkeiten funktioniert. Für unsere Augen unsichtbar existieren Lebensgesetze, die unser Leben auf der Erde bestimmen, ob wir diese nun wahrnehmen oder nicht. Das Gesetz der Kausalität (auch Gesetz der

Anziehung genannt), das Gesetz der Einheit von Selbst und Umgebung, das Gesetz der Ausgewogenheit oder das Gesetz der Ewigkeit. Das sind nur einige faszinierende Beispiele, deren Einfluss wir uns nicht entziehen können. Die Wissenschaft der Quantenphysik ist diesen universellen Gesetzen, so auch dem Rätsel des Matrix-Codes, seit einigen Jahren auf heißer Spur.

Folglich hat auch alles, was wir scheinbar durch andere erleben, auch immer mit uns zu tun, denn schließlich ist das Leben keine Einbahnstraße. Wir reagieren pausenlos auf zahlreiche Eindrücke und Emotionen unserer Umwelt und auch wir schicken, meist unbewusst, unsere Energien in die Welt. Unser seelisch-geistig-körperlicher Gesamtzustand entspricht der Schwingung, die wir als innere Gefühlswelt erleben. Unser vorherrschender Lebenszustand ist ein wesentlicher Faktor, der bestimmt, was auf der Bühne unseres Alltags abläuft. Denn unser jeweiliges Lebensgefühl setzt uns eine unsichtbare Brille auf, mit der wir die Welt wahrnehmen. Nicht umsonst sehen verliebte Pärchen die Welt rosarot und verärgerte Zeitgenossen alles schwarz.

Entsprechend manifestieren wir in jedem Moment unsere Realität, sei es durch unsere Gedanken, den Klang unserer Stimme, die Wahl unserer Worte und unserer Taten. Wie wir in den Wald hinein rufen, so schallt es hinaus! Mit welcher Energie dein Leben im Moment auch immer geladen ist: Diese Ladung bestimmt, wie es dir ergeht und welche Ereignisse du anziehst. Ob der Lebensstrom reibungslos in uns fließen kann oder blockiert ist, bestimmen unsere Gedanken und Emotionen, unser körperliches Befinden und schließlich unser Bewusstsein. Deswegen läuft auch scheinbar *‚alles‘* gut, wenn es uns gut geht und *‚alles‘* schief, wenn es uns schlecht geht. So einfach ist das. In diesem Sinne bist du das Zentrum und der Ausgangspunkt deines Lebens!

Auf dem Weg des Lebens begegnen wir immer wieder uns selbst.
In tausend Verkleidungen.
Carl Gustav Jung

Wir neigen allerdings dazu, unsere Beteiligung an dem, was im Stillen ‚passiert', völlig auszublenden. Vor allem, wenn die Reaktionen auf unser Verhalten oder unsere Ausstrahlung negativ sind, mögen wir unseren Anteil nicht sehen und weisen jegliche Verantwortung von uns. Nein, mit negativen Verhaltensweisen haben wir nichts zu tun! Umgekehrt erleben wir allerdings deutlich den großen Einfluss, den Stimmungen und Schwingungen, die unsere Familien, Arbeitskollegen und Freunde auf uns haben. Das gilt besonders in Liebesbeziehungen, in denen wir allzu leicht projizieren. Wir beschäftigen uns mit inneren Zuständen, die bestimmte Gedanken und Emotionen in uns hervorrufen und machen andere als Auslöser oder Verursacher dafür verantwortlich. Aufgrund dieser Projektionen versäumen wir nur zu oft, selbst die Verantwortung für unsere Gedanken und Worte zu übernehmen und ärgern oder wundern uns stattdessen über das Verhalten anderer.

Nehmen wir einmal die Gefühlswelt ‚Ärger'. Sicher kennst du das Gefühl, im Ärger gefangen und ‚außer dir' zu sein. Deine Wut bestimmt dann die Brille, durch die du deine gesamte Umgebung wahrnimmst, so dass du ringsherum nur Feindseligkeit und Angriff witterst. In diesem aufbrausenden Lebenszustand wird der kleinste Anlass zum Streichholz, das die Flammen deiner Wut weiter entfacht. Deine Mitmenschen nehmen deine subtile oder konkrete Aggression wahr und die Wahrscheinlichkeit ist groß, dass sie ebenfalls mit Empörung auf dich reagieren und dir damit deinen Ärger spiegeln. Fatalerweise wird sich dieser also noch verstärken, was man im allmorgendlichen Verkehrsstress auf den Straßen hautnah erleben kann.

Ich muss gestehen, dass ich mich auch schnell vom Ärger hinreißen lasse und es alles andere als leicht empfinde, mit massiven negativen Energien umzugehen. Das liegt wohl daran, dass ich sehr sensibel und auch sehr offen bin. Ein Bummel über eine volle Shoppingmeile reicht aus, um mich in kürzester Zeit erschlagen zu fühlen von all den Menschen, Neonlichtern, Schildern, Bildern und Eindrücken. Ich brauche dann immer erst mal eine Weile, um mich wieder zu sammeln. Um die vielen

Energien abzuschütteln, die an mir vorbeigerauscht sind und wieder den Fokus auf die heitere Gelassenheit in mir zu richten. Die Kunst besteht für mich darin, gelassen und heiter zu bleiben, egal was um mich herum geschieht. Manchmal erscheint mir es mir allerdings so, als sei ich Lichtjahre von dieser Fähigkeit entfernt. Doch ich gebe nicht auf!

Von Freude, Harmonie oder aufrichtiger Dankbarkeit wird deine positive, fröhliche Stimmung ebenso leicht auf deine Umgebung abfärben. Strahlst du positive Energie aus, werden auch Worte und Taten aus dir heraussprudeln, die deinem positiven Lebensgefühl entsprechen. Je stärker die angenehme Ausstrahlung, die du versprühst, desto mehr wirst du auch zu einem Magneten für Menschen und Ereignisse, die dir deine Lebenskraft spiegeln. Die positiven Ursachen, die du setzt, bringen entsprechend positive Wirkungen hervor, um gezielt Einfluss auf dein Glück zu nehmen. Erhöht sich die Energie in dir, dann dehnt sich dein Energiefeld aus und du erlebst diese Schwingungserhöhung als Glücksgefühl oder glücklichen Moment, in dem du dich verbunden fühlst. Erfüllt von einer positiven Stimmung werden äußere Umstände weniger bedeutend, denn du bist innerlich erfüllt und frei.

Fühlst du dich dagegen leer und einsam, wird dich auch kein Geld der Welt erfüllen können, selbst wenn du Millionär wärst. Ist dein Lebensdrive niedrig, haben Ängste und Depressionen ein leichtes Spiel mit dir, denn diese ‚Diebe des Lebens' reden dir ein, du seiest in ihrer Hand. Zweifel entmutigen, lassen deinen Energielevel sinken und machen dich passiv, traurig und pessimistisch.

Gesteigerte Lebensenergie hingegen gleicht dem Einzahlen auf ein inneres Glückskonto. Je mehr Lebenskraft der Liebe in dir fließen kann, desto intensivere Glücksgefühle erlebst du.

Ein wesentlicher Faktor für Glück ist also nicht, in welchen Lebensumständen du dich befindest, sondern vielmehr, welche Schwingung oder Energie in dir vorherrscht. Je aufgeräumter deine Innenwelt ist, desto weniger Schwierigkeiten wirst du auch in der Außenwelt anziehen. Wenn du zufriedener und glücklicher sein möchtest, geht es also um zwei Fragen: Wie kommst du wieder in deine Mitte? Und wie erhöhst du deinen Energielevel?

Keine Frage, dass es eine Reihe von Aktivitäten gibt, die Freude in uns wecken: Unternehmungen mit Freunden, Reisen, Hobbies, sportliche Aktivitäten oder Menschen, die uns gut tun und zum Lachen bringen. Was aber, wenn nichts davon möglich ist, weil du gerade krank oder lethargisch im Bett liegst oder einsam bist? Bist du damit verurteilt, restlos in Depressionen zu versinken?

Mitnichten! Selbst wenn es dir so vorkommt, als stecke dein Leben in einer Sackgasse fest, kannst du deinen Lebenszustand beeinflussen um dich aus niederschmetternden Gefühlen befreien. Allerdings macht es wenig Sinn darauf zu warten, dass andere dies für dich tun. Denn dann machst du dich abhängig und verleugnest die Macht, selbst Einfluss nehmen zu können. Natürlich ist das Zusammensein mit unseren Freunden Balsam für unsere Seele, doch es gibt noch mehr zu entdecken als die belebende Energie, die wir von anderen empfangen. Wir können uns selbst Impulse geben, mit denen wir die Kanäle unserer Gefühlswelten umschalten. Da wir allerdings eher daran gewöhnt sind, TV Sender nach Belieben durchzuzappen, als unsere inneren Welten zu verändern, fehlt uns die Übung im ‚Gefühlswelten-Zapping'.

Stell dir deine emotionalen Zustände einmal als verschiedene Stockwerke eines Hauses vor, in denen sich die sogenannten negativen und energetisch engen Zustände in Keller und Erdgeschoss befinden und die positiven, energetisch weiten Stimmungen in den höheren Stockwerken. Wie kommst du jetzt in die oberen Etagen? Eins vorweg: Immer nur durch aufrichtige Bemühung. Es erfordert immer ein gewisses Maß an Bereitwilligkeit und Einsatz, damit etwas Besonderes erschaffen wird. Künstler kennen diese Prozesse, in denen sie auch angesichts heftigster innerer Widerstände und Selbstzweifel nicht lockerlassen und so lange ihre kreativen Bemühungen fortsetzen, bis sie ihr Werk vollendet haben. So ähnlich sehe ich auch unseren

Stimmungshaushalt. So heilsam Nichtstun sein kann, sollte es doch nur dazu dienen, um sich wieder zu zentrieren. Danach braucht es unseren konkreten Einsatz, sei es für uns, sei es für andere, um etwas im Innen oder im Außen zu bewegen.

Bereitest du dir und anderen beispielsweise eine Freude – und sei der Aufwand dafür auch noch so gering – schnellt dein emotionaler Fahrstuhl in die oberen Stockwerke deines Energiehaushaltes. Hier erfüllt dich Leichtigkeit und neuer Elan. Vielleicht erblickst du jetzt das weite Feld deines Handlungsspielraums. Deine Möglichkeiten, auf dein Alltagsgeschehen Einfluss zu nehmen, scheinen nicht mehr begrenzt: Du betrachtest alles aus der Vogelperspektive! Aus der luftigen Höhe deines Energiepegels hast du einen freien Ausblick auf die Hindernisse deines weiteren Weges und bekommst einen Eindruck von den positiven Ereignissen, die dahinter auf dich warten.

Verharrst du dagegen passiv in einer trüben Stimmung und beklagst dich womöglich auch noch permanent darüber, wird sich deine Trübsal immer weiter ausbreiten und dich belasten. Um Missverständnissen vorzubeugen: Es geht mir nicht darum, Phasen von Traurigkeit zu vermeiden oder zu eliminieren. Manchmal dienen lähmende Zustände sogar als notwendige Pause, die uns zeigt, dass es verdrängtes Leid in uns gibt, das gesehen und erlöst werden möchte. Ob allein oder mit professioneller Hilfe, sei es durch fähige Psychologen oder spirituelle Berater, die hilfreiche Impulse geben: Durch das vollständige Annehmen der Schwere in dir kann sich die darin enthaltene Botschaft mitteilen. Letztlich will alles betrachtet werden, was in deinem Leben noch nicht von dir wahrgenommen wurde. Alles Leid will gewürdigt und erlöst werden, Dinge, die uns schon lange unglücklich machen, die aber nie wirklich zum Vorschein kommen durften. Wenn du eine negative Stimmung also nur verdrängst oder wegdrückst, weil du Angst hast von ihr überwältigt zu werden, dann wird sie nicht verschwinden. Begegnest du ihr aber mit der Offenheit eines Lernenden und setzt ihr dann eine stärkere, positive Energie der Hoffnung entgegen, kann der schwere Gefühlszustand in einen leichteren verwandelt werden. Widme dich also deinem Inneren, damit sich die Botschaft hinter deinem Leid mitteilen kann.

Da Energien sich permanent verändern, können wir die Zeiträume, in denen wir leiden oder einfach niedergeschlagen sind, *verkürzen* ohne sie zu ignorieren. Früher hing ich teilweise Wochen und Monate im Schacht meiner Traurigkeit. Heute mache ich höchstens kurze aber intensive Ausflüge dorthin, verweile aber nicht mehr darin. Wie das möglich ist? Indem wir darum bitten, den Sinn dieser leidvollen Erfahrung zu erkennen und uns mit der allumfassenden Lebensenergie verbinden und neu aufladen. Niedrige Energien wie Antriebslosigkeit, Niedergeschlagenheit, Hoffnungslosigkeit oder Traurigkeit können von hohen Energien abgelöst werden. Wir verfügen immer über die potenziellen Möglichkeiten, auf lähmende Stimmungen mit kraftvoller Energie zu reagieren. Tragischerweise fällt uns das genau dann so schwer, wenn wir uns in einem Lebenszustand befinden, der dem Fahren mit angezogener Handbremse gleicht. Oft wählen wir dann erst einmal die Flucht unter die Bettdecke und verkriechen uns dort auf unbestimmte Zeit. Mit Sicherheit gibt es Phasen, in denen dieses intensive Durchleiden Sinn macht, zum Beispiel in Zeiten der Trauer und des Verlustes. Was aber, wenn weniger dramatische Ereignisse dich immer genau dann mit trüber Stimmung ausbremsen, wenn du deine Energie am nötigsten brauchst?

Vielleicht fühlst du dann das Bedürfnis, in die Stille zu gehen oder eine Methode anzuwenden, die dir Energie gibt, um deine inneren Blockaden aufzulösen. Was auch immer dein Impuls ist, erinnere dich in den entscheidenden Momenten daran: Du hast du es in der Hand, durch deine inneren Welten zu zappen, um wieder in innere Harmonie zu kommen und dich gut zu fühlen. Das nenne ich emotionale Freiheit: Dich dem Licht zuwenden zu können, egal, was passiert.

Wenn du bereits eine meditative Ausübung praktizierst, die deine Energie merklich wieder zum Fließen zu bringt, dann verfügst du über einen wirksamen Schlüssel, den du nur anzuwenden brauchst, um eine andere Gefühlswelt zu aktivieren. Solltest du noch keine konkrete Energietankstelle für das Öffnen eines inneren Glückszustandes entdeckt haben, probiere doch mal das das Chanten von *‚Nam MyoHo Renge Kyo'* im Lotus Fokus dieses Kapitels aus. Es kostet nichts und hat keine Nebenwirkungen – es erfordert nur etwas Überwindung, nämlich dein Einlassen auf eine unbekannte Ausübung.

Wünsch dir was!

Abgesehen davon, dass du mit Hilfe des Chantens deinen Lebenszustand positiv verändern kannst, dient es auch dazu, dich deinen Herzenswünschen zu widmen. Indem du deine Energie auf die Erfüllung eines Wunsches ausrichtest, lenkst du sie in Richtung Manifestation. Mit anderen Worten: Wünsch dir was!

Frage dich einfach mal ganz bewusst: „*Was ist mein Herzenswunsch?*" Einen Herzenswunsch erkennst du daran, dass er mit einer tiefen Sehnsucht in deinem Herzen einhergeht und nicht in deinem Kopf geboren wird.

Die Macht deiner Gefühle ist in Sachen Verwirklichung deiner Herzenswünsche entscheidender als dein Verstand, denn sie ist das innere Feuer, das dich antreibt. Fühle also in dich hinein. Wofür brennst du? Wie ist deine Vision für deine nähere Zukunft oder das nächste Jahr? Was treibt dich an? Was möchtest du noch unbedingt erleben, bevor du von dieser Erde gehst?

Wenn du auf diese Fragen eine Antwort gefunden hast, gehe zum nächsten Schritt über: „*Warum möchte ich diesen Traum unbedingt verwirklichen*?" Was genau erhoffst du dir vom Eintreten deiner Vision? Meinst du, seine Verwirklichung dient wirklich deinem Glück oder manövrierst du dich damit vielleicht sogar in eine unglückliche Lage? Frage dich, ob du wirklich bereit bist zu erleben, wonach du dich sehnst. Ein genaues Betrachten deiner Wünsche ist weise, weil manches im Nachhinein illusorisch ist und sich als Trugschluss erweist. Deswegen ist es so wichtig, dass deine Träume mit deiner Intuition übereinstimmen. Gehe in dich und bitte deine Innere Weisheit, deine Vision zu bestätigen. Was du von ganzem Herzen glauben kannst, kann sich auch klar in deiner Welt manifestieren.

Unsere Wünsche sind Vorgefühle der Fähigkeiten, die in uns liegen, Vorboten desjenigen, was wir zu leisten imstande sein werden. Was wir können und möchten, stellt sich unserer Einbildungskraft außer uns und in der Zukunft dar, wir fühlen eine Sehnsucht nach dem, was wir im Stillen schon besitzen. So verwandelt ein leidenschaftliches Vorausgreifen das wahrhaft Mögliche in ein erträumtes Wirkliches.
Johann Wolfgang von Goethe

Ohne Leidenschaft für ein Ziel und die Sehnsucht, es auch zu erreichen, wird deine Wunschkraft zu schwach sein um es zu realisieren. Sobald du jedoch großen Enthusiasmus in dir fühlst, ist dies ein Zeichen dafür, dass deine Innere Führung dir grünes Licht für einen Wunsch gibt. Öffne dich deinen Träumen und wenn deine Herzenswünsche aus dir hervorsprudeln, nimm dir Zeit und schreibe auf, wonach dein Herz sich sehnt. Trau dich, ein schillerndes, buntes Bild auszumalen, wie deine Vision konkret und detailliert aussieht. Lass es zu, dass du dich selbst schon in der jeweiligen Situation siehst. Nicht nur vage sondern kristallklar!

Richte deine Energie mit Entschlossenheit auf die Manifestation dieser Vision. Klarheit und ein starker Glaube sind wesentlich, wenn du scheinbar Unmögliches möglich machen willst. Was du glaubst, hat das Potenzial, sich zu verwirklichen. Das gilt für deine Wünsche genauso wie für deine Befürchtungen. Es geht also darum, felsenfest davon überzeugt zu sein, dass du deine Vision in die Tat umsetzen wirst und konkret dafür aktiv wirst! Leidenschaft, gepaart mit Entschlossenheit sind der Motor, der dich zu starken inneren Bildern, wachsender Überzeugung und konkreten Taten motiviert.

Keiner deiner Wünsche ist zu groß! Sag *„Ja!“* zu deinen Träumen, egal, wie unmöglich sie dir erscheinen mögen! Große

Visionen von unserem Leben zuzulassen ist sicherlich im Sinne des Erfinders universellen Lebens, denn: Das Leben drängt nach Ausdehnung und Evolution! Alles im Universum dehnt sich aus. Es gibt keinen Grund, deine innigsten Herzenswünsche zurückhalten. Die Natur des Lebens ist höchst kreativ. Die Schöpfungsenergie all dessen, was wir ‚unsere Welt' nennen, hat nicht nur ein oder zwei Sorten von Blüten erschaffen, sondern es gibt tausende und abertausende davon. Das Leben selbst kennt keine Grenzen, keine Bedenken und keine falsche Bescheidenheit. In der Natur kannst du die Herrlichkeit, die unendliche Vielfalt, Originalität und Einzigartigkeit bewundern, die sich unendlich auszuweiten scheint. Wir sind ein Teil davon. Uns vom Strom des Lebens abzugrenzen, der pausenlos kleine und große Wunder erschafft, ist als würden wir gegen diesen Strom schwimmen. Wie können wir gegen etwas sein, was wir selbst sind, was aus uns kommt und strömt? In dir wohnen Ideen, Visionen, Talente und kreative Fähigkeiten, denen du Ausdruck verleihen kannst.

Deshalb: Gib deinen Träumen eine Chance! Wertschätze sie, behüte und lebe sie. Deine Eingebungen weisen dich auf deine Gaben hin, die vielleicht noch im Verborgenen liegen, genau wie ein Baby, das für unsere Augen unsichtbar ist und dennoch Tag für Tag heranreift. Du bist wie ein Blume – schön. Es liegt an dir, ob du der Blume am Wegesrand Aufmerksamkeit schenkst oder sie nicht wahrnimmst. Deswegen: Glaube an dich und lass die Blume, die du bist, erblühen!

Meine tiefste Überzeugung ist, dass wir am Leben sind, um es in vollen Zügen zu erleben und von unseren Begrenzungen zu lernen. Leiden bleiben uns nicht erspart, da sie ein Teil unserer dualistischen Welt sind. Das Unglücklichsein bricht manchmal über uns herein wie ein Gewitter oder ein Platzregen. Es ist Teil des Ganzen, aber es ist nicht Ziel deiner Reise und vom Leben ist es sicher nicht gewollt, dass wir im Leiden verharren. Packe also jede Gelegenheit beim Schopfe, die sich dir bietet, dein Herz zu erfreuen und ein Lächeln auf dein Gesicht zu zaubern!

Was deine Wunschkraft blockiert

Wenn nicht eintritt, was du dir gewünscht hast, fragst du dich vielleicht, ob du etwas falsch gemacht hast: *„Stehe ich irgendwie auf der Leitung und mir selbst im Wege? War ich vielleicht nicht entschlossen genug? Oder ist die ganze Leier mit der Wünscherei doch nur Hokus Pokus?"*

Zunächst einmal glaube ich nicht, dass es Sinn macht, immer alles zu bekommen was wir uns wünschen. Häufig fehlt uns die Weisheit, um zu überblicken, was unserem Leben wirklich gut tut. Wie sähe es mit deiner Gesundheit aus, wenn du dir wünschen könntest, Tonnen deines Lieblingsspeiseeises zu erhalten? Die Chancen stünden gut, dass du dich selbst in ein Eisbällchen verwandeln würdest, richtig? Wir machen uns Vorstellungen von unserem Glück, um zu einem späteren Zeitpunkt feststellen zu müssen, dass wir die Kehrseite der Medaille nicht erkannt oder verdrängt haben.

Ich empfinde den Kosmos nicht als ein Versandhaus, das auf Mausklick all unsere Wünsche und Illusionen immer nach unseren Vorstellungen zu manifestieren hat. Ich glaube vielmehr, dass individuelle Reifeprüfungen auf unserem Weg liegen, ohne die wir uns nicht über unsere Entwicklung freuen könnten. Einerseits verfügen wir über einen freien Willen, auf unser Leben einzuwirken. Anderseits sind bestimmte Herausforderungen vorherbestimmt und für unsere Entwicklung vorgesehen. Daher stoßen wir auf scheinbare Blockierungen, die unser Wunschkonzert erheblich stören.

Für die erfolgreiche Manifestation von Wünschen kommt es vor allem darauf an, ob deine Vision mit optimistischer Zuversicht erfüllt ist oder ob sie sich aus dem Gefühl des Mangels speist. Sobald deine Gedanken in völliger Gelassenheit ein Bild von einem Wunsch mit dir als Hauptperson geformt haben, lasse diese Vision los mit der Einstellung: *„Ich bin ein Juwel, erlebe die Fülle des Lebens und bin mir sicher, dass sich auch dieser Wunsch oder etwas Besseres für mich realisiert."* Konzentrierst du dich auf die Wertschätzung deiner Person, stärkst du deine

Überzeugung, dass du die Erfüllung deines Wunsches zutiefst verdienst. Denke also mit Vorfreude an das, was du dabei bist zu verwirklichen.

Die bedürftige Überzeugung, etwas oder jemanden unbedingt ‚haben zu wollen', hält dich dagegen im Mangel gefangen. Dann beißt du dich an deiner Vorstellung fest und lauerst ungeduldig auf Resultate. Wie anziehend ist deine Ausstrahlung, wenn du unbedingt etwas oder jemanden brauchst? Wie angenehm wirken Menschen auf dich, die dich wie Geier umkreisen, weil sich unbedingt etwas von dir haben wollen? Die Energie von ‚ich brauche' verstärkt in dir das unangenehme Gefühl der Bedürftigkeit und nährt die Unsicherheit, ob die Dinge sich in deinem Sinne entwickeln werden. Dominiert das Mangelgefühl deine innere Gefühlswelt, wird es sich nicht einfach so in der äußeren Welt in Wohlgefallen auflösen sondern sich immer deutlicher manifestieren. Dein Wille geschehe!

Verzichte also lieber auf Absichtserklärungen wie: *„Ich will"* oder *„Ich brauche"* oder *„Ich hätte gern"*, denn sie werden leicht mit Entschlossenheit verwechselt. All diese Satzanfänge sagen zwar aus, dass du etwas wünschst, doch auch, dass du das Gewünschte im gegenwärtigen Moment noch nicht hast. Du hoffst, etwas in naher Zukunft zu erhalten um glücklich zu sein. Damit sagst du dir indirekt, dass du ohne das erwünschte Ziel noch nicht glücklich bist! Und hier liegt der Haken. Du verschiebst deine Zufriedenheit auf die Zukunft und erlebst den Mangel, dass sich Dinge noch nicht realisiert haben.

Dass Fixierungen uns eher unglücklich als glücklich machen, können wir besonders in Partnerschaften beobachten. Wie oft sagen wir uns: *„Wie schade, dass mein/e Liebe/r jetzt nicht hier ist. Könnte ich diesen Moment jetzt mit ihm/ihr teilen, könnte ich ihn wirklich genießen."* Wir stellen häufig Forderungen an unseren Partner und setzen ihn oder sie unter Druck, weil wir glauben, unser Glück hänge davon ab. Solche Bedingungen aufzustellen macht uns undankbar und blind für die Wunder des Augenblicks, weil wir mit dieser Haltung Gefahr laufen, den gegebenen Zustand abzuwerten, anstatt ihn zu schätzen. Verlagere dein Glück nicht auf einen unbekannten Zeitpunkt, sondern werde dir bewusst, dass du deine innere Zufriedenheit im Jetzt und Hier öffnen kannst. Statt darauf zu warten, dass etwas eintritt, worüber wir lachen können, lachen wir doch lieber einfach und freuen uns über das, wozu uns das Leben im jetzigen Augenblick Anlass gibt!

Wenn alles brauchen geht,
kommt das HABEN.
Martin Uhlemann

Das Gesetz der Anziehung wird deinen Wunsch also umso schneller manifestieren, wenn du dein Mangeldenken loslässt und eine positive Beziehung zum Gewünschten in dir fühlst.

Verzichte auch auf die kritische Frage: „*Wie soll das gehen?*" Sie nähren nur deine Zweifel und bremsen deine Leidenschaft aus. Schließlich benutzt du auch Handys, Autos und Flugzeuge, ohne im Detail zu verstehen, wie diese funktionieren. Überlasse das ‚Wie' doch einfach den genialen Möglichkeiten deines unbegrenzten Potenzials. Alles ist möglich, wenn du dir mit deinem Zweifel nicht selbst im Weg stehst und dich mit Entschlossenheit auf deine positive Perspektive konzentrierst. Statt diese voll Vertrauen anzunehmen haben wir die unangenehme Tendenz, uns zu beklagen.

Klagen sind ein weiterer Garant, um unsere Wünsche zu boykottieren! Jede Klage wirkt wie ein kraftvolles negatives Mantra, das sich verwirklichen wird, wenn wir es durch häufiges Wiederholen heraufbeschwören. Du kannst positive Affirmationen wiederholen oder ein Mantra chanten so oft du willst – folgt darauf stetiges Klagen, lösen sich deine positiven Affirmationen wieder in Luft auf.

Armutsbewusstsein steht gewünschten Manifestationen ebenfalls im Wege. Glaubst du tief im Inneren, nicht würdig zu sein, deinen Wunsch zu empfangen, so ist dies die Bremse, die die Manifestation nicht zulässt. Der Postbote will ein Päckchen für dich abgeben, doch er findet dich nicht, weil du keinen

Namen auf deinen Briefkasten schreibst. Stattdessen steht dort: *„Ich verdiene das nicht!"* oder *„Ich bin unwürdig, dieses Geschenk zu empfangen."*

Es wirken also eine Menge Blockierungen auf unsere Wunschmanifestation ein. Viele davon sind unangenehme Erfahrungen aus der Vergangenheit, die Überlebensstrategien nach sich zogen, die wir immer wieder unbewusst abspulen. Es erfordert ein waches Bewusstsein, um ihnen auf die Schliche zu kommen. Alles, was in unserem Unterbewusstsein bereits programmiert wurde, wird unsere neue Wahl also immer wieder stören oder sogar unmöglich machen, weil alte Überzeugungen den neuen Manifestationen im Wege stehen. Wir können nicht einfach so auf Knopfdruck an uns glauben oder uns innig lieben. Alles braucht seine Zeit und Bewusstseinsprozesse. Ohne Hindernisse können nun mal keine tiefgründigen Wachstumsprozesse einsetzen. Sie fordern uns auf, unser Leben in der Tiefe zu betrachten und uns unseren Begrenzungen zu stellen. Daher legt uns das Leben manchmal Themen vor die Füße, die wir weder bestellt noch gewünscht haben. Solche Herausforderungen sind die unerwarteten Antworten auf unsere Wünsche, weil sie uns zu Wachstumsschritten auffordern, ohne die unsere Wünsche nicht zu verwirklichen sind. Letztlich können also auch nicht realisierte Wünsche durchaus eine Wohltat sein.

Manche Träume entpuppen sich als Trugschluss, andere gehen nicht sofort in Erfüllung, da sie ihre Zeit brauchen, bis die passenden Umstände herangereift sind. Nicht alles, was wir erleben möchten, kann genau dann geschehen wenn wir es wollen. Manchmal müssen erst massive innere Zweifel, Unsicherheiten, Armutsbewusstsein und mangelndes Selbstvertrauen abgebaut werden. Solange wir bestimmte Entwicklungsschritte noch nicht gemeistert haben, kommen altbekannte Herausforderungen auf Wiedervorlage und wir fragen uns enttäuscht: *„Wieso erlebe ich nur immer wieder dasselbe? Wo ist mein bestelltes Happy End, verdammt nochmal?!"*

Das ist zumindest die Erfahrung, die ich mit meinem Schauspielberuf gemacht habe. Angenommen, ich würde noch immer den Wunsch haben, als Schauspielerin zu arbeiten. Ich hätte heute sicherlich viel bessere Aussichten als früher, auch wenn ich mittlerweile bereits Mitte vierzig bin. Der Grund hierfür ist völlig banal: Heute glaube ich an mich und liebe mich bedingungslos! Das war lange Zeit meines Lebens nicht der Fall. Als ich mit Anfang zwanzig als Schauspielerin tätig war, kam ich ein paar Mal in die engere Wahl für eine Rolle oder Moderation, die für mich den Durchbruch in meinem Beruf bedeutet hätte. Da meine Eltern auch beide Schauspieler gewesen waren, hatte ich das Gefühl, ich sei dazu berufen, mein Talent zu beweisen und ging sehr angespannt zu den Castings. Ich war von dem Wunsch besessen, unbedingt erfolgreich zu werden. Vielleicht sogar im Namen meines Vaters, der viel zu früh verstarb. Einerseits glaubte ich an meine Gabe, andererseits lehnte ich mich als junge Frau auch massiv ab. Ich war unglücklich mit meiner Figur und neigte dazu, mich kritisch mit anderen zu vergleichen. Meine Selbstablehnung war deutlich stärker als mein Glaube, und so verkrampfte ich mich vor der Kamera, verlor meine Authentizität und vermasselte mir damit meine Chancen. Meine heftigen Selbstzweifel waren mit Sicherheit der ausschlaggebende Grund, warum man sich zum Beispiel im ‚Viva' – Casting für Heike Makasch oder im ‚Samstag Nacht' – Casting für Esther Schweins entschied. Denn sie sahen nicht nur umwerfend aus, sie waren vor allem völlig frei, locker und authentisch vor der Kamera. Ich dagegen brauchte noch viele Jahre, bis ich freudig und bedingungslos ‚Ja' zu mir sagen konnte. So wurde es nichts mit dem großen schauspielerischen Durchbruch. Erst in meiner späteren Wahlheimat Los Angeles erkannte ich, dass ich keine tiefe Liebe für die Arbeit vor der Kamera empfand, sondern einer Besessenheit erlegen war, die wohl eher mit meiner damaligen Suche nach Anerkennung zusammenhing. Keine guten Voraussetzungen für diesen schwierigen Beruf.

Ich glaube, der Schlüssel zum Erfolg liegt in radikaler Selbstbejahung. Zu lieben was wir tun ist bereits die halbe Miete. Bedingungslose Selbstbejahung in Kombination mit individuellen Fähigkeiten und Talenten und einer kleinen Prise Glück lassen

Wunder geschehen! Je deutlicher du fühlst, dass du ein kostbares Wesen bist – ein Wunder der Schöpfung, das es verdient, geliebt und geschätzt zu werden – umso eindeutiger manifestiert sich diese Überzeugung in der Welt.

Wenn du mehr über das Gesetz der Anziehung erfahren willst, rate ich dir, die Bücher von Esther und Jerry Hicks zu lesen. Esther Hicks channelt darin die Botschaften einer Wesenheit namens ‚Abraham' und erläutert sehr verständlich, warum unsere vorherrschenden Schwingungen unsere Welt erschaffen. Ein Zitat hieraus:

Das kraftvolle Gesetz der Anziehung ist die Wurzel von allem, was du erlebst.
Wenn du an etwas denkst, beginnst du die Essenz dieses Themas in deine Lebenserfahrung zu ziehen. Sobald in dir eine Gedankenschwingung aktiviert wird, indem du einem Thema deine Aufmerksamkeit schenkst, vollzieht sich die Entfaltung.

Lotus Fokus

Erlebe die Kraft deines Juwels mit „Nam Myoho Renge Kyo"

Seit Jahrzehnten empfinde ich tiefes, grundloses Glück beim Chanten. Ich habe immer wieder erlebt, dass sich dadurch der in Energiefluss in mir erhöhte, ich mich glücklicher fühlte und eine gesteigerte Bereitschaft empfing, die Dinge anzupacken und mir meine Wünsche zu erfüllen. Das Chanten ermöglicht mir in jeder Lebenslage, die Quelle grenzenloser Energie anzuzapfen. Ich empfinde diese Ausübung als kostbares Geschenk, das ich mit dir teilen möchte und es daher hier vorstelle. ***„Nam MyoHo Renge Kyo"*** ist jedoch kein magisches Wundermittel mit dem du alles, was du dir wünschst, herbeizaubern kannst. Ebensowenig befähigt es dich dazu, alles was dich stört einfach auszulöschen, geschweige denn andere zu manipulieren. Dieses Mantra verleiht dir keine Macht über andere, doch jede Macht über dich selbst. Es ist weder eine ‚Zewa-wisch-und-weg-Methode' noch eine ‚Friede-Freude-Eierkuchen-Praxis', die dir dauerhaft gute Laune garantiert. Doch dadurch, dass du dich positiv auflädst und deine innewohnende Kraft und Weisheit freisetzt, lassen sich Probleme und Herausforderungen leichter meistern und Visionen schneller realisieren.

Nimm dir bewusst ein paar Minuten Zeit, um dein Leben zu würdigen. Für diese kleine Zeremonie kannst du ein paar Kerzen oder auch Räucherstäbchen anzünden und wenn du magst, einen kleinen Gong schlagen um eine feierliche Atmosphäre zu schaffen. Das ist aber nur eine Anregung um dich mit allen Sinnen darauf einzustimmen, dass es um nichts Geringeres geht als um die Verehrung deines Lebens!

Setze dich bequem, aber aufrecht hin. Lege deine Hände vor deinem Brustkorb zu einer Verehrungshaltung zusammen und zwar so, dass sich die Fingerspitzen ganz leicht berühren Am besten, du behältst die Augen geöffnet, denn beim Chanten geht es nicht so sehr um Versenkung, sondern vor allem darum dass du deine Lebensenergie erhöhst und die Vogelperspektive einnimmst, um Klarheit zu gewinnen. Lege dir einen Zettel mit den Worten ***„Nam MyoHo Renge Kyo“*** vor dich hin, falls du sie noch nicht auswendig kannst.

Fokussiere dich auf die Verbindung mit deiner ursprünglichen Lebenskraft, die in dir fließt und die du mit diesem Mantra erleben kannst. Beginne dann mit dem langsamen Rezitieren der Silben *„Nam-Mi-o-Ho-Ren-Ge-Ki-o“* während du die Vokale leicht miteinander verbindest und zu einer Art Kreislauf kommst:

„Nam MyoHo Renge Kyo – Nam MyoHo Renge Kyo –
Nam MyoHo Renge Kyo – Nam MyoHo Renge Kyo –
Nam MyoHo Renge Kyo – Nam MyoHo Renge Kyo …“

Hole in Ruhe Luft, wenn dir danach ist. Die Schwingungsfrequenz dieser Silben dringt nicht nur in unser Unterbewusstsein ein sondern auch in unsere Körperzellen. Wahrscheinlich wirst du schon nach kurzer Zeit eine leichte Vibration in deinem Körper wahrnehmen, die durch alle Chakren dringt.

Es ist gut möglich, dass du dir zunächst ziemlich albern dabei vorkommst, japanische Laute laut zu rezitieren. Lass dich trotzdem ein paar Minuten auf den rhythmischen Singsang ein, der den Lebensstrom beschreibt und deinen Körper und Geist mit dem großen Ganzen harmonisiert. Sollte es dir leichter fallen, kannst du auch zeitweise die Augen schließen. Stell dir vor, wie dieses Mantra dich zu deinem innersten Wesenskern, deinem Juwel führt. In dir ist bereits potenziell jede Antwort, jedes Gefühl, jede Idee und all die Lebensenergie angelegt, die du für dein tägliches Leben brauchst.

Es gibt keine Regel, wie lange du chanten solltest. Fünf bis zehn Minuten reichen schon aus, um aufkommende Leichtigkeit in dir wahrzunehmen. Chante einfach so lange, bis sich ein

Lächeln auf dein Gesicht legt. Bei mir dauert das mittlerweile nur noch wenige Minuten. Anfangs habe ich dieses Erlebnis allerdings nicht sofort verspürt. Es dauerte mindestens zwanzig Minuten, bis ich mich wirklich aufgeladen fühlte. Jeder empfindet anders, daher kann ich nur die Empfehlung aussprechen, so lange zu chanten, bis du dich besser oder sogar sehr gut fühlst.

Geht es dir eher um die Erfüllung deiner Herzenswünsche, kannst du dich beim Chanten voll und ganz darauf konzentrieren. Am besten, du schreibst dir deine Wünsche vorher in der Gegenwartsform auf und lässt die Vorstellung zu, deren Umsetzung würden bereits hinter deinem Rücken in die Wege geleitet. Widme dich mit Entschlossenheit der Erfüllung dessen, was tief in deinem Herzen lebendig ist.

Es gibt einen kleinen Trick beim Visualisieren: Begib dich innerlich in die Situation, die du gerne erleben möchtest und erlebe diese so intensiv, als seiest du bereits tatsächlich dort. Sieh deinen Wunsch bereits in lebendigen Bildern vor dir – mit dir darin – als Hauptperson. Zum Beispiel: „Ich lebe in einem orangefarbenen Haus inmitten der Natur, umgeben von vielen Tieren." Male dir deinen Herzenswunsch aus und sieh dich bereits klar und deutlich in dieser Situation. Wie fühlt sich die Erfüllung deines Herzenswunsches an? Richte die universelle Lebensenergie auf das, was bereits in dir lebendig ist. Je authentischer dein inneres Erleben, desto schneller kann aus deiner Visualisierung Realität werden.

Erlaube dir, deine Wünsche groß und detailgetreu vor deinem geistigen Auge Gestalt annehmen zu lassen. Je stärker unsere Vorstellungskraft, desto stärker unser innerer Magnet – und umso genauer das Resultat.

Als kleine Hilfestellung, um deine eigene Stimme zu unterstützen, findest du auf Youtube Videos zum gemeinsamen Chanten. (Du findest diese Clips indem du „***Nam MyoHo Renge Kyo*** chanten" eingibst oder auch mit Tina Turner – die das Mantra auch in ihr wundervollen Projekt ‚Beyond' integriert – in dem sie auf beeindruckende Weise das Verbindende verschiedener Gebetsgesänge präsentiert.)

Ob mit oder ohne Mantra – du wirst dein treuester Partner, bester Freund und dein Berater deines Lebens, indem du deine innere Quelle anzapfst und die Weisheit öffnest, die bereits in dir ist.

5
Die Schatzkammer deines Juwels

Die Schätze des Herzens

Abgesehen von dem Glück, das wir empfinden wenn sich unsere Wünsche erfüllen oder wenn wir in einer angenehmen Harmonie unseres Lebens sind, gibt es in uns zu jeder Zeit einen inneren Raum, in dem die Schätze unseres Herzens lagern. Alles, was wir im Außen suchen, existiert bereits in uns. Wir sind wandelnde Schätze und je besser wir uns kennenlernen, desto mehr erkennen wir: Die Schatzkammer unseres Juwels ist reich angefüllt mit Herzensqualitäten, die wir jederzeit aktivieren können. Wenn du deine Schatzkammer betrittst, funkeln dir all die Facetten deines Edelsteins entgegen, mit denen du dein Leben und das anderer verschönern kannst. Dies sind die Juwelen deines Wesenskerns: Die Liebesfähigkeit deines mitfühlenden, heilenden Herzens, die Lebenskraft unbegrenzter Liebe, deine Weisheit, deine Vorstellungskraft und die grenzenlose Freiheit deines Geistes. Ebenso deine kreative Schaffenskraft, die Palette all deiner Sinne, deine Fähigkeit zu Respekt und Toleranz sowie die wunderbare Kraft des Verzeihens.

All diese Schätze des Herzens sind bereits in dir, sind bereit, von dir wachgeküsst zu werden. Aktivierst du sie, bereichern sie dich und andere als Brücken der Liebe.

Der Schatz der Achtsamkeit

Die Welt ist voll von kleinen Freuden. Die Kunst besteht darin, sie zu sehen, ein Auge dafür zu haben.
Li Thai Pe

Achtsamkeit ist ein zartes Wort mit einer Bedeutung, die vielen in unserer hektischen Zeit abgeht: Sie ermöglicht uns, den Zauber des Augenblicks zu erleben und lässt uns das Geschenk ‚Leben' mit allen Sinnen wahrnehmen. Achtsamkeit ist ein Akt der Liebe und des Feingefühls, an uns selbst und an andere gerichtet.

Nur die Aufmerksamkeit für das Leben selbst erlaubt uns, mit allen Sinnen ‚präsent' und ‚da' zu sein. Sie lässt uns das Hier und Jetzt erleben, statt in Gedanken immer schon im nächsten Augenblick oder in der Vergangenheit zu sein. ‚Auf Autopilot' durch den sogenannten Alltag zu schlittern und dabei die Gelegenheiten des Lebens zu verpassen. Solange wir rastlos damit beschäftigt sind, mit zu vielen Bällen gleichzeitig zu jonglieren in der Hoffnung, dafür belohnt zu werden, bleibt für Achtsamkeit zu wenig Zeit.

So wird uns nur manchmal, vielleicht nach einer Krankheit oder einem Schicksalsschlag klar, wie kostbar jeder Moment in Wahrheit ist. Denn immer dann, wenn es fast zu spät ist, erkennen wir im Rückspiegel unseres Lebens, dass in fehlender Achtsamkeit meist die Ursache für das Entstehen schmerzlicher Ereignisse lag. Dann sagen wir uns: *„Hätte ich nur versucht zu verstehen, was mein Partner mir sagen wollte!"* Mit anderen Worten: Achtsamkeit ist ein Schatz des Herzens, weil er uns befähigt, Augenblicke intensiv zu erfassen und zu verstehen.

Das Licht der Achtsamkeit gibt ganz normalen Ereignissen einen neuen Glanz, der uns die Freude des Gewahr-Werdens erleben lässt. Der Schatz der Achtsamkeit besteht auch darin, sich selbst und allen Lebensformen Respekt zu zollen und sich friedvoll durchs Leben zu bewegen. Ein weiterer Aspekt ist die Schutzfunktion, die Achtsamkeit mit sich bringt. Jeder von uns kennt Momente in denen wir uns sagen: *„Hätte ich doch besser hingesehen. Hätte ich nochmal über meine Schulter geguckt!"* Ein wacher Geist vermag Unfälle und unbedachtes Handeln zu verhindern. Eine achtsame Haltung lässt sich in allen Lebensbereichen anwenden, was nicht bedeuten muss, dass du nur noch achtsam gehst, stehst, sitzt, sprichst oder isst. Es sei denn, du wirst Nonne oder Mönch! Wir können Achtsamkeit üben, indem wir uns der schlichten Tatsache bewusst werden, dass wir am Leben sind, einen Körper und die Freiheit haben, unsere Gedanken, Worte und Taten zu wählen und zu korrigieren. Je nach Tagesform wird dir dies mal leichter, mal schwerer fallen. Letztlich ist es unsere Absicht, die zählt:

- *Ich gehe achtsam durchs Leben und entdecke, was es mir alles zu bieten hat.*
- *Ich erkenne das Schöne in den Dingen, statt nach Mängeln zu suchen.*
- *Ich widme mich dem, was ich gerade tue, mit all meinen Sinnen.*
- *Ich nehme die Welt in ihrer Schönheit wahr.*
- *Ich erkenne die kleinen Wunder des Lebens.*
- *Ich bin ganz im Hier und Jetzt und schätze den Moment.*
- *Ich achte auf meine Innere Führung, meine Intuition.*
- *Ich achte auf die positiven Seiten meiner Mitmenschen.*
- *Ich schenke meinem Gegenüber meine ganze Aufmerksamkeit.*
- *Ich betrachte mein Gegenüber so, als sei sie oder er die wichtigste Person meines Lebens.*
- *Ich achte auf meine Worte, um andere nicht zu verletzen.*
- *Ich achte auf alles, was mein Herz mit Freude erfüllt.*
- *Ich achte auf die Wahl meiner Gedanken, Worte und Taten, weil sie meine Welt erschaffen.*
- *Ich achte auf die Botschaften meines Herzens.*
- *Ich achte auf die Botschaften meines Körpers.*
- *Ich achte auf mich, damit mir nichts zustößt.*
- *Ich achte auf andere, damit ich sie nicht verletze.*
- *Ich achte auf all die Gaben, die mir das Leben schenkt.*

Bitte verstehe diese Aufzählung jetzt nicht als eine Art von perfektionistischem Auftrag, der dir Druck machen soll, die Dinge so gut wie möglich zu machen. Vielmehr möchte ich dich dazu einladen, Achtsamkeit als einen sanften Schlüssel zu all deinen anderen Herzensqualitäten zu benutzen, denn sie ist die Zwillingsschwester der Widmung. Indem wir uns dem Leben wirklich widmen und uns einlassen, erschließen wir ein neues Bewusstsein, das dich in unserer hektischen und doch auch oberflächlichen Zeit so viel mehr wahrnehmen lässt.

Würden alle Menschen sich und andere mit Achtsamkeit behandeln, wäre der Weltfrieden wohl schon lange angebrochen! Denn schon die Kunst des Zuhörens ist eine Fähigkeit, die auf Achtsamkeit beruht und wahrer Dialog ist der Weg zu Respekt und Frieden.

Der Schatz der Wertschätzung

Gehst du den Weg der Achtsamkeit, gesellt sich mit Leichtigkeit ein weiterer Schatz deines Herzens zu dir. Der Schatz der Wertschätzung!

„*Schätze dein Leben, egal, was passiert!*" lautet der Satz meines geliebten spirituellen Lehrers, Richard Sonoda, den ich als mein größtes Geschenk betrachte, das ich aus Los Angeles mitnehmen konnte. Es hat einige Jahre gedauert, bis ich die Tiefe dieses Satzes ermessen und erleben konnte. Heute verstehe ich ihn so, dass nichts wertvoller ist als der gegebene Moment. Kein Ereignis kann die Kostbarkeit des Lebens schmälern, wenn wir immer aufs Neue das Licht dieser Erkenntnis aktivieren – geschehe, was wolle.

Wir tendieren jedoch immer wieder dazu, Wertschätzung als etwas zu betrachten, was eher andere uns entgegenbringen sollten. Oder wir glauben, dass wir zunächst etwas erreicht haben müssten, um Wertschätzung zu verdienen. Diese Art von Lob, abhängig von bestimmten Bedingungen, ist hier nicht gemeint. Es geht vielmehr darum, die Essenz unseres Lebens zu schätzen, wie auch immer unsere jeweilige Lebenssituation gerade aussehen mag. Aus dieser Sicht hat Wertschätzung mit bedingungsloser Annahme zu tun. Wenn wir uns akzeptieren und lieben, so wie wir sind, können wir tiefe Dankbarkeit und Freude über unsere Existenz erleben. Wertschätzung meint hier die Haltung, sich im Leben nach Kräften so zu unterstützen, dass es ein glückliches Leben wird. Es ist sicher nicht im Sinne des Erfinders, in Lebensumständen zu verharren, die uns unglücklich machen.

Wertschätzung für dein Leben zeichnet sich insbesondere durch drei Qualitäten aus:

- *Egal, was geschieht, du betrügst weder deine Träume noch dich selbst.*
- *Egal, was geschieht, du urteilst nicht negativ über dich.*
- *Egal, vor welche Herausforderung dein Leben dich stellt, du drehst sie ins Positive.*

Nimm dir jeden Tag immer wieder ein paar Minuten Zeit, in denen du dich an diese drei Aspekte erinnerst. Deine fundamentale Einstellung sollte sein: *„Ich gebe mein Bestes für mein Glück und es ist inakzeptabel, dass ich Situationen hinnehme, die mich in Traurigkeit und Starre verharren lassen. Ich bin in der Lage, auf Herausforderungen mit Wertschätzung meiner selbst zu antworten, komme was wolle."*

Wertschätzung bedeutet das Gegenteil von klagen, jammern und kritisieren, sich klein zu machen oder zu vergleichen. Denn jegliche Form des Bedauerns und Herabsetzens seiner selbst verlängert leidvolle Situationen nur. Selbst in schwierigen Momenten können wir trotz allem Wertschätzung dafür empfinden, am Leben zu sein – mit allem, was uns ausmacht, seien es unsere ‚positiven' wie auch ‚negativen' Seiten. Wenn Emotionen wie Wut oder Traurigkeit sich in uns ausbreiten, müssen wir uns nicht davon lähmen oder dirigieren lassen. Stattdessen können wir sie nutzen um herauszufinden, wie wundervoll und mächtig unsere tatsächliche Lebenskraft ist. Wut ist eine Energie, die uns zu großen Veränderungen antreiben kann, wenn wir ihr einen noblen Fokus geben. Genau so kann die tiefe Traurigkeit über eine Lebenslage oder ein Ereignis die Triebfeder für Verbesserungen in der jeweiligen Situation sein. Wertschätzung beinhaltet also das Annehmen und Anerkennen aller Gefühle. Es geht darum, dass wir ihnen nicht gestatten, unser Leben zu deprimieren, sondern dass uns selbst unangenehme Gefühle motivieren, die Lage zum Glück aller zu verbessern.

Hier ein paar Meilensteine für Entwicklung tiefer Wertschätzung:

- *Konzentriere dich auf all das, was du an dir schätzt und mache dir Komplimente.*
- *Bringe Verständnis für dich auf und behandle dich liebevoll.*
- *Sei geduldig mit dir und schäme dich nicht, wenn dir etwas misslingt.*
- *Verurteile dich nicht dafür, dass du immer und immer wieder sogenannte ‚Fehler' machst.*
- *Finde heraus, was dich wieder in Harmonie bringt und mach einen neuen Anlauf.*
- *Gib nicht auf, bevor die gewünschte Veränderung eintritt!*
- *Schätze dein Leben – egal was passiert!*

Der Schatz der Dankbarkeit

In dem Moment, in dem du aufrichtige Wertschätzung empfindest, nimmst du auch den Geist der Dankbarkeit deines Herzens wahr: Die dankbare Annahme dessen, was ist. Sie impliziert eine innere Verneigung vor dem Leben und ein freudiges Annehmen seiner vielfältigen Fülle. Dankbarkeit ist eine wichtige Facette wahrer Wertschätzung und Achtsamkeit.

Dankbarkeit ist nicht einfach ein Gefühl,
es ist eine Entscheidung.
Neale Donald Walsch

Aufrichtige Dankbarkeit wird uns immer dann bewusst, wenn wir erkennen, in welch privilegierten Lebensumständen wir leben: Statt morgens zehn Kilometer zu Fuß mit einem Krug auf dem Kopf durch die brütende Steppe wandern zu müssen, um uns und unsere Familie mit etwas Wasser versorgen zu können, drehen wir einfach den Hahn auf. Wir tun das meist gedankenlos und ohne jegliche Wertschätzung, da uns Wasser ja immer und unbegrenzt zur Verfügung steht. Meist empfinden wir auch keinerlei Dankbarkeit für unsere Nahrung. Wir essen so viel wir mögen, was wir mögen, wann wir mögen. Da wir nicht wissen wie es ist, wenn eine Mutter nichts hat, was sie ihren halbverhungerten Kindern zu essen geben könnte, werfen wir Nahrungsmittel gedankenlos weg und grämen uns über ein paar Kilos zu viel auf der Waage. Wir wohnen weder in Blechhütten, noch steht unser letztes Hab und Gut unter Wasser, weil wir bisher vor extremen Wirbelstürmen oder sonstigen Katastrophen verschont geblieben sind. Wir können uns nicht vorstellen, als Sklaven in indischen Spinnereien eingesperrt zu sein, in dunklen Löchern ohne Bett oder Intimsphäre zu schlafen und zum Arbeiten gezwungen zu werden. Es fällt uns schwer zu glauben, dass es Kindersoldaten gibt, die von ihren Eltern entführt werden um grausam töten zu müssen. Wir leben weder in Krieg noch in Unterdrückung oder Folter, dürfen uns verwirklichen und frei äußern. Doch ist dies Realität für unfassbar viele Menschen – und obwohl wir nicht in solchen Umständen leben müssen, bleibt das Wort ‚Dankbarkeit' für uns oft ein Fremdwort. Wir sind blind für die Reichtümer um uns herum, seien es die inneren oder die äußeren Schätze des Lebens. Eine ziemlich traurige Angelegenheit, wie ich finde.

Es ist ein Privileg, in Frieden und Freiheit zu leben! Warum also nicht heute einfach damit anfangen, *dankbar* zu sein, dass wir auf diese Weise leben dürfen? Warum sich weiter über Kleinigkeiten aufregen, klagen und kritisieren – statt unserer Welt mit Achtsamkeit, Nächstenliebe und Wertschätzung zu begegnen?

Gott hat Ihnen heute 86.400 Sekunden geschenkt.
Haben Sie auch nur eine genutzt, um ‚Danke' zu sagen?
William A. Ward

Dankbarkeit, die nicht von Herzen gefühlt wird, verfehlt ihr Ziel und verkommt zur Floskel. Vielleicht fällt sie vielen auch deshalb so schwer, weil häufig ein unangemessenes und anerzogenes Schuldgefühl auf ihr lastet. Ist es in deiner Kindheit vorgekommen, dass Verwandte dir einen Geldschein in die Hand drückten und du artig „*Danke*" sagtest, dabei aber ein seltsames Schamgefühl empfandest? Solche Geldgeschenke hatten meistens, zumindest in meinem Leben, auch eine Botschaft mit im Gepäck: „*Ich gebe dir das jetzt, weil ich von dir erwarte, dass du auch weiterhin lieb und brav bist und tust, was ich dir sage!*" Und wir wussten nicht so recht, ob wir diese ‚Schuld' würden ausgleichen können oder wollen. Dankbarkeit hat jedoch überhaupt nichts mit peinlicher Wiedergutmachung zu tun. Im Gegenteil: Sie macht dich nicht klein, sondern groß!

Richtig verstanden ist sie sogar ein machtvolles Instrument, um die Dinge, die du dir wünschst, in dein Leben zu ziehen, weil sie dein Vertrauen in den Fluss des Lebens ausdrückt. Sagst du aufrichtig „*Danke*", noch bevor sich ein Wunsch erfüllt hat, unterstreicht diese innere Haltung deine Überzeugung, dass sich die gewünschte Wirkung einstellen wird! „*Ich danke jetzt schon für die eintretende Manifestation! Danke!*" Du kannst sogar Dankbarkeit empfinden, wenn du Schwierigkeiten erlebst, vor allem wenn du ahnst, dass sie unvermeidbar sind oder wenn du spirituell wachsen willst. Aber das gehört eher in die Kategorie ‚Königsdisziplin'.

Echte Dankbarkeit auszudrücken bedeutet schlicht, unbeschwerte Freude und Wertschätzung zu fühlen. Du wirst immer mehr spontane, aufrichtige Dankbarkeit empfinden, je mehr du deinen Fokus auf all das lenkst, was dir das Leben in jedem Moment schenkt: Farben, Formen, Klänge, Gefühle, Menschen, Tiere, Pflanzen! Mit dem Geist der Dankbarkeit schätzt du die simple und wunderbare Tatsache, am Leben zu sein und du erkennst an, dass dir alle Sinne zur Verfügung stehen, um die Fülle aller Lebensformen zu genießen.

Ein achtsamer Geist empfindet automatisch auch Dankbarkeit. Beides ist untrennbar miteinander verbunden. Dankbarkeit kann uns regelrecht überwältigen, wenn wir urplötzlich alle Geschenke unseres Lebens wahrnehmen und in allen Zellen spüren. Am leichtesten fällt diese pure Dankbarkeit wohl all denjenigen, die in ihrem Leben todkrank, gelähmt, arm oder auf andere Weise vom Leben abgeschnitten waren. Khalil Gibran schreibt dazu:

Und immer ist es so,
dass die Liebe ihre eigene Tiefe nicht kennt.
Bis zur Stunde der Trennung.

Dankbarkeit ist auch ein wesentlicher Liebesbaustein für eine glückliche Partnerschaft. Sie bewahrt uns davor, den anderen und das, was er für uns tut, als selbstverständlich anzusehen. Jedes Mal, wenn wir auf liebevolle Art auf den Einsatz des anderen reagieren, erzeugt unsere Anerkennung Verbundenheit und eine Atmosphäre des gegenseitigen Respekts.

Durch Dankbarkeit erkennen wir die Koexistenz mit allen anderen Lebewesen an, da wir wahrnehmen und würdigen, was andere oder das Leben selbst für uns tun. Insofern sagt Dankbarkeit: *„Ich nehme deine Existenz wahr und schätze deinen Einsatz für mich! Danke!“* Dankbarkeit bedeutet zuzulassen und anzunehmen. Gelebte Dankbarkeit verleiht dem Leben Würde und Glanz. Dankbarkeit dem Leben selbst gegenüber verstärkt das Wunder der Transformation. Sie kann ein Schlüssel zu neuer Lebensfreude sein.

Der Schatz der Lebensfreude

Die strahlende Energie deines Juwels ist unerschöpflich. Sobald du dich dem unermesslichen Energievorrat in dir öffnest, steht er dir zur Verfügung. Fließende Lebensenergie empfindest du als Leichtigkeit, Heiterkeit, Tatendrang, Intensität, Sinn und Lebensfreude.

Folgst du dem Lockruf deines Temperaments und der Sehnsucht deines Herzens nach Entfaltung, ergießt sich in dir das

Lebenselixier der Lebensfreude. Sie lässt dich spontan und wild, unbändig und kopflos sein. Vitalität, die aus der Freude reinen Seins entsteht, ist so kraftvoll und unschuldig wie die Begeisterungsfähigkeit des Kindes, das du einmal warst. Kinder sind Meister der Fantasie und entwickeln in Sekunden wunderbare Szenarien, die sie beflügeln und mit spontaner Freude erfüllen. Du trägst diese kindliche Leichtigkeit noch immer tief in dir. Die Lust am Leben, am Abenteuer und am Spiel ist ein Schatz, der dir ein Leben lang zur Verfügung steht. Je inniger die Beziehung zu dem verspielten Kind in dir ist, desto freier kannst du voller Elan durch dein Leben ziehen. Stürze dich in dein Leben! Es ist dir gegeben um genau das zu tun!

Lebensfreude ist wie ein Funken, der den Nachthimmel erleuchtet, so wie das Feuer, das wild und faszinierend lodert und tanzt. Aber auch in der Stille kann Lebensfreude dich beglücken. Sie muss nicht immer dynamisch sein, denn auch in der Ruhe kann tiefe Freude gegenwärtig sein. Jedenfalls ist ein Leben, in der sie fehlt, ein trauriges und sinnlos erscheinendes Dahinvegetieren, gestörte Verhaltensweisen eingesperrter Haus- und Zootiere erinnern an diesen Mangel. Kein Tier scheint in der freien Wildbahn so etwas wie ‚Langeweile' zu empfinden. Sperrt man es jedoch ein und entzieht ihm die Freiheit, wird seine Existenz von Traurigkeit und qualvoller Enge überschattet. Es wird dem Sinn seiner Existenz beraubt, weil es sich nicht naturgemäß in der Weite des Planeten bewegen kann. So ähnlich ergeht es jedem, wenn das beklemmende Gefühl entsteht, sich nicht spontan und frei ausleben zu können. In diesen Momenten verliert das Leben manchmal seinen Sinn, denn die Frage steht im Raum: „*Wieso kann ich mich nicht meiner Natur gemäß entfalten?*"

Selbst wenn äußere Zwänge dich zu verhassten Tätigkeiten zwingen, kannst du dir erlauben, deinen spontanen Eingebungen und Ideen Raum zu geben und zu folgen. Du kannst sogar ein Büro in das ‚Land des Buddhas' verwandeln, wenn deine innere Haltung frei und unbeschwert ist. Es kommt auf die Atmosphäre an, die du versprühst! Erinnere dich an den Schatz der

Lebensfreude, dessen Schlüssel du in Händen trägst, und sprenge die Ketten dessen, was deine Freude unterbindet! Folge den Eingebungen, die deine Lebensfreude wecken und nimm dir die Zeit, dich diesen Aktivitäten zu widmen. Dein Enthusiasmus nimmt die Herausforderung mit dem inneren Kritiker in dir auf, denn der redet dir ein, spontan und kopflos zu sein sei kindisch und skandalös. Deine Begeisterungsfähigkeit ermöglicht es dir, deinen grauen Alltag kunterbunt einzufärben: Mit neuen spontanen Ideen und kleinen und großen Unternehmungen, die dem kindlichen Anteil in dir gut tun und dein Leben bereichern. Gib dir selbst die Erlaubnis das zu tun, wonach dein Herz sich sehnt. Dein Mut wird mit überschäumender Freude und Energie belohnt werden. Allem, was du mit Freude tust, wohnt ein Zauber inne, der für dich und andere faszinierend ist und der dich mit Leichtigkeit erfüllt. Du fühlst dich unbeschwert und erlebst Momente von Begeisterung, Sinn, Lebenskraft und uneingeschränkter innerer Freiheit. Freude ist ein Motor, der dich dazu antreibt, dich zu verwirklichen und das Leben in allen Facetten auszukosten.

Der Schatz des Mitgefühls

Achtsamkeit und Wertschätzung erweitern deine Liebesfähigkeit und öffnen dein Herz für Mitgefühl. Mitgefühl ist ein entscheidendes Element im Buddhismus, denn es war die Hauptursache für das spätere Erleuchtungserlebnis des Buddhas Gautama Shakyamuni. Geboren als Prinz Siddharta wuchs er ein in einem riesigen Palast auf, der nur die Annehmlichkeiten des Lebens für ihn bereithielt. Eines Tages wurde er vor den Toren seiner künstlichen Welt mit den tatsächlichen Verhältnissen konfrontiert, die in Indien seinerzeit herrschten. Sein plötzliches, tiefes Mitgefühl für all die Menschen, die nicht so privilegiert waren wie er, veranlasste ihn sich zu fragen, warum es überhaupt Leiden gibt. Die Auseinandersetzung mit den vier Grundleiden: Geburt,

Alter, Krankheit und Tod wurde der Anlass für Prinz Siddharta, seinen Status als reicher Königssohn aufzugeben und sich auf die Suche nach Ursachen dieser Leiden zu machen. Ohne sein mitfühlendes Herz hätte Shakyamuni Buddha sein Leben also nie der Suche nach Erleuchtung gewidmet.

Alles ist mit allem verbunden. Der Buddha hat das in seiner Erleuchtung gesehen. Mit Mitgefühl zu leben heißt, im Einklang mit dem Rhythmus des Universums zu leben. Wir leben und lieben mit Gefühl und sind uns der Koexistenz mit allen Lebewesen bewusst. Das Leid der anderen lässt uns nicht kalt. Nur sich selbst zu sehen heißt, sich nur um sich selbst zu drehen. In der Konsequenz bedeutet das, dich selbst zu beschneiden, denn du bedienst zwar deine eigenen Bedürfnisse und dein Leben wird damit kurzfristig scheinbar reicher, doch in Wirklichkeit limitierst du die Möglichkeit, dich mit anderen zu freuen. Tiefe Freude fließt immer dann, wenn du sie teilst und die Liebe vermehrt sich, wenn du sie anderen schenkst. Dein Leben wird ein Kanal für die kosmische Energie, die alle Wesen verbindet. Lässt du das große Ganze außer Acht, macht dein kaltes Herz dich nicht reicher, sondern ärmer.

Gleichgültig, ob es uns gelingt, anderen einen Nutzen zu bringen oder nicht, die ersten Nutznießer unseres Mitgefühls sind immer wir selbst. Wenn Mitgefühl oder Warmherzigkeit in uns entsteht und unseren Blick von unserem Eigeninteresse weglenkt, ist das, als würden wir eine innere Tür öffnen.
Dalai Lama

Deine Motivation, dich um deiner selbst willen zu bewegen, reicht noch nicht aus? Dann bewege dich für andere und nimm dich dabei mit. Dein Herz tanzt, wenn du eine ‚gute Tat' vollbracht hast. Dieser Tanz ist Energie, die du gleichzeitig in dir freisetzt, während du Andere dazu ermutigst. Du öffnest also Türen für sie und kannst das auch für dein Leben nutzen.

Wenn du im Sinne des kosmischen Gesetzes der allumfassenden Liebe handelst, wirst du zu einem Botschafter der Liebe. Das

Universum belohnt deine noble Tat des Gebens, indem du ein Vielfaches dessen zurückbekommst, was du freimütig gegeben hast. Wenn du dich versuchst zu bereichern, indem du andere benutzt, zahlst du am Ende die Zeche.

- *Mitgefühl ist die Kraft, die unser Herz und unseren Radius erweitert.*
- *Mitgefühl weckt deine Bereitschaft, anderen zu dienen, denn ihr Glück ist auch dein Glück.*
- *Mitgefühl lehrt dich die Untrennbarkeit zwischen deinem Glück und dem Glück anderer.*
- *Mitgefühl ist der Schlüssel zu unseren Herzen.*

Aus deiner Mitte entspringt eine Kraft, die du umso intensiver erleben kannst, je mehr du sie mit anderen teilst. Indem du dich spontan entschließt, anderen zu dienen, entfaltest du dein Potenzial und wirst mit inniger Freude beschenkt. Alle Taten, die von Herzen kommen, sind gleichzeitig auch eine Widmung an dein Juwel. Durch die Öffnung deines Herzens für andere vergrößerst du deinen Radius und fühlst intensiveres Glück, als wenn du dich nur um dich selbst drehen würdest. Die Freude, die du bei anderen auslöst, kehrt als Rückkopplung auch in dein Leben zurück. Diese aufrichtige Öffnung für andere verleiht deinem Leben Erhabenheit und spontane Freude.

Mitgefühl ist nicht nur ein Schlüssel zu anderen Herzen, es kann auch die Antwort sein, um deine Schwierigkeiten mit Mitmenschen zu lösen. Du kannst die Kraft des Mitgefühls anwenden, wenn du Konflikte mit anderen hast, statt nur deine Perspektive zu sehen. Das ist alles andere als einfach. Doch genau diese Haltung verbindet dich mit der allumfassenden Liebe, gibt dir Kraft und Würde. Wenn andere dich verärgern oder gar beschämen wollen, kannst du mit liebevollem Mitgefühl für dich selbst darauf reagieren, anstatt diesen Menschen zu erlauben, dich auf ihr Niveau herunterzuziehen. Mitgefühl kann dir als ein Kanal der Liebe dienen, der neue Perspektiven möglich macht.

Last but not least kannst du sogar Mitgefühl für dich selbst aktivieren. Mitgefühl für dich bedeutet, auf deiner Seite zu sein, dein Leben zu beschützen und ihm Würde zu verleihen, wenn andere es nicht tun wollen. Sei dir selbst dein bester Freund, oder noch besser: Behandle dich selbst so wie du es mit guten Freunden tust. Mit Verständnis, Anteilnahme und liebevoller Unterstützung. Behandle dich selbst genauso liebevoll, wie du es schon als kleines Kind verdient gehabt hättest. Du bist größer geworden, aber nicht weniger liebenswert! Es wird Zeit, dass du das Ruder herumreißt, denn jetzt bist du erwachsen und kannst über den Verlauf deines Lebens bestimmen. Gib dir heute all die Liebe, all die Zuneigung, all den Trost und den Spaß, nach dem du dich schon so lange sehnst. Wie? Am besten auf die gleiche Weise, wie du es für deine Kinder, deinen Partner oder für beste Freunde tust. Nur: Diesmal geht es dabei um dich! Übersieh dich nicht mehr, sondern fange ab sofort damit an, dich für *dich* einzusetzen. Du kannst bei jeder Gelegenheit liebevoll zu dir sein:

- *Ich empfinde tiefes Mitgefühl mit mir selbst, ohne in Selbstmitleid zu vergehen.*
- *Ich erkenne an, dass ich schwierige Lektionen zu lernen hatte oder habe, die mich entmutigt haben und die mir sinnlos vorkamen.*
- *Ich verurteile das Gefühl der Verlorenheit in mir nicht mehr.*
- *Ich habe tiefes Verständnis für mein Verhalten, meine Begrenzungen und meine sogenannten Fehler.*
- *Ich achte alle meine Gefühle, auch auf Bitterkeit und Wut.*
- *Ich habe Verständnis für meine emotionalen Fauxpas und bin geduldig mit mir.*
- *Ich erkenne alle meine tapferen Versuche, nicht aufzugeben an und würdige mich dafür.*
- *Von jetzt an kümmere ich mich um mich und widme mich meinem Glück.*

Je eher du bereit bist, selbst Schritte zu unternehmen, die dein Leben und das Leben an sich würdigen, desto deutlicher werden auch andere dir diesen Respekt entgegenbringen. Je stärker das Mitgefühl, dass du für dich und andere empfindest, desto leichter wird es dir fallen, den wohl kostbarsten Schatz deines Herzens zu aktivieren. Den Schatz der Vergebung.

Der Schatz der Vergebung

*Die Güte eines Menschen ist wie eine Flamme,
die zwar versteckt, aber nicht ausgelöscht werden kann.*
Nelson Mandela

Vergebung ist der Akt, den wir am häufigsten von anderen einfordern. Wir sind aber mit unserem Verhalten eher selten selbst die Ursache für das, was wir gern in der Welt sehen wollen: Frieden! Alle Kriege, Konflikte und Beziehungsschwierigkeiten beruhen auf unserem Unwillen, dem anderen zu vergeben. Wir glauben immer noch an die Macht des Stärkeren, an Täter und an Opfer. Kaum jemand hat uns auf die Kraft der Vergebung hingewiesen, geschweige denn uns vorgelebt, wie wir sie leben können. Selbst Religionen wie das Christentum, die eines liebenden Gottes Vergebung predigen, haben mit ihren blutigen und unfassbar grausamen Missionierungskämpfen das Gegenteil von bedingungsloser Liebe vollzogen und so doch erkennbar die eigentliche, wundervolle Botschaft von Jesus vollkommen ad absurdum geführt (der aktuelle Papst Franziskus ist in meinen Augen eine erfreuliche Ausnahme!) Sprichwörter wie: *„Der Klügere gibt nach"* sind zwar irgendwo in uns abgespeichert, doch sie treffen nicht wirklich den Kern von echter Vergebung. Letztlich mangelt es uns an der tiefen Erfahrung und dem konkreten Beweis, dass es sich *lohnt* zu vergeben, statt an Wut und Verurteilung festzuhalten, denn: Nur echte Vergebung macht glücklich!

Die Macht der Vergebung ist der Schlüssel zu Frieden und Harmonie, doch so lange wir von anderen etwas fordern, was wir selbst nicht zu leisten imstande sind, wird sich der Teufelskreis von Groll und Schuldzuweisungen auf der Welt fortsetzen. Jeder einzelne von uns ist gefragt, den Weg der Vergebung zu gehen, wenn wir alle wirklich frei und glücklich leben wollen.

Es stellt sich die Frage: Wenn die Kraft der Vergebung doch so mächtig ist, was hindert uns daran, diese Form menschlicher Größe überhaupt praktizieren zu wollen? Ein wesentlicher Grund ist wohl der, dass wir nicht wirklich an ihre Wirkung glauben. Unser geschwätziges Ego redet uns erfolgreich ein, es handle sich um eine Eigenschaft, die uns klein mache und schwäche. Wir erliegen den Versuchungen unseres Egos und interpretieren sie fälschlicherweise als Schwäche. Es scheint uns, als fordere Vergebung einen inneren Kniefall und dafür sind wir zu stolz, weil wir nicht als ‚Verlierer' dastehen wollen. *„Worin soll der Lohn der Vergebung liegen?"*, fragen wir uns.

Halten wir Vergebung für einen Deal, bei dem wir den Kürzeren ziehen, dann sitzen zwei Streithähne voreinander die sagen: *„Fang du an!"* – *„Nein, erst du! Fang du an!"* Wir stellen Bedingungen, der andere müsse auch vergeben, wenn wir dazu bereit sind. Das können wir an alltäglichen Situationen genauso deutlich erkennen wie an den großen Konfliktschauplätzen in Israel und Palästina, die in aller Grausamkeit zeigen was passiert, wenn Glaubensgruppen an den Schuldzuweisungen des Egos und den resultierenden Gewaltspiralen festhalten, anstatt den Weg der Versöhnung zu gehen. Die Kraft der Vergebung findet ohne Bedingungen des Egos statt. So lange jedoch Politiker und Glaubensgemeinschaften auf dem jeweilig *‚einzig wahren Weg'* beharren, hat die verbindende und allumfassende Liebe keine Chance. Ein wortgewaltiges Um-Sich-Schlagen trennender Argumente ist immer die Folge; nicht etwa eine wirkliche Öffnung der Herzen, um im anderen das Gemeinsame sehen und verstehen zu wollen. Würden wir von Herzen Schritte aufeinander zugehen, entstünden Lösungen für alle Beteiligten. Diese wären immer eine Bereicherung durch die wechselseitige Anerkennung der bestehenden Unterschiede.

Im Lichte buddhistischer Meditation ist Liebe ohne Verstehen unmöglich. Ihr könnt niemanden lieben, wenn ihr sie oder ihn nicht begreifen könnt. Wenn ihr nicht versteht, aber liebt, dann kann man dies nicht Liebe nennen, es ist etwas anderes.
Thich Nhat Hanh

Während ich diese Zeilen schreibe, läuft ihm Hintergrund die Live-Gedenkfeier zum Tode Nelson Mandelas. Dieser wunderbare Mann hat ein ganzes Land bewegt. Mehr noch: Mit seiner leidenschaftlichen Entschlossenheit für Gerechtigkeit und seinem bewundernswerten Mut, unter allen Umständen bis zum Ende zu gehen, hat er die Herzen in der ganzen Welt berührt. Was ihn aber wohl am meisten auszeichnete war seine unfassbare Fähigkeit zu tiefer Vergebung. Angesichts der schrecklichen Gräueltaten, die so viele Farbige erleiden mussten und auch seines persönlichen Martyriums von 27 Jahren Inhaftierung in einer winzigen Zelle war seine menschliche Größe und Weisheit revolutionär. Nelson Mandela bewies mit seinem Leben, dass selbstlose Liebe eine weit größere Kraft ist als wir es je ermessen können. Dieser Mann zeigte uns, welche immense Macht der Schatz der Vergebung hat, nämlich die, sogar die Herzen von Feinden zu erreichen und – zu erweichen!

Versöhnung bedeutet nicht passives Geschehen-Lassen. Sie ist auch keine rückwirkende Billigung der Vergangenheit, sie kann und soll die Vergangenheit nicht auslöschen oder wiedergutmachen. Doch stellt sie die Würde der Vergangenheit wieder her und sorgt so dafür, dass die Liebe sich trotz allem weiter auf dem Planeten ausdehnen kann. Der Akt des Verzeihens ist eine aktive Handlung, die Brücken zwischen den Herzen bauen und sogar die Geschichte umzuschreiben vermag. Vergebung ist ein Akt des unerschütterlichen Glaubens an das Gute im Menschen.

Vergebung, die von Herzen kommt, ist *das* Vehikel, um unser aufgebrachtes Ego daran zu hindern, immer neue Negativität zu produzieren. Wer den Weg des Verzeihens geht, erfährt tiefe Erleichterung und die Heilung des eigenen Herzens, gefolgt von immer größerer Freiheit und Lebensfreude. Dass dieser Weg alles andere als leicht ist, zeigt das Dilemma der Menschheitsgeschichte auf. Doch schon der Versuch, aufrichtig zu vergeben, wird dir eine sofortige Verbesserung deiner jeweiligen Situation verschaffen. Es gibt keine noblere Tat, als die Macht der Vergebung zu aktivieren.

- *Verzeihen zeichnet sich durch diese Qualitäten aus:*
- *Vergebung lässt los.*
- *Vergebung entmachtet das Ego.*
- *Vergebung macht frei.*
- *Vergebung beendet das Drama.*
- *Vergebung schafft Platz für die Herzenswärme, für Warmherzigkeit, Weitsichtigkeit, für Mitgefühl und letztlich für die Kraft bedingungsloser Liebe.*
- *Vergebung versöhnt uns mit anderen und mit uns selbst.*
- *Vergebung beendet die Spirale ungeliebter Wiederholungen.*
- *Vergebung ist Ausdruck bedingungsloser Liebe.*
- *Vergebung macht alle gleichermaßen zu Gewinnern.*
- *Vergebung erweitert und harmonisiert deine Beziehungen.*
- *Vergebung verleiht unserem Dasein menschliche Größe.*
- *Vergebung ist die Ursache, um dich verbunden zu fühlen.*
- *Vergebung heilt dein Herz.*

Aufrichtiges Verzeihen bedeutet also, unserem begrenzten und begrenzenden Ego die Kraft grenzenloser Liebe entgegenzusetzen. Sobald uns dies gelingt, nehmen wir eine liebevolle Perspektive ein und können und auf den gemeinsamen Nenner mit bestimmten Menschen konzentrieren, statt uns mit unserem Urteil von ihnen abzutrennen.

Wir können tatsächlich die Erfahrung machen, unsere Feinde akzeptieren zu können und sogar etwas Liebenswertes an ihnen zu entdecken. Darum geht es: Das große Herz zu erinnern, das in uns allen steckt. Es geht darum, es zu praktizieren.

Der Verstand, der nicht verzeihen will, verheimlicht uns die Tatsache, dass wir uns selbst einsperren, wenn wir uns an Wut und Hass festhalten.
Gerald G. Jampolsky

Der Akt aufrichtiger Vergebung versetzt dich sogar in die Lage, dir selbst zu verzeihen, dass du eine leidvolle Situation in dein Leben gezogen hast. Da wir auch unser Unglück kreieren, ist aufrichtiges Verzeihen das Mittel, um Fehler zu bereuen. Sie auch loszulassen, Weichen zu stellen und die Segel neu zu setzen. Die innere Haltung dabei ist: Erkenne und lasse los, dass du leiden musstest, weil du Leid gesät hast. Schmerzliche Situationen, die du erlebst, sind immer auch ein Echo auf den Kummer, den du – bewusst oder unbewusst – zuvor anderen zugefügt hast. Alles bedingt sich gegenseitig im ewigen Kreis des Ausgleichs. Ich werde das Thema Vergebung gegen Ende des Buches noch weiter vertiefen.

Der Schatz der Weisheit

Der Narr hält sich für weise,
aber der Weise weiß, dass er ein Narr ist.
William Shakespeare

Was ist die tiefere Bedeutung von Weisheit? Geht es darum, mehr zu wissen als andere? Ist eine intellektuelle Überlegenheit das, was uns glücklich macht? Ist unser Verstand also der Schlüssel zu Weisheit?

Meines Erachtens hat Weisheit weniger mit Wissen als mit Erfahrung zu tun. Eine Situation wirklich zu verstehen heißt, sie von Herzen nachvollziehen, statt gute Tipps vom Spielrand zu geben. Die Balance zwischen Kopf und Herz halten zu können zeichnet weises Verhalten aus. Wie kann man Krisen überwinden, wenn man die Ursachen nicht auch mit dem Herzen versteht? Nicht umsonst sagen die Indianer, es erfordere, eine Weile in den Mokassins des Feindes gegangen zu sein, bevor wir ihn beurteilen. Weisheit ohne Mitgefühl bleibt oberlehrerhaftes Gehabe. Wer schwierige Situationen im Leben erlitten und gemeistert hat, besitzt dank dieser Lektionen wertvolle Erkenntnisse. Situationen, die uns herausfordern, sind die Geburtsstunden für Weisheit. Denn ohne die Notwendigkeit, kreative und ausgewogene Lösungen zu finden, würden wir wohl in unserer Entwicklung stehenbleiben.

Wir tragen alle potenziell den Schatz der Weisheit in uns, doch um weise handeln zu können, müssen wir bereit sein, uns über unsere subjektive Wahrheit zu stellen. Verbindendes zu suchen anstelle des Trennenden. Arroganz wird vom Wunsch abgelöst, zum Wohl aller Beteiligten zu entscheiden. Weisheit kann demnach nur von einer Perspektive erfahren werden, in der man frei von persönlichen Wertungen ist. Ein wirklich weiser Mensch zeichnet sich dadurch aus, mehr als persönliche Überzeugungen des Verstandes zuzulassen und tiefere Zusammenhänge zu erfassen.

Ohne Verständnis für Schwierigkeiten ergreifen wir vor ihnen die Flucht. Damit verpassen wir allerdings die Chance, an Problemen zu wachsen. Unsere Weisheit zeigt sich, wenn wir:

- *Entscheidungen treffen, die wir zu einem späteren Zeitpunkt nicht bereuen.*
- *zur richtigen Zeit das Richtige tun.*
- *verantwortungsvoll im Sinne aller handeln.*
- *Subjektivität und den Hang zu Bewertungen aufgeben.*
- *mit unserem Handeln andere nicht leichtfertig verletzen.*
- *uns nicht vom Auf und Ab des Lebens beeindrucken lassen.*
- *die Vogelperspektive einnehmen und den Zusammenhang von Ursachen und*
- *Wirkungen durchschauen.*
- *uns und andere glücklich machen.*
- *uns zum Ausgangspunkt unseres Lebens machen.*
- *Verhaltensweisen, die uns unglücklich machen, hinter uns lassen.*
- *Konflikte mit Weitsicht, Gelassenheit und der Kraft der Vergebung lösen.*

Weisheit ist eine Kraft, die im Auge des Orkans ruht und die sich von den verschiedenen Anteilen in uns nicht beeinflussen lässt. In der Praxis bedeutet das, sich bei Entscheidungen nicht nur von Gedanken, Emotionen und ‚dringenden Bedürfnissen' beeinflussen zu lassen, sondern geduldig zu durchdringen, was für unser Glück förderlich ist und was nicht.

Der Schatz des Körpers

Über die Schätze des Herzens können wir das Reich des Glücks betreten, einfach indem wir uns ihnen widmen und sie aktivieren. Abgesehen von den Schätzen des Herzens existieren wir jedoch nur, weil wir den Schatz unseres Körpers für dieses Leben zur Verfügung haben. Ohne dieses Wunderwerk des Kosmos wäre kein Leben möglich, denn Körper und Geist sind eine untrennbare Einheit. Wir bewohnen unsere faszinierenden Körper, vergessen jedoch allzu oft, wie wertvoll er tatsächlich ist und dass wir die Verantwortung dafür tragen, ob es unserem Körper gut geht oder nicht.

Um dein Bewusstsein für den Schatz deines Körpers zu vertiefen, konzentriere dich für einen Moment mit Dankbarkeit auf die Tatsache, dass jede Zelle deines Körpers in jedem Augenblick für deine Existenz im Einsatz ist. Du kannst deinen Körper unterstützen, indem du in ihn hinein spürst und Disharmonien, die etwa aus mangelnder Bewegung oder schlechter Ernährung kommen, kurzfristig ausgleichst (ergänzend zum Sport und gesundem Essen). Indem du dir bewusst machst, dass du aus Billionen von Zellen bestehst, die unter deinem direktem Einfluss stehen, kannst du eine neue, liebevolle Beziehung zum Meisterwerk deines Körpers errichten.

Lotus Fokus

*Jede Zelle deines Körpers ist ein kostbares Juwel**

Nimm dir bewusst Zeit für die Widmung an den Schatz deines Körpers. Setze oder lege dich hin und entspanne dich. Spüre das Heben und Senken deines Brustkorbs und werde dir deines Atems gewahr. Lasse dich auf den Fluss deines Atems ein und vergegenwärtige dir, dass du geatmet wirst. Nicht du atmest. Es geschieht von ganz allein, denn das Wunder des Lebens durchströmt dich mühelos. Sieh jetzt vor deinem geistigen Auge, wie dein Herz in jedem Augenblick pulsiert. Auch der Fluss deiner Lebensenergie vollzieht sich völlig ohne dein Zutun. Es wird alles getan um dich am Leben zu erhalten.

Wende dich jetzt mit deinem inneren Auge der Gesamtheit deiner Körperzellen zu. Egal, wie abstrakt dir dieses Bild erscheinen mag, du bist aus Hundert Billionen intelligenter Zellen zusammengesetzt. Werde dir bewusst, dass du nur deshalb am Leben bist, weil all diese Körperzellen pausenlos für den Erhalt deiner Existenz im Einsatz sind. Jetzt ist der Moment, in dem du dich bei den Kleinstbauteilen dafür bedanken kannst, dass sie deinen Körper nach einem kosmischen Plan zusammengesetzt haben und sich zu diesem Zweck auch in jedem Moment neu erschaffen:

„Ich danke euch, meine wunderbaren Zellen, dass ihr mich Tag für Tag am Leben erhaltet! Ich danke euch von Herzen, dass ihr

* Kleiner Tipp für diese Meditation: Du kannst dir zur Unterstützung diesen Text – langsam, mit ein paar Pausen – aufs Handy sprechen/aufnehmen. Auf diese Weise kannst du dem Text danach mit geschlossenen Augen lauschen. In Kürze erscheint auch das Hörbuch (als mp3) zu „Du bist ein Juwel“ mit geführten Lotus Fokus Meditationen.

mir jeden Tag das Leben neu schenkt! Ich danke euch, dass ihr unerlässlich für die Erhaltung meines Lebens arbeitet und dieses Gesamtkunstwerk … (dein Name) *am Leben bleibt.*

Ich danke euch, meine lieben Zellen, dass ihr mir ermöglicht, lebendig zu sein. Ich werde mir jetzt gewahr, dass ich aus Billionen kleiner Edelsteine zusammengesetzt bin und wie unendlich wertvoll jede von euch ist. Ich erkenne jetzt klar und deutlich: Jede Zelle meines Körpers ist ein kostbares Juwel! Meine kostbaren Zellen glitzern wie feinster Diamantenstaub. Ich bin durchdrungen vom Glitzern all meiner wunderbaren Zellen.

Ich bin mir des Wunders des Lebens bewusst. Dieses Wunder kann sich nur dadurch zeigen, dass ihr permanent, Tag und Nacht, in jeder Sekunde für mich lebt. Dadurch, dass ihr lebt, lebe ich und freue mich voller Dankbarkeit über unsere untrennbare Verbundenheit. Was für ein wunderbares Geschenk, durch euch am Leben zu sein! Ich danke euch, dass ich gesund bin. Ich danke euch, dass ich heil bin. Ich danke euch dafür, dass ihr meinen Körper nach dem kosmischen Bauplan wieder heil werden lasst, wenn ich krank bin. Vor meinem inneren Auge sehe ich euch funkeln und fühle mich unendlich beschenkt. Was für ein Reichtum, der in mir pulsiert. Ich liebe jede Einzelne von euch. In tiefer Dankbarkeit genieße ich mein Dasein voll und ganz und breite meine Flügel aus.

Ich sehe mein Juwelenmeer glitzern. Ich sehe, wie mein Blut in meinen Adern sanft pulsiert und mich mit neuer Lebenskraft erfrischt. Jede einzelne meiner wunderbaren Zellen glitzert und funkelt wie kostbare Edelsteine. Ich bin aus Licht und Liebe gemacht. Nicht der Schatten hat mich geschaffen, denn der Schatten kann nur eins: Zerstören, zerschneiden, verdunkeln.

Ich bin ein Kunstwerk der Liebe und des Lichts und ich bin dankbar dafür.

Auch ein Delfin ist aus Billionen kostbarer Juwelenzellen zusammengesetzt. Wenn ich seine elegante Schönheit, seinen Geist und seine Lebensfreude durchs Wasser gleiten und springen sehe, weiß ich, dass die Essenz des Delfins mit der Essenz meines Wesens in der Tiefe verbunden ist. In der Tiefe sind wir eins, denn uns durchdringt die gleiche kosmische Lebenskraft, die uns ge-

schaffen hat. Der Delfin erinnert mich daran, wer ich wirklich bin. Vielleicht sehe ich nicht die Schönheit des Delfins in mir, wenn ich in den Spiegel sehe.

Doch ich kann die Schönheit meines Wesens wiederentdecken und jeden Tag neu erblühen lassen, wenn ich nur begreife, dass wir vom Ursprung her alle eins sind. Wir sind so wunderbar wie die Tiefe des Meeres, wie alle Bewohner des Ozeans in ihren schillernden Formen und Farben, wie das Wasser, das aus unendlichen Atomen zusammengesetzt ist und genau so untrennbar eine Form bildet. Ich bin wie die kleine Meerjungfrau, die sicher und freudig durch den unendlichen Ozean gleitet. Ich danke jeder meiner Zellen, dass sie mir das Wunderwerk des Körpers schenkt und mich am Leben erhält. Ich lebe und ich bin zutiefst dankbar dafür. Danke.

Schatten

6
Wo Licht ist, ist auch Schatten

Du bist ein Juwel! Du bist aus Licht und Liebe gemacht und erfüllt von grenzenloser Lebenskraft! Das ist ein schönes Bild und je mehr wir uns diesem Bewusstsein widmen, desto klarer wird unser Empfinden dazu. Die wundervolle Leichtigkeit unseres Seins ist allerdings nicht die einzige Kraft, die uns durchdringt, da wir uns in der dualen Welt der Gegensätze befinden. Hier gibt es nun mal keine Freude, ohne auch Phasen des Leids zu erleben – und keine Liebe ohne ihr Gegenteil, die Angst kennengelernt zu haben. Da wo Licht ist, ist auch Schatten!

Ohne Schatten könnten wir das Licht in unserer Wirklichkeit gar nicht als solches wahrnehmen. Mit dem Entschluss, zur Liebe zu erwachen, werden wir früher oder später feststellen: Es liegen zahlreiche Hürden auf diesem Weg, die wir immer wieder aufs Neue überwinden müssen, wenn wir uns auf die Seite der Liebe schlagen wollen. Allein schon der Wunsch nach mehr Selbstliebe führt uns häufig zu lästigen Blockierungen, die den Fluss der Liebe in uns zurückhalten. Der Schatten überfällt uns, ergreift Besitz von uns und doch *sind* wir nicht der Schatten! Je eher wir unsere Schattenanteile anerkennen und sie mit dem Licht unseres Juwels erhellen, umso besser. Denn unerkannt meint der Schatten es nicht gerade gut mit uns. Findest du den Mut, dich verdrängten Gefühlen ehrlich zu öffnen und Wege zu gehen, um dich mit den Anteilen zu verbinden, die du bewusst oder unbewusst abgespalten hast, erfährst du über kurz oder lang das Glück authentischer Ganzheit und Freiheit.

Einem Menschen seinen Schatten gegenüberstellen heißt, ihm auch sein Licht zu zeigen. Er weiß, dass dunkel und hell die Welt ausmachen. Wer zugleich seinen Schatten und sein Licht wahrnimmt, sieht sich von zwei Seiten, und damit kommt er in die Mitte.

Carl Gustav Jung

Was ist der Schatten?

Was ist der Schatten in uns? Woraus besteht unsere dunkle Seite und woher kommen eigentlich unsere Abgründe? Ich bin keine Schattenexpertin und werde es hier auch nicht mit den psychologischen Errungenschaften eines Carl Gustav Jung aufnehmen. Doch ich habe mich persönlich so langwierig mit den destruktiven Kräften in mir und dementsprechend auch um mich herum auseinandersetzen müssen, dass ich zu folgender Einsicht gekommen bin: Im Schatten sind all die negativen Energien geladen, die Leid für uns und andere erzeugen, solange wir diese Energien nicht in Liebe annehmen. Wir können die Qualitäten unseres Juwels erst dann zur Gänze ausleben, wenn wir uns auch den Abgründen in uns stellen.

Die Palette unseres Schattenrepertoires ist vielfältig: Angst, Unsicherheit, Selbstzweifel, Schwäche, Mangeldenken, Missgunst und Neid, Ärger, Eifersucht, Niedertracht, Rachegelüste, Gewalt und Hass, List und Tücke, Ignoranz, Arroganz, Gier und Minderwert. All diese menschlichen Nuancen gehören zu unserer dunklen Seite und besetzen insgeheim Teile unseres Wesens.

Vielleicht denkst du jetzt empört: *„Wie bitte? Ich soll einen Schatten haben? Ich soll zu Rachegelüsten und so miesen Gefühlen wie Niedertracht fähig sein? Was kommt als nächstes? Etwa Mordgelüste?"* Schon möglich. Das hängt ganz davon ab, wie sehr wir uns im Griff haben, wenn wir provoziert werden und welche Emotionen in uns schwelen, die nicht ans Tageslicht dürfen.

Drückt jemand unsere Knöpfe, reagieren wir entsprechend unserer Verfassung und unserer Veranlagung. Sicherlich hast auch du dich schon mal zu Taten oder Worten hinreißen lassen, die scheinbar unkontrollierbar eskalierten und die du hinterher bitterlich bereut hast. Als perfekt ausgestattete Wesen sind wir potenziell zu allen möglichen Gefühlen und Handlungen fähig. Da wir uns diese nicht eingestehen wollen, weil sie ein scheinbar ‚schlechtes Licht' auf uns werfen und wir Ablehnung und Verurteilung anderer vermeiden wollen, verleugnen wir sie und kreieren damit Schatten.

Solange wir glauben, eine bestimmte Person zu sein ohne all die Persönlichkeitsanteile, die ins Dunkle gewandert sind zu kennen, haben wir mehr Illusionen über uns selbst als es Sandkörner am Strand von Malibu gibt. Genau darin liegt auch die Macht des Schattens: Die Wirklichkeit zu vernebeln und den Mut zur Wahrheit zu blockieren.

Im Bann der Dunkelheit neigen wir vor allem dazu, Illusionen und einseitige Sichtweisen als allgemeingültige Wahrheiten darzustellen und dabei das eigentliche Wesen der Dinge nicht zu erfassen. Dogmatische Ideologien, die Heilsversprechen propagieren, lassen daher oft nicht zu, dass ihre Anhänger ihre Lehren und Gesetze hinterfragen.

Eine viel harmlosere und eher absurde Variante dieses Versteckspiels sind nach meinem Empfinden die peinlichen Verheimlichungstaktiken von Stars, die offensichtlich ‚Schönheits-OPs' hinter sich haben und das öffentlich dementieren. Obwohl jeder sehen kann, wie massiv diese Eingriffe beispielsweise ihr Gesicht zeichnen, bestreiten sie oft hartnäckig, sich unter's Messer gelegt zu haben.

Doch, hey! Warum in die Ferne schweifen? Es lässt sich nicht bestreiten, dass wir selbst zu solchen ‚Notlügen' neigen. Jeder von uns hat schließlich geheime Angewohnheiten, dunkle Gedanken oder Fantasien, die nur wir kennen. Die aus unserer Sicht so unangenehm oder peinlich sind, dass wir sie nicht als einen Teil von uns akzeptieren wollen oder können. Das Schattenreich in uns birgt eine Reihe destruktiver Gefühle, die wir ablehnen, weil wir uns dafür schämen oder befürchten, den damit verbundenen Schmerz nicht aushalten zu können. Schmerz, der verdrängt wird, verwandelt sich häufig in Wut. Unterdrückte Wut kann wiederum so unberechenbar werden, dass wir die Kontrolle verlieren oder Depressionen entwickeln. Ein Teufelskreis, denn Unberechenbarkeit ist beispielsweise der Aspekt, der den Schatten so furchteinflößend macht und uns abschreckt, ihn näher zu betrachten. Je mehr ungute Gefühle ins Dunkle verdrängt werden, desto mehr sind wir auf einem regelrechten Kriegspfad mit uns selbst.

Übrigens bin vom Schattenthema so sehr fasziniert, seit ich das großartige Buch „*The Shadow Effekt – Wie Sie ihr verborgenes Potenzial ans Licht bringen*" – von Marianne Williamson, Debbie Ford und Deepak Chopra gelesen habe. Dieses besondere Werk ist meiner Ansicht nach ein wertvoller Augenöffner für jedes erwachende Juwel!

Doch leider befinden wir uns in einer Trance des Nicht-sehen-Wollens. Die Unwahrheit beginnt mit uns selbst. Wüssten wir um unsere dunklen Impulse, wüssten wir, dass Egoismus, Hass, Habgier und Intoleranz uns etwas Wichtiges mitteilen wollen, wir würden ihr Vorhandensein in unserem Leben so aufmerksam wahrnehmen wie das Anklopfen eines vertrauten Freundes.
Debbie Ford

Es gibt also keine Abkürzung zum Glück, vor allem dann nicht, wenn wir das, was uns leiden lässt, verdrängen. All die Versuche, den Schatten zu ignorieren oder zu kontrollieren, sind ohnehin zwecklos. Begegnet er uns doch – gelinde gesagt – mehrmals täglich. Wir erkennen ihn beispielsweise immer daran, dass wir an der Verwirklichung eines Planes gehindert werden – sei es durch äußere oder innere Faktoren. Diese Variante aus dem Reich des Schattens ist dem Einfluss eines alten Bekannten zu verdanken: dem ‚Inneren Schweinehund'. Dieser penetrante Geselle taucht immer genau dann auf, wenn wir ihn am wenigsten gebrauchen können und er durchkreuzt mit Vorliebe all die schönen Pläne, die wir mit dem Etikett ‚Neustart' versehen haben.

Du kennst das: Eigentlich willst du gern joggen gehen um wieder fit zu werden, doch schneller als du in deine Turnschuhe springen kannst kommen dir Zweifel, ob das bisschen Bewegung sich überhaupt lohnt. Obwohl du wild entschlossen warst, wird die nötige Bemühung noch einmal verschoben, weil die Macht der Gewohnheit stärker ist als jede gute Absicht. Bist du einfach zu faul oder zu schwach? Nein, das trifft es nicht. Dich steuert vielmehr eine Macht, die dir aus unbewussten Programmen diktiert: „*Wir sind bis jetzt auf diese Weise gut gefahren, also ändern wir auch nichts daran. Leg dich wieder hin! Morgen ist auch noch ein Tag.“* Die Schaltzentrale deiner Reaktionen liegt offensichtlich in deinem Unterbewusstsein. Dein Verstand allein kann auf diese Programme nicht immer erfolgreich Einfluss nehmen, sondern es braucht gedankliche Klarheit und meditative Methoden, um dich mit deinem Unterbewusstsein zu verbinden.

Ein anderes Beispiel: Du möchtest jemandem spontan deine Gefühle mitteilen, doch dann überkommt dich die ausbremsende Kraft von Furcht, wie dein Gefühls-Outing beim anderen wohl ankommen wird. Aus Angst vor möglichen negativen Konsequenzen wie Abweisung, Rückzug oder Verurteilung bedienst du dich dann lieber gängiger Notlügen oder vertuschst dein Bedürfnis, dein Herz auszuschütten, statt es das Licht der Welt erblicken zu lassen.

Oder du nimmst dir zwar vor, bei einem bestimmten Treffen kein Wort zu sagen, plapperst stattdessen aber drauf los wie ein Wasserfall. Verdattert schaust du dir selbst dabei zu und fragst dich, wer eigentlich das Kommando über deine Zunge übernommen hat. Immer dann, wenn du den Mut verlierst und den Eindruck hast, nicht gut genug zu sein, wenn es eng wird und eine gehässige Energie in dir aufsteigt, dann kannst du sicher sein, dass deine dunkle Seite am Start ist.

Jedes dieser kleinen Beispiele kann dazu führen, dass sich das Schattenreich in dir weiter ausbreitet und sich stärker in deinem Leben etabliert. Dies geschieht völlig unbemerkt, weil du es aus deinem Bewusstsein verdrängst. Menschen wie unsere Familienmitglieder, Partner oder Freunde, die es gut mit uns meinen und es wagen, die weniger attraktiven Wesensanteile in uns anzusprechen, müssen sich auf heftigen Widerstand einstellen, denn unsere Verdrängungsmechanismen arbeiten hervorragend.

Es reicht, das Wort ‚Schatten‘ auszusprechen, um massive Reaktionen auszulösen. Wage es doch einmal einer guten Freundin, die an einer Krankheit leidet, zu sagen: *„Ich glaube, deine Krankheit hat etwas mit deinem Schatten zu tun. Es scheint in dir* *eine Botschaft zu geben, die du verdrängst und nicht hören willst. Also übermittelt dein Körper dir jetzt diese Lektion über den Lehrer Schmerz. Hegst du vielleicht einen Widerstand gegen deine jetzige Lebenssituation oder eine Verletzung aus deiner Vergangenheit?*" Hat deine Freundin kein Bewusstsein über die Einheit von Körper und Geist, wird sie sich vielleicht gegen deine Anspielungen mit Händen und Füßen wehren und dich womöglich angreifen:„*Was soll das jetzt? Ich habe mörderische Kopfschmerzen und Du erzählst mir hier was von Schattenbotschaften! Das hilft mir nicht weiter! Gib mir lieber eine Kopfschmerztablette!*"

Oder aber du bist so offen und sagst: „*Du weißt, ich mag dich sehr, aber auch du hast eine Seite, die nicht immer angenehm ist. Bevor du also weiterhin andere für dein Befinden verantwortlich machst, fang doch auch mal bei dir selbst an und reflektiere dein Verhalten.*" Oh, oh! So etwas will unser Ego aber gar nicht hören! Meist gehen wir solchen Kritikern aus dem Weg. Manch eine Freundschaft zerbricht an solchen Reifungskrisen – der Tatsache, dass nicht jeder der Wahrheit ins Gesicht sehen mag.

Kein Zweifel, das Wort Schatten ist unbeliebt, unheimlich und unangenehm. Es mag zwar auch eine gewisse Faszination haben, sich theoretisch und intellektuell damit auseinander zu setzen, beim Kaffeeklatsch oder beim abendlichen TV-Krimi die Schatten der anderen zu beobachten. Doch sobald es darum geht, die dunkle Seite im eigenen Leben zu orten, wird es eng. Wer will schon ernsthaft die eigenen Schattenanteile enttarnen? Oder deutlicher: Wer möchte überhaupt die Leichen sehen, die im eigenen Keller verborgen liegen?

Ich behaupte, wir haben meist kein großes Bedürfnis, die Dunkelheit in uns kennen zu lernen, geschweige denn haben wir Lust dazu uns die Mühe zu machen, die lästigen Stolpersteine auf unserem Weg zu betrachten, anzunehmen und mit Liebe zu integrieren. Lieber leugnen wir unsere Abgründe und projizieren sie bewusst oder unbewusst auf andere. Schließlich wollen wir im Licht leben, glücklich sein, uns und andere lieben und Harmonie erfahren. Wir sind Lichtsucher und entwickeln uns zu Lichtbringern, jawohl! Und die haben keine lästigen Schattenanteile, sondern sind aus purer Liebe gemacht! Obwohl das so ist, werden wir keinen Frieden mit unseren Verletzungen und Schwächen finden, wenn wir uns selbst betrügen und so tun, als hätten wir keine. Sind wir nicht bereit, uns gänzlich anzunehmen, bleibt das Wort Selbstliebe letztlich auch nur eine nette Theorie. Wir sind komplexe Gesamtkunstwerke, die viele verschiedene Gesichter haben. Wir sind viele! Unsere Persönlichkeit besteht aus zahlreichen Anteilen, die uns ausmachen. Wir haben eine starke und schwache Seite, sind mal erwachsen, mal Kind, sind männlich und weiblich, sind Herz und Verstand, Bewusstsein und Unbewusstsein, Ego und reines Sein. Die Frage aller Frage ist: „*Was verleiht mir die Freiheit, mich glücklich und verbunden zu fühlen? Wie kann ich mich in einem Zustand öffnen, den ich mag und in dem ich mich wohl fühle?*" Wie kann ich das erreichen durch Bewusstsein und die immer neue Wahl für die Liebe?

Wahre Liebe kennt keine Grenzen. Sie schreckt nicht vor Unzulänglichkeiten zurück und stellt keine Bedingungen. Um Ganzheit zu erleben, brauchst du deine ungeliebten Seiten also nicht länger zu verstecken. Denn wir haben sie alle! Ganzheit erfordert allerdings den großen Mut, deine Dämonen aus ihrem Kellerverlies zu entlassen und es auszuhalten, mit ihnen an einem Tisch zu sitzen. Nur so kannst du ihnen ins Auge schauen und dich ihren verborgenen Botschaften stellen. Wie auch immer du das anstellst – ob über deine Spiritualität oder mit Hilfe der Psychologie – um zu dem Juwel zu erwachen, das du bist: Du musst irgendwann die Feuerprobe wagen und deine dunkle Seiten erforschen, um sie integrieren zu können.

Wie entsteht Schatten?

Wie entsteht Licht? Gar nicht! Es ist. Der Schatten hingegen kann im Licht und auch ohne Licht nicht existieren. Er bildet sich in unserer dualen Welt immer dort, wo das Licht der Liebe nicht durchdringt. Wenn wir in uns oder in anderen die Liebe nicht sehen können und der Illusion unterliegen, es sei keine vorhanden, dann verursacht dieser Glaube negative, angstvolle Gedanken und damit Gefühle, die sich zu Schatten verdichten. Dieser Schatten ist dort, wo das Licht sich kraft unserer begrenzenden Gedanken zurückzieht. Auf diese Weise geben wir ihm Raum.

Die dunkle Seite in uns wird ihren Einfluss also immer dann verstärken, wenn wir Erfahrungen machen, in denen die Liebe fehlt. Werden wir so sehr herausgefordert, dass es auch uns nicht gelingt, liebevoll und mit Verständnis und Geduld zu reagieren, empfinden wir stattdessen Angst, Wut oder Enttäuschung. Werden diese Ängste nicht erlöst, können sie Panik hervorrufen. Wird Ärger unterdrückt, so kann dies Hass und Gewalt heraufbeschwören. Werden Enttäuschungen nicht ausgesprochen, dann entwickeln sich daraus vielleicht unangemessene Forderungen oder Süchte.

Ergreifen starke Emotionen wie Hass oder Panik Besitz von uns, so sind wir in Rage oder Furcht nicht mehr bei uns – und werden zu einer gefährlichen Tretmine für uns selbst und für andere.

Entsetzt schauen wir später auf das Ergebnis unserer emotionalen Ausbrüche und verzweifeln an den Scherbenhaufen, die wir hinterlassen haben. Empfinden darüber nicht selten Scham und Verzweiflung. Die Übergriffe von Eltern auf ihre Kinder sind dafür ein trauriges Beispiel. Eigentlich lieben die meisten ihre Kinder. Doch fühlt sich ihre dunkle Seite provoziert oder überfordert, kann es zu traumatisierenden Kurzschlussreaktionen für das Kind kommen. Die Macht der verborgenen Schattenseite, entstanden meist in der ‚Kammer des Schreckens' der eigenen Kindheit, war dann zu stark, um mit Geduld, Mitgefühl und Liebe zu reagieren. Viele Mütter erschrecken über sich selbst, wenn sie urplötzlich von Aggressionen ihrem Kind gegenüber gepackt werden. Für ihre Mitmenschen ist ihr düsteres Geheimnis tabu, was dann auch noch zu quälenden Schuldgefühlen führt.

Entscheidend ist, was wir mit den kleinen und großen Geheimnissen anfangen, die wir uns selbst nicht erklären können. Verbergen wir sie vor uns und dem Rest der Welt, dann wird genau das zum Problem: Unerkannt bleibt der Schatten in uns ein weites, unberechenbares Reich, in dem er ungehindert regieren und unser Verhalten manipulieren kann. Die Macht dazu geben wir ihm mit unserem Glauben, machtlos zu sein gegen Schmerz, Angst und Wut.

Besonders die Angst vor Ablehnung ist ein idealer Nährboden für die Ausdehnung des Schattens. Da wir glauben, nur dann liebenswert zu sein, wenn wir ‚gut' sind, schieben wir alles, was wir nicht an uns mögen, beiseite und verstecken es. Wir verdrängen es in unser Unterbewusstsein oder geben ihm im Leben Gestalt durch eher bewusste Manipulation. Methoden wie Lügen, Bestrafungen, Ignoranz oder Verbote sind oft Ausdruck dieses Ungleichgewichts. Doch jeder dieser Versuche, uns und andere zu betrügen, endet im Gefühl von Selbstbetrug. Alles, was wir anderen antun, verletzt uns immer auch selbst.

Aus Angst vor drohenden Konsequenzen haben wir als Kinder mit dem Satz: *„Das war ich nicht!"* unsere übermütigen Streiche zu leugnen versucht. Kinder streiten vor sich selbst und anderen nicht nur ihre Fehler ab, sondern vor sich selbst eben auch ihre dazugehörigen Gefühle. Besser gesagt: Sie stellen Emotionen, die sie überfordern und die ihre emotionale Versorgungssituation gefährden könnten, unbewusst ab, wenn kein Erwachsener da ist, der bereit und fähig ist, sie zu trösten. Der vor allem fähig ist, Gefühlen wie Schmerz, Scham oder Wut Raum zu geben und sie nicht abzuwerten. Die unangenehmen Gefühle müssen irgendwohin verschwinden und werden vom hilflosen Kind verdrängt. Sie landen in den geheimen Nischen unseres Selbst, im Verborgenen. Dort lösen sie sich nicht einfach auf, sondern werden konserviert. Sie werden immer genau dann lebendig, wenn man sie am wenigsten fühlen möchte. Wenn man den inneren Zusammenhang vielleicht nicht mehr erkennt, weil man längst erwachsen und ‚vernünftig' ist. Und sich wundert über Depression oder Angst, eine unterschwellige Wut oder andere schlecht beherrschbare Gefühlslagen.

Auch als so genannte Erwachsene schützen wir uns vor unliebsamen Gefühlen, indem wir sie unterdrücken oder indem wir zum Gegenangriff übergehen. Wenn wir Anklagen hören wie: *„Du hast dich unmöglich verhalten. Ich bin tief enttäuscht von dir! So darfst du dich nicht verhalten, so darfst du nicht sein."* wehren wir uns meist mit Gegenanklagen und weisen jede Verantwortung von uns. *„Nicht ich habe mich unmöglich verhalten. Du warst es! Und du merkst noch nicht einmal, wie du dich verhältst und wie peinlich das ist."*

Die Endlosspirale von Rechthaberei, die wohl jeder kennt, beginnt sich zu drehen und nimmt so schnell kein Ende. In Rage fühlen wir uns im Recht, auch wenn wir im Unrecht sind. Wir lassen uns schnell zu arroganten Äußerungen hinreißen, die wir hinterher bereuen und die den Dingen tragischerweise manchmal ungewollt schweren Schaden zufügen. In wenigen Sekunden ist manchmal alles zerstört, was wir über eine lange Zeit liebevoll aufgebaut haben. Es sind nicht nur die anderen, die unter unserer blinden Wut leiden. In der Konsequenz verletzen und verlieren wir uns damit selbst. Man fragt sich, was uns dazu animiert: Es ist der verführerische Einfluss unseres Egos.

Die Faszination des Egos

Das Schattenreich hat einen sehr lebhaften Bewohner, den wir ‚*Ego*' nennen. Das Ego ist zwar kein Dauergast im Reich der Finsternis, es fühlt sich dort allerdings sehr wohl. Ein etwas unangenehmer Zeitgenosse, sogenannte ‚Egomane' schmücken sich in der Regel auch nicht mit positiven Eigenschaften.

Hätte unser Ego aber nicht auch einen lebensnotwendigen Aspekt, es würde wohl nicht existieren – denn die Natur ist immer sehr effizient in ihrer Schöpfung. Es hat vor allem die Funktion, uns eine ‚*Ich-Identität*' zu geben und dadurch unser Überleben zu sichern. Denn es hilft uns dabei, uns gut um uns zu kümmern. Ohne dieses ‚*Ich bin-Gefühl*' könnten wir keine freie Wahl treffen. Unser Ego ist also keinesfalls unnötig. Wir brauchen unser Ego, um individuelle Entscheidungen treffen zu können. Auch unsere Kreativität ist untrennbar mit dem Gefühl und der tiefen Selbsterfahrung von ‚*Ich bin*' verbunden. Denn wie sonst könnten wir entscheiden, Maler, Sänger, Schauspieler, Poet, Schriftsteller, Gärtner, Lehrer, Koch oder was auch immer zu werden, wenn es uns ganz egal wäre, auf welche Weise wir uns ausdrückten und verwirklichten? Ohne das Ego eines Pablo Picasso oder eines exzentrischen Salvadore Dalí würden wir die großartigsten Kunstwerke der Welt nicht kennen, denn sie wären nie erschaffen worden.

Unser Ego hat also eine positive Seite, die nicht wegzudenken ist. Außerdem brauchen wir ja auch eine natürliche Abgrenzung zwischen dem ‚Ich' und dem ‚Du', wenn wir als Individuen leben und überleben wollen. Doch jeder Künstler und Koch weiß auch: Es ist alles eine Frage der Dosis! Wenn wir uns zu wichtig nehmen und andere überrollen, geraten wir auf einen Egotrip, der sehr unangenehm und zerstörerisch sein kann.

Solange der Einfluss des Egos nicht Überhand nimmt, hat es schlicht die Funktion uns zu befähigen, in unserem individuellen Gewand am irdischen Spiel des Lebens teilnehmen zu können. Es bestimmt unsere Verpackung und wie wir uns durch die Welt bewegen. So ermöglicht es uns:

- *Das Glück, selbstständig zu sein.*
- *Die Fähigkeit, uns individuell auszuleben und uns selbst anzuerkennen.*
- *Die Verantwortung für unser Leben in die Hand zu nehmen.*
- *Die Sicherheit, gut für sich und andere sorgen zu können.*
- *Die Fähigkeit, unsere Bedürfnisse zu erfüllen.*
- *Die Befriedigung, etwas geschaffen zu haben.*
- *Die Möglichkeit, die Spielwiese unserer materiellen Welt auszukosten.*
- *Durch das Wetteifern mit anderen zur Höchstform zu kommen.*
- *Das Erreichen von Zielen.*

Unser Ego vermittelt uns allerdings häufig die illusionäre Ansicht, die Welt sei von uns getrennt und wir müssten sie in Ordnung bringen. Die Welt soll so werden, wie wir sie uns wünschen. Die Welt kann sich aber nur verändern, wenn wir bei uns selbst anfangen. Denn die Welt kann nach den Gesetzen von Resonanz nicht mehr sein als unser Spiegel. Bei sich anzufangen ist deshalb vielleicht die größte Herausforderung überhaupt im Leben. Besonders dann, wenn wir zum Beispiel in einer krisenhaften Beziehungssituation stecken, in der es so scheint, als hielte unser Partner das Steuer für eine Veränderung in der Hand, wolle oder könne diese Veränderung jedoch nicht vornehmen. In diesem Dilemma sind wir so lange gefangen, bis wir unser eigenes Ego verstehen lernen. Unser Ego macht es uns leider oft unglaublich schwer, denn es beeinträchtigt unsere Liebesfähigkeit immer dann, wenn wir sie am nötigsten brauchen.

Das Ego wird nichts für andere tun, es sei denn, es steht dadurch gut da. Es hat nur sich selbst im Fokus. Diese innere Haltung hat mit reiner Ausübung von Macht zu tun und kann zu großer Faszination führen. An diesem Punkt angekommen haben Menschen eine Affäre mit den Überlegenheitsgefühlen von Macht und baden in ihrer Selbstherrlichkeit. Macht macht sexy! Auch wenn du es für dich nicht in Anspruch nehmen kannst und willst: Es gibt Momente, da unterliegen wir alle dem Rausch der oder des Mächtigen.

Ein weiteres Tabu: Ist es nicht ein gutes Gefühl, Gewinner zu sein? Wie sehr kümmert dich im Moment des Sieges der Kummer des Verlierers? Und – seien wir doch mal ehrlich: Ist es nicht befriedigend, eine gewisse Machtposition auszuüben, sei es im Beruf oder in der Beziehung, wenn dein Partner endlich tut, was du von ihm erwartest? Als Elternteil, wenn deine Kinder endlich tun, was du von ihnen verlangst? Alles hört auf dein Kommando und du bist am Drücker! Wow! Das hört sich doch gut an – oder etwa nicht?

Wir erleben unser Ego auch als die Energie von ‚*Ich will*‘, was durchaus nützlich ist, wenn wir unsere Pläne in die Tat umsetzen wollen. Mag es als Kind elementar für das Erleben von Selbstwirksamkeit gewesen sein, führt dieses ‚*Ich will*‘ im späteren Leben oft zur ignoranten Ausblendung dessen, was andere wollen und was nicht. Wie schnell landen wir in einer Art Dschungelmentalität, wo das Gesetz des Stärkeren herrscht und es nur noch Sieger oder Verlierer gibt. Die Durchsetzung eigener Wunschvorstellungen hat manchmal unangenehme Begleiterscheinungen und wir nehmen in Kauf, dass andere zu Gunsten unseres Wohlergehens leiden müssen. Sei es Mensch, Natur oder Tier – the winner takes it all!

Das Negative an dieser Art des Wollens ist die große Bedürftigkeit, die sich dahinter verbirgt und die in der äußeren Welt nach Anerkennung sucht. Werden wir von der Suche nach Anerkennung gesteuert, ist die Versuchung groß, Strategien einzusetzen um andere zu manipulieren. Der Antrieb ist immer der Wunsch, gesehen zu werden, etwas zu besitzen oder besser zu sein. Habgier und der Hunger nach mehr werden immer größer und unstillbarer. Unzufriedenheit ist ein fruchtbarer Nährboden für das Ego und die Folgen dieses Lebensgefühls können wie ein Flächenbrand wirken, der unaufhörlich, heimlich, still und leise unser gesamtes Sein in Besitz nimmt.

Wie du erkennst, dass dich dein Ego lenkt

Wir sind zu so viel mehr fähig, als die Welt nur aus der engen Perspektive des Egos zu betrachten. Denn immer steht uns auch die unbegrenzte Liebesfähigkeit unseres Herzens zur Verfügung. Doch die Liebe tritt allzuleicht in den Schatten, wenn sich unsere Ängste melden.

Die Herausforderung, die damit einhergeht, uns dem Gefühl des Verbundenseins zu öffnen, ist vor allem die Erkenntnis, dass uns unser Ego lenkt. ‚Es' denkt und handelt in uns – völlig unbemerkt und kaum beeinflussbar. Solange du kein Bewusstsein darüber entwickelst, dass du die Fäden deines Egos in der Hand hältst, beherrscht es dich vollkommen. Dein Ego wird sich dir nicht zu erkennen geben und dir vertrauensvoll verraten: *„Hallo, ich bin übrigens dein Ego!“*

Es belächelt Aussagen wie *„Alles ist eins“* oder *„Du bist göttlich“*, denn nur so hält es sich an der Macht. Es spielt uns einen Streich, indem es uns glauben lässt, wir seien ausschließlich auf unsere sechs Sinne beschränkt, also Riechen, Sehen, Hören, Schmecken, Tasten. Auf das Sinnes-Zentrum im Geiste, in dem alle diese Sinne zusammenfließen. *„Ich glaube nur das, was ich sehe“* ist ein beliebter Song unseres Ego-Repertoires.

Eine andere Quelle, aus der sich das Ego speist, ist unsere tiefsitzende Angst, nicht zu genügen. Wir sehnen uns nach Anerkennung und haben Angst vor Verurteilung, Kritik und Ablehnung. Fühlst du dich schwach, machtlos und ungeliebt, dann bist du empfänglich dafür, dich dominieren zu lassen. Dann wirst du auf den Teil hören, der dir einredet, du seiest unzulänglich oder aber anderen überlegen. Was sagen die zweifelnden Stimmen in dir? Reden sie dir ein, nicht gut genug zu sein? Will dein Ego dir einreden, dass Forderungen sich lohnen? Jedes Mal, wenn du diesem Glauben erliegst, ist dein Ego am Zug. Besonders in Beziehungen wirst du von deinem Ego in den Schatten gezogen – das erklärt zum Beispiel den sinnlosen Zweikampf um Kleinigkeiten wie etwa die sogenannten *‚Zahnpastakriege‘*. Du verlierst die Kontrolle, getrieben von dem Wunsch, dich ins Recht und den anderen ins Unrecht zu setzen, impulsiv zu handeln und deinem Nächsten eins auszuwischen. Wie schnell urteilen wir über andere und merken dabei das Wesentliche nicht: Unser Ego erkennt das Ego des anderen sofort. Es tut dabei so, als wäre es selbst nicht das Problem, sondern immer der andere, der natürlich im Unrecht ist.

Der Drang, auf Teufel komm raus Recht haben zu müssen, gehört zu den Spitzenreitern unserer Ego-Charts. Lassen wir uns davon einlullen, schlüpfen wir in die klassischen Opfer-Täter-Rollen. Wir verteidigen unsere Überzeugungen, entstanden aus Verletzungen der Vergangenheit, verbal bis aufs Messer. Diese ‚Greatest Hits der Egomanie‘ lassen dich an Glaubenssätzen festhalten wie:

Täter Ego

- *Ich bin ein Realist und glaube nur was ich sehe.*
- *Ich weiß es nun mal besser als du!*
- *Erzähl mir nix!*
- *Platz da, jetzt komm ich!*
- *Was mit dir ist, ist mir egal!*
- *Ohne mich läuft hier gar nichts.*
- *Wenn du nicht tust, was ich dir sage, wirst du dein blaues Wunder erleben.*

Opfer Ego

- *Es hat alles keinen Sinn.*
- *Ich wurde verletzt und werde deshalb niemals wirkliche Liebe erfahren.*
- *Ich bin ein Opfer und solange andere sich ungerecht verhalten, kann ich keinen Frieden erleben.*
- *Ich habe so viele Enttäuschungen in der Liebe erfahren, dass ich nie eine glückliche Beziehung haben werde.*
- *Ich bin ein hoffnungsloser Fall.*
- *Ich lasse mich nicht mehr ausnutzen.*
- *Ich muss mich verteidigen und schieße scharf zurück.*
- *Selbstliebe ist ein schönes Wort, aber dafür kann ich mir nichts kaufen.*
- *Männer sind Schweine und Frauen sind Zicken. In der Liebe habe ich nun mal kein Glück.*
- *Die anderen sind an allem schuld.*
- *Strafe muss sein! Sollen die anderen ruhig mal erleben, wie das ist, so schlecht behandelt zu werden.*
- *Ich bin zu alt um mir Illusionen zu machen.*
- *Die anderen sollen sich endlich ändern.*

Überlassen wir unserem Ego die Kontrolle, werden wir uns immer auf eine Art und Weise verhalten, die um die Zustimmung anderer buhlt. Wir versuchen dann, besonders bedeutend, intelligent, schön, cool, witzig oder kultiviert zu wirken. Ob wir uns tatsächlich so bedeutend fühlen wie das Bild, das wir in die Welt senden, ist die große Frage. Denn würden wir uns bereits lieben und anerkennen, bestünde gar kein Anlass, Anerkennung im Außen zu suchen.

Dein Ego verzerrt deine Wahrnehmung

Das Ego ist lässt uns an einer verzerrten Wahrnehmung leiden – oder besser: Wir sehen die Welt, wie sie uns gefällt – aber nicht, wie sie wirklich ist.

Da wir auf diesem Planeten größtenteils noch in der Illusion von Trennung leben, sind Gefühle wie Einsamkeit eine Folge dieser begrenzten Wahrnehmung. Besonders wenn wir niedergeschlagen und hoffnungslos sind, verstärkt sich der Eindruck, unser Leben würde an unserer Hautoberfläche enden. Tatsächlich aber sind wir mit allem um uns herum verbunden. Doch diese Form von Wirklichkeit kommt uns meist höchst unwirklich vor. Selbst wenn wir das theoretisch erkennen: Immer wenn es darauf ankommt, vergessen wir diese Verbundenheit allzu leicht – wir kreisen vorwiegend egogesteuert um uns selbst.

Wir verwechseln unser wahres Selbst mit einem Bild, das andere von uns geschaffen haben. Ich bin so und so und spiele eine bestimmte Rolle. Ich brauche Anerkennung und Zustimmung, um mich in meiner Rolle gut zu fühlen. Bekomme ich diese Anerkennung nicht, ist mir jedes Mittel recht um sie zu erhalten. Es scheint für uns erstrebenswert zu sein, denn es spornt uns zu besonderen Leistungen an, hebt uns aus der Masse hervor und schiebt sich gekonnt an anderen vorbei an die Spitze – notfalls auch mit Gewalt, List und Tücke.

Ein Beispiel dazu aus Michael Endes „*Momo*". Die Menschen in der Geschichte lassen sich von den ‚grauen Herren' zu dem Glauben verführen, sie hätten keine Zeit und müssten Zeit sparen. In Wirklichkeit ist dies eine ausgefeilte Lüge, die ihnen jede Lebensfreude raubt. Da die Menschen jedoch nicht merken, dass sie von den Suggestionen der grauen Herren ferngesteuert werden, machen sie sich selbst das Leben zur Hölle, statt es in ruhiger Gelassenheit zu genießen.

So ähnlich sehe ich die Funktion des Egos. Wir glauben hypnotisch einem illusionären Einfluss in uns, der uns weismachen will, wir seien getrennte Wesen, die in Konkurrenz mit allen Mitwesen unseres Planeten stünden. Statt auf die Lebenskraft der Liebe zu vertrauen, hören wir auf die Stimmen der Angst und des Ärgers und lassen uns von ihnen dazu verführen, alles zu bewerten und zu spalten.

Hast du den Wunsch, die Schätze deines Herzens zu aktivieren und zu leben, ist dein Ego also nicht dein zuverlässiger Tourguide in die Erleuchtung. Unser Ego ist eigentlich nur nützlich, wenn wir es als unser Werkzeug benutzen. Immer wenn wir zulassen, dass es uns beherrscht, sitzen wir in der Falle. Denn dann nehmen wir das Leben hauptsächlich aus einer angstvollen oder arroganten Haltung wahr, die uns zwingt, andere kontrollieren oder beeindrucken zu müssen, um nicht unterzugehen.

Wenn wir zur Wirklichkeit des Lebens erwachen wollen, müssen wir bereit sein, diese kurzsichtigen Strategien unseres Egos fallen zu lassen und stattdessen die verbindenden Kräfte des Mitgefühls und wahrer Liebe zu Rate zu ziehen. Die Weisheit des Herzens kann nur aus einer höheren Perspektive geöffnet werden und nicht über den Allmachtanspruch des Egos.

Die Egofalle

Das Problem mit unserem Ego ist, dass es uns in einer begrenzenden Wahrnehmung gefangen hält. Es gibt vor, viel mehr zu sein als es wirklich ist und verstrickt sukzessive in ein Labyrinth einseitiger Sichtweisen und zwanghafter Forderungen. Vom Ego verführt halten wir unsere ‚Ich-Identität' für unser wahres Selbst, weil wir uns so sehr daran gewöhnt haben, uns gänzlich mit ihm zu identifizieren. Dass wir selbst in dem dringenden Wunsch uns hervorzuheben von anderen abgetrennt werden, merken wir dabei meist nicht. *„Ich bin besonders – also bewundere mich! „Ich habe – also bin ich“. „Ich mache – also bin ich.“* Wir kommen wohl kaum auf die Idee zu sagen: *„Ich bin – also bin ich.“ „Und auch du bist ein Teil von mir. Ich bin du und du bist ich!“*

Als ich noch Schauspielerin war, sah ich viele junge Kollegen, die ihr Ego in besonderer Weise zur Schau stellten. Nomen es Omen und wie der Name schon sagt, gehörten sie zu den ‚Schau-Spielern‘: *„Schaut her, ich spiele euch was vor!“* Ohne Frage besaßen diese starken Persönlichkeiten oft eine gehörige Portion Witz, Charme und Anziehungskraft. Ihr manchmal dreistes Hervortun *„Hoppla, jetzt komm ich!“* hatte auf jeden Fall auch seinen Reiz. Doch wirklich berühren konnten mich solche One-Man-Ego-Shows nicht, da die Darsteller spürbar um Anerkennung buhlten. Nur die wenigsten Akteure waren in der Lage, dem Publikum einen tiefen und ehrlichen Blick in die Untiefen ihrer Seele zu erlauben. Diese Ausnahmetalente wuchsen auf der Bühne über ihr eindimensionales Ego hinaus und trafen mit ihrer schonungslosen, mutigen Offenheit ihre Betrachter mitten ins Herz.

Solange wir in Illusionen über unsere wahre Natur feststecken, sitzen wir also in der Ego-Falle fest. Wir überlassen damit Gefühlen wie Arroganz, Habgier, Eifersucht und Neid das Sagen. Warum tun wir das? Weil wir diese Gefühle immer noch für gesellschaftsfähig und daher für erstrebenswerte Bestandteile unseres Charakters halten. Schließlich werden Persönlichkeiten mit einem solchen Ego in unserer Gesellschaft ‚abgefeiert‘ und beneidet. Klammheimlich fühlen wir uns ganz wohl mit unseren niederen Gefühlen, denn offensichtlich lässt sich auch von ihnen profitieren.

Egomotivierte Handlungen verschaffen uns spontane Befriedigung und seien es auch nur die kurzlebigen Momente, in den wir genießen, dass wir besser als andere waren oder dass wir andere ‚maßregeln‘ konnten. Mit anderen Worten: wir lassen uns von unserem Ego dominieren, weil es uns kurzfristiges Glück und einen ‚Kick‘ für unser Selbstwertgefühl verspricht. Für diese Überlegenheits- und Erfolgsmomente lassen wir bereitwillig zu, dass es anderen schlechter ergeht als uns. Das erleben und trainieren wir vielfach schon seit frühester Kindheit, wenn wir unsere Geschwister oder Sandkastenfreunde ausstechen, um so mehr Aufmerksamkeit zu erhalten. Die Kultfigur ‚Mr. Bean' zeigt in jeder filmischen Episode sehr anschaulich den Triumph dieser Ego-Häme.

Das Ganze funktioniert so lange, wie wir keine bessere Strategie kennen als eben niedrige Schwingungen in uns zu legitimieren. Blähen wir unser Ego auf, indem wir es mit arroganten, narzisstischen Ausschließlichkeitsgedanken füttern, züchten wir uns ein regelrechtes Egomonster heran. Mal abgesehen davon, dass ein ausgeprägter Egoismus nicht angenehm für andere ist, macht er uns selbst auch unglücklich, weil wir durch eine Haltung, die nur um uns selbst kreist, einsam werden. Würden wir erkennen, dass wir gar nicht besser oder schlechter als andere sein müssten um uns gut zu fühlen, dann wäre unser überzogenes Ego überflüssig und müsste abtreten. In dem Moment, in dem wir – durch welche Technik oder durch welches Erlebnis im Leben auch immer – unsere wahre Natur erkennen, verliert das Ego seine Übermacht. Denn unsere Wahrnehmung vergrößert sich und gibt den Blick frei auf etwas, das größer ist als wir selbst. Doch diese Momente wahrer Größe sind rar gesät. Am ehesten erleben wir das wohl, wenn wir unseren Kindern selbstlose Liebe entgegenbringen und darauf verzichten können, uns über sie zu erheben.

Meiner Ansicht nach leidet die Menschheit und der ganze Planet unter einer gehörigen Überdosis von Egomanie. Die Welt ist aus den Fugen geraten – Egoismus, Habgier und Machtstreben machen sie blind ist für die Tatsache, dass alle Wesen ein unsichtbares Band vereint. Was ist das für eine Welt, in der es Nahrung für alle gibt und doch stirbt jede zehnte Sekunde ein Kind an Hunger? Das wohlklingende Wort ‚Globalisierung' ist zu einer traurigen Ausbeutungsvokabel verkommen, bei der reiche Länder und bestimmte Lobbys sich auf Kosten eines Großteils der Weltbevölkerung gnadenlos an ihrem Wachstumsspiel laben. Obwohl diese Menschen zeitlebens schuften wie Sklaven, verarmen sie zusehends. Wie sonst wenn nicht ‚Sklaven' soll man Menschen nennen, die ohne Tageslicht von morgens bis abends an Fließbändern stehen, um in Rekordzeit und zu einem Rekordbilliglohn Bauteile für schicke trendy Handys zusammenzusetzen? Menschen, die ihre Hoffnung auf ein besseres Leben so sehr verloren haben, dass sie Selbstmord begehen, weil sie den Tod einem solchen ‚Leben' vorziehen. Gesellschaften, die Menschen und Tiere zu solch traurigen Existenzen herabwürdigen, haben jegliches Mitgefühl verloren und werden allein vom Ego gesteuert, das immer mächtiger wird. Finden wir nicht den Knopf zum Abstellen dieser Mechanismen, dann wird die Menschheit wohl eine extreme Lektion nach der anderen erhalten, die sie zum Umdenken zwingen wird. Fukushima dürfte dann allerdings nur ein Vorgeschmack für uns alle gewesen sein.

Es ist höchste Zeit, unser Ego zu zügeln, denn es hat sich auf der Erde extrem breitgemacht und dominiert unser Leben. Es kann nur darum gehen, es zu enttarnen und seine Dominanz zu entmachten. Doch es ist Land in Sicht! Wenn wir aufmerksam unser Ego beobachten und bereit sind, an unserer Liebesfähigkeit zu arbeiten, dann können wir den negativen Einfluss unseres Egos immer wieder enttarnen und es mit der verbindenden Kraft der Liebe ‚überstrahlen'. Mehr dazu im dritten Teil dieses Buches unter ‚*Transformation*'. Ein geradezu erleuchtendes Meisterwerk (besonders auch als Hörbuch) zum Thema ‚Ego und Bewusstsein' ist Eckhart Tolles Werk: ‚*Eine neue Erde!*' Meiner Meinung nach ist er einer der führenden Gegenwartsphilosophen und ein wahrer Erwecker unseres Zeitalters, den man einfach gelesen haben muss, wenn man es mit der Bewusstseins-Transformation ernst nimmt.

Lotus Fokus

Beleuchte, was im Schatten liegt

Zu glauben, keine dunklen Seiten zu haben, halte ich für eine der gefährlichsten Illusionen der Menschheit, denn sie ist der Grund dafür, dass wir alles Übel getrennt von uns sehen.

Abgesehen davon ist es sehr anstrengend, Lügengeschichten am Leben zu erhalten und es ist nicht weniger mühsam, eine Rolle zu spielen, um anderen ein Bild abzuliefern, das dir gar nicht entspricht. Je mehr du versuchst, ungeliebte Seiten von dir zu unterdrücken und den Deckel darauf zu halten, desto mehr Energie verlierst du dabei. Eines Tages kommt alles ans Licht und all deine Anstrengungen, etwas zu verbergen, waren umsonst. Vor allem aber enthältst du dir selbst vor, ein Happy End zu erleben.

Nur wenn du dem, was dir Angst macht, ins Auge schaust, kannst du darüber triumphieren. Alles, was du versuchst loszuwerden, wird dich verfolgen und nicht in Frieden lassen. Wirklich frei und echt wirst du nur, wenn du es wagst, auch deine Schattenseiten aus der Tiefe deines Seins mit ins Boot zu nehmen. Nicht um zu kentern, sondern um sie mit dem Licht der Erkenntnis zu betrachten und etwas daraus zu lernen.

Also, was sind deine kleinen oder großen Geheimnisse?

- *Wovor hast du Angst?*
- *Was willst du unbedingt vermeiden?*
- *Was möchtest du nie wieder erleben?*
- *Was befürchtest du, was andere über die denken, wenn es ans Licht kommt?*
- *Was kannst du dir oder anderen nicht verzeihen?*

- *Wer oder was in dir redet dir ein, wertlos und ‚schuldig' zu sein?*
- *Was hast du davon, im Ego zu bleiben, wenn doch nur die Liebe dich zurück in die Verbindung mit anderen bringt? Bist du bereit, das Rechthaben loszulassen?*
- *Glaubst du mehr an das Trennende – oder an die verbindende Kraft der Liebe?*

Schreibe mutig auf, was dir zu diesen Fragen in den Sinn kommt und wage es, diese heimlichen Überzeugungen in Frage zu stellen. Gib dir die Chance zur Vergebung, zum Beispiel indem du die Vergebungstechnik ‚Ho'oponopono' anwendest, die du im Lotus Fokus ‚Verzeihe dir und anderen' findest.

7 Schattenspiele in Liebesbeziehungen

Nur die Oberflächlichen kennen sich selbst.
Oscar Wilde

Was sich in Liebesbeziehungen abspielt

Die größte Illusion im Leben ist wohl das Gefühl, ‚endlich angekommen' zu sein. Im Spiel der Gezeiten, im Strom der ewigen Veränderungen soll endlich etwas Bestand haben. Diese Sicherheit suchen wir oft auch in einem besonderen Menschen, der bereit ist, uns auf unserer Reise zu begleiten. Liebesbeziehungen sind ein wundervoller Glücksfaktor, wenn die Liebe zwischen uns und unserem Herzblatt fließt. Sie werden zu kleinen Oasen des Glücks, wenn Harmonie, Geborgenheit, Sex und Spaß unser Leben bereichern und wir uns in liebender Verbundenheit fallen lassen können.

Beziehungen können uns also glücklich machen. Doch leider auch sehr unglücklich! Gemeinerweise zeigt sich die Illusion des Getrenntseins auch und gerade in Sachen Liebe! Wie auch in allen anderen Bereichen des Lebens gilt: Sobald ein Berg mühsam erklommen ist, erkennen wir auf seinem Gipfel schon wieder die Silhouette des nächsten, der sich in der Ferne vor uns auftut. Wer glaubt, mit einer Heirat oder dem lang ersehnten Zusammenleben endlich ‚angekommen' zu sein und von jetzt ab nur noch Liebe, Sicherheit und Harmonie zu erwarten hat, wird zwangsläufig eines Besseren belehrt. Das Idealbild einer Non-Stop-harmonischen Verbindung gibt es nicht. Aufruhr, emotionale Ausbrüche, Missverständnisse und Projektionen gehören nun mal so lange zur Partnerschaft, wie es Lernaufgaben für uns darin gibt. Nicht umsonst heißt es bei einer Trauung, in der sich zwei Menschen dem Wortlaut nach tief für einander entscheiden: „*Wirst du ihn oder sie lieben, in guten wie in schlechten Zeiten?*“. Diese sind euch beiden so sicher wie das Amen in der Kirche.

Beziehungen sind ein wahres Schlaraffenland für den Schatten. Hier kann er sich aufplustern, ausbreiten und ein wahres Festbuffet unserer negativen Seiten anrichten. Dabei beginnt alles so verheißungsvoll! Im Verliebtheitsrausch sehen wir im anderen all das, was wir sehen wollen. Wir fühlen uns auf unerklärliche Weise zu Hause angekommen und sind zuversichtlich, mit dem neuen Partner viele Gemeinsamkeiten erleben zu können.

Die Beziehung als gebuchter Pauschalurlaub! Mit der verständlichen Erwartung im Gepäck: Ich fahre in den Urlaub, also hat die Sonne zu scheinen!

Zu schade, dass der ‚Trouble in Paradise‘ vorprogrammiert ist, denn es kommt vor, dass das Wetter nicht wie gewünscht ist und es gibt sogar Ferien, die komplett ins Wasser fallen. Umso größer das Entsetzen, wenn wir nach der Anfangseuphorie feststellen müssen, dass wir wechselseitig nicht nur mit dem Zuckerguss unseres Partners beglückt werden.

Da stolpern zwei, die bisher vielleicht nicht so viel Glück in der Liebe hatten, mit ihren zahlreichen Bedürfnissen in eine Partnerschaft und hoffen, diesmal in der Liebeslotterie das große Los gezogen zu haben. Die beiden kennen sich selbst noch nicht einmal so richtig, hadern sowohl mit ihren Licht- als auch Schattenseiten und hoffen umso mehr, endlich eine glückliche, liebevolle Verbindung im Außen erleben zu können.

Es geht ans Eingemachte! Unser Partner kitzelt mit schlafwandlerischer Sicherheit unsere emotionalsten Stellen heraus und so zieht uns die Beziehung mal hierhin, mal dorthin. Und das ist wohl auch der Sinn der Sache, denn wir bringen nicht nur unsere Stärken und liebevollen Seiten, sondern auch die Baustellen unserer Persönlichkeit mit in die Verbindung. Unsere Schwächen, Ängste, Komplexe, Ticks und seltsame Angewohnheiten, familiäre Prägungen, Suchtverhalten, negative Erfahrungen oder Stimmungsschwankungen lassen sich auf Dauer nicht verbergen und stellen uns und unsere Partner vor kleine und große Schwierigkeiten.

Mit einem Partner hast du Probleme, die du alleine nie hättest

Sind die ersten Fassaden gefallen und unsere Schattenseiten kommen langsam ans Licht, bekommen wir es mit also mit dem ‚Gesamtpaket' unseres Partners zu tun. Wir reagieren irritiert, wenn nicht sogar genervt, kalt, aggressiv oder mit wenig Respekt auf die vermeintlichen Macken und Charakterschwächen des anderen, während wir diese mehr oder weniger entsetzt unter die Lupe nehmen.

Die Folge: Ein Ungleichgewicht entsteht, da sich auf der ‚Haben-Seite' der Verbindung immer weniger Bonuspunkte zu befinden scheinen. Die Talfahrt der Beziehung setzt ein. Die Liebe erschöpft sich, Illusionen verabschieden sich, Gewohnheiten ziehen ein, die Lust lässt nach und der Frust greift um sich. Vor allem der Hang zu kritisieren und die gesteigerte Fixierung auf das ‚Negative' lassen uns die einstige Liebe immer seltener fühlen. Es wird diskutiert, gekämpft, am anderen herumgedoktert, er- und vor allem *ge*zogen. Dieses ‚Aneinander-Ziehen' entsteht durch die aufkeimende Haltung beider, die Beziehung passe einfach nicht mehr und solle verändert werden: Indem der jeweils andere sich bitteschön ändere! Auf Kommando, versteht sich! Doch, das funktioniert natürlich nicht – und so drehen wir uns im Kreis.

Es ist immer eine Herausforderung, wenn Menschen ins Spiel unseres Lebens kommen, die mit ihren Überzeugungen und Angewohnheiten auf uns einwirken. Wie groß diese tatsächlich ist, unterschätzen die meisten. Vielleicht haben wir auch deshalb eine unbewusste oder bewusste Angst vor Nähe. Echte Nähe bedeutet nicht nur kuscheln, knutschen, zärtlich sein. Sie enttarnt uns auch, macht uns nackt und verletzbar.

Vor allem setzt sie einen Mechanismus in Gang, den wir schlecht oder gar nicht steuern können. Der Schatten wird zu einem Saboteur, der unsere Beziehungen mit Leichtigkeit zerstören kann, wenn uns die Zügel aus der Hand gleiten, weil wir unsere Verbindung zur Liebe in der Dunkelheit verlieren. Sobald wir uns also der Liebe nähern, folgt auch der Schatten auf dem Fuße – sei es durch plötzlich auftretende Zweifel oder unausgesprochene Erwartungshaltungen, durch Besitzansprüche oder sonstige Herausforderungen. Dies zu ignorieren, ich wiederhole mich in diesem Fall gern, gleicht dem Fahren eines Autos ohne Führerschein. Wir werden zu einer Gefahr für uns selbst und für andere Verkehrsteilnehmer, denn in uns lauern Verhaltensweisen, die wir selber weder durchschauen noch steuern können.

Vielleicht warst du auf den ersten Blick fasziniert von der Abenteuerlust deines Partners, der leidenschaftlicher Bergsteiger ist. Doch jetzt beginnst du dir große Sorgen um ihn zu machen und schlägst dich mit der Angst herum, er könne sich bei seinem riskanten Hobby verletzten oder sogar zu Tode kommen. Also machst du ihm jedes Mal, wenn er zum Gipfelsturm aufbrechen will, eine Szene und versuchst ihn aus Furcht zu halten. Er fühlt sich von dir in seiner Freiheit eingeschränkt, du dich in deiner Sorge verkannt und eure verschiedenen Sichtweisen stehen zwischen euch als scheinbar unlösbares Problem.

Oder du findest es anfangs phänomenal, dass deine Freundin offen ihre Gefühle zeigt und temperamentvoll mit den Händen redet. Wenn sich dann aber herausstellt, dass sie auch in der Öffentlichkeit zu solch euphorischen Höhenflügen neigt, wird ihre Eigenart zu einem Problem für dich, denn ihr Temperament ist dir peinlich.

Was anfangs so anziehend schien, kann also schon nach kurzer Zeit zu einem Schreckgespenst werden. Vermeintliche ‚Probleme' werden meist nicht als Chance, sondern vor allem als lästiges Übel gesehen. Die Verantwortung dafür übergeben wir unserem Partner. Dies ist wohl einer der Hauptgründe, warum so wenige Beziehungen von Dauer sind.

„Ich sehe was, was du nicht siehst – dich!"

Wir klatschen also nicht gerade vor Begeisterung in die Hände über die Gelegenheit, unser Leben in der Tiefe zu reflektieren! Emotional aufgewühlt fehlt uns meist die Gelassenheit, um zu erkennen was sich tatsächlich gerade auf der Bühne der Beziehung abspielt. Meist reagieren wir verunsichert oder verärgert auf das Verhalten des Partners und stellen in diesem Moment die Beziehung in Frage: *„Habe ich mich vielleicht grundlegend im anderen getäuscht? Wie kann ich einem Menschen vertrauen, der mir solchen Kummer beschert? Wenn mein Partner mich wirklich liebt, warum tut er oder sie mir jetzt so weh?"*

Da wir unsere eigenen Wimpern nicht sehen können, betrachten wir umso genauer die unseres Gegenübers. *„Du, du, du …"*, lautet das bekannte Beziehungs-Mantra. Was einen ehrlichen und tiefen Blick in unser Innenleben angeht, drücken wir hingegen gern ein Auge zu und richten stattdessen unsere ganze Aufmerksamkeit auf die Macken unserer Liebsten.

Blind für den eigenen Schatten dient ein Partner als hervorragende Projektionsfläche. Unser Partner landet also mit allen Schwächen, Fehlern und Unsicherheiten unter einem Vergrößerungsglas. Mikroskopisch genau studieren wir sein Fehlverhalten, schreiben eine Doktorarbeit über seine Schwächen und präsentieren ihm oder ihr dann Auszüge daraus. Als sei dies das Normalste auf der Welt geben wir damit die Verantwortung für das eigene Empfinden und Erleben ab und geben Sätze von uns wie:

- *„Wenn du dich anders verhalten würdest, würde ich…"*
- *„Ich bin nur so aufgebracht, weil du mich dazu bringst!"*
- *„Sei doch mal so und so, dann könnte ich auch so und so sein!"*
- *„Ich meine es nur gut und du willst mir Böses!"*
- *„Ich kann nichts dafür, dass du so gemein zu mir bist"*
- *„Du bist an allem schuld!"*
- *„Warum tust du mir das an?"*
- *„Du siehst nur das Negative in mir!"*

- *„Meine wirkliche Größe erfasst du gar nicht."*
- *„Du siehst meinen Wert nicht!*

All diese oft ausgesprochenen Sätze sind typische Klagen, die gut zeigen, dass wir projizieren. Unser eigenes Verhalten sehen wir nicht, denn im Fokus ist und bleibt immer der andere.

Aus purem Selbstschutz verurteilen wir also oftmals unser Gegenüber wegen Verhaltensweisen, die wir selbst in uns tragen. Leider zementieren Schuldzuweisungen die negativen Gefühle zwischen dir und deinem Gegenüber. Wie einfach machst du es dir, wenn du Sätze mit *„Du"* beginnst, die dann mit einem Vorwurf enden. Beschwerden wenden in der Regel nie etwas zum Positiven.

Der Versuch, ein anderes Leben zu manipulieren, ist immer ein Manöver ohne jegliche Aussicht auf Erfolg. Desillusioniert, aggressiv und hilflos stehen wir vor den Auswirkungen unserer gegenseitigen Grenzüberschreitungen. Vom Drang ergriffen, Gerechtigkeit zu fordern weil wir uns dadurch Frieden und ein vermeintliches ‚Happy End' erhoffen, gehen wir bei derartigen Konflikten sogar das Risiko ein, unsere Liebesbeziehung für immer zu verlieren. Scheidungsanwälte wissen nur zu gut, wohin das führt – ganze Wirtschaftszweige leben gut von den Ergebnissen.

Beziehungen sind der perfekte, meist ungeliebte Spiegel all unserer Puzzleteile. Es nützt nichts, den Spiegel polieren zu wollen, wenn das eigene Gesicht schmutzig ist. In Wahrheit urteilen wir immer über uns selbst, wenn wir andere beurteilen!

Die innere Ursache für deinen Hang, dich zu beschweren, liegt darin dass du deinen eigenen Wert nicht sehen kannst. Warum sonst würdest du dich überhaupt mit jemanden abgeben, der das Beste in dir nicht zu sehen und wertzuschätzen scheint? Würdest du dich wirklich lieben, würdest du eine lieblose Verbindung dann nicht schleunigst aufkündigen, anstatt im passiven Warten auf bessere Zeiten zu hoffen?

Alle Schwierigkeiten, die wir mit unserem Partner haben,
sind Schwierigkeiten, die wir mit uns haben.
Ruediger Dahlke

Dein Hang zur Projektion leitet dich ebenso in die Irre, wenn du dazu neigst, all deine liebenswerten Eigenschaften nur im anderen zu sehen. Siehst du bestimmte Qualitäten nur noch in der Person, die dir fähiger und interessanter erscheint als du es selbst bist, ist die Gefahr groß, in abhängiges Suchtverhalten zu rutschen, weil du dich ohne die wunderbaren Seiten deines Partners leer fühlst.

Ob du nun also deine positiven oder negativen Seiten auf deinen Partner projizierst, in beiden Fällen gilt: Du glaubst an Trennung und erlebst noch nicht die tiefe Verbundenheit in der Liebe. Du wirst durch die Person vor deinen Augen also vor allem auf eine Person hingewiesen, die dich nicht so behandelt und schätzt, wie sie es ‚sollte'! Und das bist du selbst! Mit der Einsicht: „*Ich behandle mich nicht so, wie ich es verdiene!*" kommst du der Wahrheit jedenfalls schon ein großes Stück näher.

Auflösen wird dieses Verwirrspiel nur ein klares Bewusstsein und die Bereitschaft, selbst die große Herausforderung anzunehmen, die der oder die Liebste für uns bedeutet. Doch bevor wir an diesen Punkt kommen, verharren wir meist viel zu lange in der Illusion der Spaltung und machen uns in vielen Alltagssituationen gegenseitig das Leben schwer, statt uns gegenseitig zu unterstützen.

Die Feierabendfalle

Normalerweise denken die Leute, sie würden etwas mit dem Anderen teilen, aber eigentlich haben sie gar nichts zu teilen – keine Poesie im Herzen, keine Liebe. Eigentlich wollen sie, wenn sie sagen, sie wollen etwas teilen, nichts geben weil sie gar nichts zu geben haben. Sie sind auf der Suche, etwas vom Partner zu bekommen und der andere sitzt im selben Boot.

Osho

Eine kritische Alltagssituation für Paare findet am frühen Abend statt, dem sogenannten ‚Feierabend'! Dieser Zeitpunkt ist für ein harmonisches Aufeinandertreffen zweier Liebender denkbar schlecht gewählt, denn kaum schleppen wir uns vom Tag erschlagen durch die Tür, lassen wir Dampf ab. Statt den ‚Abend zu feiern' nehmen wir uns das Recht heraus, unseren Frust über unseren Partner auszukippen, der diesen ertragen oder irgendwie sortieren soll.

Häufig fehlt uns schon hier oft die Sensibilität zu spüren, ob unser Partner überhaupt aufnahmebereit ist. Mit einer solchen, wenig anteilnehmenden Einstellung werden wir kein Mitleid und Verständnis erhaschen, sondern werden eher ausgebremst oder sogar stehengelassen. Wer möchte schon pausenlos als Kummerkasten oder seelisches Auffangbecken herhalten, wenn man selbst geschafft und ‚durch den Wind' ist? Wie viel Energie wirst du bei deinen Beschwerdesalven oder Nörgelattacken los? Und was machen solche negativen ‚Kleinigkeiten' mit deiner Beziehung? Sie verpesten die Luft und können unter ungünstigen Umständen zu einem regelrechten Krieg eskalieren.

Fühlst du dich angesprochen? Dann ein kleiner Tipp: Bevor du allabendlich damit loslegst, dir deine Belastungen von der Seele zu reden: Wie wäre es, erst einmal nachzufragen, ob dein Schatz sie überhaupt hören will? Ein häufig eingefordertes, aber selten gelebtes Zauberwort in Beziehungen lautet: Respekt. Es zeugt von liebevollem Respekt, die simple Frage zu stellen: *„Hast du gleich mal fünf Minuten Zeit für mich? Ich habe heute echt Stress gehabt. Hast du noch ein bisschen Platz in deinen Ohren, damit ich dir gleich man erzählen kann, was mir heute passiert ist?"*

Für ein respektvolles Zusammenleben ist es das A und O, eine Möglichkeit zu finden, den Stress des Tages auf andere Weise abzuschütteln als deinen Partner mit deinen negativen Alltagserlebnissen zu überfallen.

Statt unseren Liebsten nur das anzubieten, was ‚vom Tage übrig blieb', kannst du dich darin auszeichnen, das Erlebte erst einmal selbst zu verdauen. Sei es mit einer Jogging-Einlage ums Haus, einer Fahrradrunde durch den Park, einem entspannenden Bad, Yoga, einer geführten oder stillen Meditation oder was auch immer. Das verstehe ich unter gelebter Eigenverantwortung.

Das englische Wort *„responsibility"* lässt die Bedeutung von Verantwortung darin deutlich erkennen: *The ability to respond"* ist die Fähigkeit, auf Schwierigkeiten zu reagieren. Dein Partner wird es dir danken, wenn du ihn nicht mit einem unbezahlten Wellness-Therapeuten verwechselst, sondern innerlich aufgeräumt im Türrahmen erscheinst. Erfrischt und gestärkt kannst du dann aktiv dazu beizutragen, dass ihr einen schönen Abend verbringt.

Deine Einstellung und Absicht zählt, wenn du den aufrichtigen Wunsch hast, etwas zu geben. Welche Qualitäten hast du deinem Partner anzubieten, die dich nicht zusätzlich belasten sondern auch dir Freude machen? Was bringst du ein, damit der Abend ein schöner Abend wird? Das kann eine Kleinigkeit wie eine liebevolle Geste, ein charmantes Lächeln, ein guter Einfall, ein offenes Ohr, Zärtlichkeit oder eine kleine Massage sein.

Die Initiative für einen schönen ‚Feierabend' zu übernehmen ist eine weise Absichtserklärung, die Leichtigkeit zwischen euch entstehen lassen kann. Es ist ein Akt der Liebe, eine entspannte Atmosphäre zu versprühen, die einfühlsam und einladend ist. Es geht in Sachen Liebe nicht nur darum, wen oder was ich mir wünsche, sondern vor allem darum, ob ich auch etwas zu geben habe. Auf aufrichtiges Geben folgt immer auch Empfangen. Das Geheimnis einer lebendigen Partnerschaft liegt unter anderem auch darin, Liebe und Anteilnahme groß und Kritik und Mangelgefühle klein zu schreiben.

Um der Beziehung in Alltagssituationen den nötigen Respekt und die ersehnte Harmonie zu geben ist es hilfreich, wenn du weißt, wie du wieder *zu dir* kommst – solltest du durch die Herausforderung ‚Partner' mal wieder an deine Grenzen stoßen. Ohne deinen individuellen Weg zu deiner inneren Mitte wirst du den willkürlichen Stimmungen in deiner Beziehung hilflos ausgesetzt sein und dir nicht anders zu helfen wissen als mit Wut, Groll, Abwehr oder Rückzug zu reagieren. Gerade in einer Beziehung dreht sich alles um die Fragen: *„Wer bin ich? Wie* *reagiere ich auf meinen Partner? Wer bin ich, wenn ich allein bin und wie verändere ich mich in Gegenwart des anderen?*" Vergiss nicht, du führst vor allem eine lebenslange Beziehung mit dir selbst. Je ausgeglichener du bist, desto harmonischer wird das Zusammensein mit deinem Spiegel.

Du hast es mit sechs Menschen zu tun

Die Herausforderungen, dich auf einen Menschen wirklich einzulassen, ist auch deshalb so groß, weil du früher oder später auch mit seinem Umfeld und ‚seinen Kreisen' in Berührung kommst. Dadurch erhöht sich der Level an Herausforderung um ein Vielfaches, denn unbewusst seid ihr beide mit den Prägungen eurer Familien und Kulturen verwoben. Durch die Energie eurer Verbindung kristallisieren sich diese Einflüsse heraus. So spannend es auch ist, wenn neue Menschen und Aktivitäten deinen Radius erweitern, so schwierig kann es auch werden, wenn du mit Gewohnheiten, Überzeugungen und Maßstäben deines Partners in Berührung kommst, die deine eigene Lebensweise eventuell in Frage stellen oder sogar erschüttern.

Angenommen, dein Partner hat eine große Familie, mit der er regen Kontakt hält. Anfangs gefällt dir das, weil du ein Familienmensch bist und dir neue Verwandte erhoffst. Doch leider reagiert die Familie deines Partners kritisch bis ablehnend auf dich und deine Weltanschauung. Als Reaktion darauf wirst du vielleicht ebenso entgeistert sein, was deren Normen und Ideale betrifft. Diese Kontroverse kann dazu führen, dass ein Spalt zwischen dir und deinem Partner aufklafft, der die Beziehung empfindlich belastet.

Ein Beispiel: Kaum sind die Hochzeitsglocken verklungen, tyrannisiert dich deine zänkische Schwiegermutter, die eifersüchtige Schwester oder der pubertierende Sohn aus erster Ehe. Du wirst Gedanken hegen wie: „*Warum soll ich mich mit diesen Leuten überhaupt abgeben? Ohne die Respektlosigkeit und Feind-*

seligkeit dieser lästigen Angehörigen geht es mir doch viel besser. Ich werde mich in Zukunft dieser Sippe entziehen!"

Also startest du den Versuch, bestimme Familienangehörige oder aber die Verhaltensweisen deines Partners loszuwerden. Oder du stellst dich dem Clan – allerdings nicht ohne die Tendenz, deinen Partner möglicherweise aus Furcht vor verbalen Übergriffen seiner Familie zu manipulieren: „*Tu dies, tu das... Bitte lass dieses und mach jenes!*" Letztlich werden all diese Änderungswünsche unerhört bleiben, weil sich Menschen auf Dauer nicht fernsteuern lassen. Fühlst du dich als Opfer dieser familiären ‚Erweiterung', reagierst ratlos, genervt oder aggressiv, dann kann dies der Gnadenstoß für eure Beziehung sein. Sie zerbricht in letzter Konsequenz an deinem Ego, das dir einredet: „*Siehst du? Diese Beziehung funktioniert einfach nicht! Er ist nicht der Richtige für dich! Zieh die Reißleine!*"

In dem wunderbaren Film „*An deiner Seite*" mit Michelle Pfeiffer und Bruce Willis gibt es eine witzige Szene, die sehr plastisch zeigt, wie prägend der Einfluss unserer Eltern und Vorfahren ist. Die beiden liegen im Bett und unterhalten sich – scheinbar allein – miteinander. Doch das sind sie nicht, denn urplötzlich liegen ihre beiden Elternpaare mit ihnen in den Federn! Unverhohlen drängen sie den beiden jeweils ihre Kommentare und Beurteilungen über den Partner auf, bis sich das Paar schließlich durch deren Lästereien in einen frustrierenden Streit verwickelt.

So lustig und absurd diese Szene im Film auch scheinen mag, so tragisch ist sie auch. Macht sie doch auf drastische Weise deutlich, wie sehr wir von den Meinungen und Erfahrungen unserer Eltern unbewusst gesteuert werden. Wir sind das Produkt vieler verschiedener Einflüsse: Kultur, Herkunft, sozialer Stand, Bildung, Gesellschaft. Besonders unsere Eltern spielen eine prägende Rolle für den Verlauf unserer Beziehungen. Sie reisen quasi als unsichtbare Kritiker auf unseren Schultern mit durchs Leben und nehmen mehr Einfluss auf unsere Handlungen, als uns das lieb oder bewusst ist. Unsere Eltern haben uns nicht nur in der Vergangenheit geformt: Sie entscheiden teilweise immer noch mit! Selbst wenn wir ihnen vielleicht auf keinen Fall nacheifern wollen, wiederholen wir unbewusst die dort erlernten Verhaltensweisen – und zwar so lange, wie uns nicht bewusst ist, dass wir nach einem Familiendrehbuch handeln. Diese unsichtbaren Prägungen und viele weitere Stolpersteine sind die Fallstricke, die unsere Liebe in den Schatten ziehen können: Denn immer hast du es mit diesen sechs Menschen zu tun – und du bist einer von ihnen!

Was uns vom Lieben abhält

Jeder weise indische Guru weiß, dass die Liebe unsere wahre Natur ist. Wir tragen ein unbegrenztes Potenzial an Liebe in uns, aus dem wir schöpfen können. Schön für den Guru! Doch in den meisten unserer Beziehungen ist bisher keine Spur von dieser ‚wahren Natur' zu finden.

So lange es uns an Beweisen für die Anwesenheit unserer Liebe fehlt, macht unser Ego uns blind für diese Verbundenheit. Wo – bitte schön – ist die Lebenskraft der Liebe, wenn wir sie am nötigsten brauchen? Ernüchtert werden wir sie weiterhin außerhalb von uns suchen und dort auf Erlösung hoffen. Die Folge dieser verzerrten Wahrnehmung: Der dringende Wunsch, geliebt zu werden, hält uns vom Lieben ab.

Die andere Ursache, die uns vom Lieben abhält, ist Angst. Solange wir von der Angst besetzt sind, verletzt zu werden und leer auszugehen, ist der Fokus auf dem was wir *fürchten*. Das gilt besonders in Momenten, in denen uns der Mensch, den wir lieben, verbal angreift. Die Illusion des Getrenntseins ergreift uns dann besonders stark. Verletzungen von geliebten Menschen gehen unter die Haut und lassen uns schnell einen Wirbelsturm der Gefühle erleben. Er zieht uns den Boden unter den Füßen weg und wir verlieren die Verbundenheit zu unserer Mitte. Wir leben schließlich nicht in einem Vakuum und natürlich empfinden wir Traurigkeit oder Ärger, wenn der Mensch, der uns eigentlich doch liebevoll behandeln sollte, das scheinbare Gegenteil tut.

Erleiden wir eine emotionale Attacke unseres Partners, ziehen wir unsere Abwehr- und Schutzmechanismen aus der Jackentasche, fahren vielleicht aus der Haut und schießen oftmals zurück. Dann sehen wir uns plötzlich dabei zu, wie wir die übelsten Schimpfwörter, Verleumdungen oder sogar Ohrfeigen verteilen.

In beiden Fällen sehen wir die Ursache des Streits außerhalb von uns und können uns nicht erklären, warum wir selbst so heftig reagieren. Wie oft geraten wir in Situationen, in denen wir Dinge sagen oder tun, die uns und anderen schaden. Das liegt an unserer ‚automatischen' Programmierung, die oft schneller anspringt als wir denken können. Reuevolle Gedankenketten und Schuldgefühle runden das Desaster ab: „*Was ist geschehen? Wer ist der Kapitän? Warum habe ich mich nicht mehr im Griff?*", fragen wir uns entsetzt. „*Wo ist die Magie meiner Liebe hin? Bin ich überhaupt noch ein Juwel, so voller Argwohn, Tränen und Dreck?*"

Du bist und bleibst, was du bist. Ein Juwel! Dein eigentliches Wesen ist, genau wie die Sonne, immer noch da. Doch wenn die Wolken des Ärgers am Beziehungshimmel aufziehen und sich verdichten, wird das Licht eurer Liebe für kurze oder längere Zeit verdeckt. Wir tun so, als verdiene der andere unsere Liebe überhaupt nicht! Lieber sinnen wir auf Rache! Soll der oder die doch mal sehen wie das ist, so abserviert zu werden!

Doch wohin führen dich Rachefeldzüge wie zum Beispiel Liebesentzug? In noch mehr Leid. Unsere Liebesfähigkeit bleibt im Korsett des Stolzes stecken. Egomotivierte Erziehungsversuche sind zum Scheitern verurteilt, denn sie rufen statt Liebe nur Ärger und weitere Verletzungen hervor. Zu denken, Liebe sei etwas, das wir uns verdienen müssten, fesselt uns in einer Buchhaltermentalität.

Warum agieren wir kleinkariert und arrogant und machen uns den Menschen, den wir lieben, zum Feind? Weil es einen Anteil in uns gibt, der unbedingt das Drama will! Mal ehrlich: Du willst es doch auch … das Drama! Lang lebe die Drama-queen! Der Dramaking, denn den gibt es auch! Unser Ego hat seine eigenen Vorstellungen, wie Beziehung zu laufen haben. Selbst dann, wenn wir durch seine Verführung zur unangemessenen Einforderung von Liebe immer wieder das Gegenteil davon ernten.

Dem Schutzwall der Angst begegnen

In den Momenten, in denen uns Mitgefühl für uns und unser Gegenüber fehlt, erleben wir auch das Gegenteil von Liebe: Angst! Angst nährt uns nicht und gibt uns nichts. Dennoch hören wir auf sie, wenn der Zugang zu unserem Herzen verschlossen zu sein scheint.

Um in Angst zu leben, brauchen wir nichts weiter zu tun! Sie kommt ganz von alleine und macht sich in uns breit, je nachdem, wie leicht sie es mit uns hat. Angst dominiert uns zunehmend, je mehr wir ihr verfallen. Die Tragik dabei: Immer wenn wir uns von der Angst beeinflussen lassen, boykottieren wir unser Glück und nehmen uns so den Wind aus den Segeln.

Natürlich hat Angst auch eine positive Seite, weil sie dich schützt, wenn du dich in Gefahr für dein Leben begibst. Die Angst würdigt in gewisser Weise den Wert deiner Existenz, denn dein Leben ist kostbar und zerbrechlich. Es wäre jedoch fatal, sie zum alleinigen Ratgeber deines Lebens zu machen! Das Glück allerdings, das aus der Weisheit deines Herzens erwachsen kann, übertrifft die Reflexe, die aus der Angst resultieren, um ein Vielfaches.

Angst ist die Hauptursache aller Beziehungsprobleme, weil sie uns dazu verleitet, Strategien anzuwenden wie etwa die, reflexartig innere Mauern um unser Herz zu ziehen.

Der Wunsch, der Partner solle sich einfach ‚richtig' verhalten und keine Ängste heraufbeschwören, macht es oft unmöglich, offen über unsere wahren Gefühle zu sprechen. Wir betrachten einen Panzer aus Eis als einzige Möglichkeit, um uns vor angsterzeugenden emotionalen Angriffen oder verbalen Schlägen und Verletzungen zu schützen und bringen uns und den anderen durch diese Haltung in eine ungewollte Isolation.

Je länger dieser Zustand anhält, desto dicker werden die Mauern, die dich von deinem Liebsten trennen. Entweder wir schweigen oder wir schlagen verbal zurück, um uns ins richtige Licht zu setzen. Das Ergebnis sind immer tiefere Gräben des Misstrauens und der Kälte, wo eigentlich innige Nähe stattfinden sollte. Hinter einer Maske vorgetragener Überlegenheit und Coolness verwunden wir uns dabei selbst am meisten. Mauern um dein Herz helfen dir also nicht, im Gegenteil. Sie zögern den Heilungsprozess und die nötige Trauerarbeit für dein Herz nur hinaus.

Es gibt etwas Wirkungsvolleres, als sich aus Angst vor der Angst eine harte Schale zuzulegen: Die Bereitschaft, sich offen mitzuteilen und das Risiko einer Zurückweisung dabei ganz bewusst einzugehen. Das zeigt nicht nur Vertrauen in deinen Partner, sondern vor allem Vertrauen in deine Fähigkeit, dich gänzlich anzunehmen.

Die Welle reiten, die dein Partner in dir auslöst

Das Hin und Her einer Beziehung kann uns ganz schön durchschütteln. So sehr, dass wir den Mut verlieren und gehen. Unglaublich viele Partnerschaften scheitern, weil wir glauben, die Flucht vor den Herausforderungen, die der Partner mit sich bringt oder möglicherweise ein neuer Partner seien brauchbare Lösungen.

Wer in Beziehung weder in die Tiefe gehen noch hinter die Kulissen der Beziehungsbühne schauen möchte, der bleibt in der Dynamik der Verbindung stehen und wird damit für sich selbst und für jeden anderen ein Problem bleiben. Fangen wir aber damit an, uns selbst zu betrachten, unsere Stärken und Schwächen auszuloten und ins Gleichgewicht zu bringen, dann erleben wir diesen Wandel auch in unserem Gegenüber. Vielleicht ist Trennung ja der Weg für dich. Vielleicht auch nicht! Ein weiser Rat aus dem Buddhismus lautet:

„Bevor du dich von deinem Partner trennst,
trenne dich von deinem Karma!"

Wie beim Wellenreiten ist es eine Kunst, die Balance zu halten um über die Wellen der Disharmonien zu reiten. Momente, in denen Reibung entsteht, empfinden wir meist als ziemlich unangenehm. Doch anderseits wird es spannend: Spannungen sind auch eine Chance für einen Perspektivwechsel. Du erhältst die Möglichkeit, dich samt deiner Schattenseiten besser kennenzulernen und deine unterschiedlichen Wesensanteile auszubalancieren.

So können wir oft am besten an genau den Schwierigkeiten und leidvollen Situationen wachsen, die wir am allerliebsten vermeiden möchten. Je nach Persönlichkeit erfordert es eine Menge Übung, den Bällen auszuweichen, die dein Herzblatt dir an den Kopf wirft. Grundsätzlich gilt für solche Herausforderungen, dass es weniger von Bedeutung ist, wer was zu uns sagt – sondern vielmehr, wie wir darauf reagieren. Aggression, Ungerechtigkeit, Gemeinheit, Angst und Arroganz zu begegnen ist nicht leicht und erfordert einen langen Atem. Doch wir können dabei regelrecht trainieren, mit Liebe und Vergebung auf emotionale Turbulenzen zu antworten. Wenn wir uns Konflikten nicht ergeben, sondern durch sie lernen, können sie Auslöser für innige Nähe und Liebe werden.

Lotus Fokus

Selbst-Coaching – Wie liebst du?

Auf welche Weise erlebst du die Liebe in einer Partnerschaft (falls du gerade keinen Partner hast, nimm deine Erfahrung aus der letzten Beziehung)? Bist du in der Lage, deinem Partner positive Gefühle zu schenken ohne die drängende Erwartungshaltung, etwas zurückbekommen zu müssen? Falls dein Partner dir seine oder ihre Liebe schenkt ... kannst du sie annehmen? Oder steckst du auch dabei in Schuldgefühlen oder einem Gefühl der Wertlosigkeit fest und machst dir Druck, etwas zurückgeben zu müssen? Erlebst du in Beziehungen die Kraft der Liebe? Oder empfindest du ein inneres Manko und forderst Liebe vom anderen ein?

Der Wunsch, geliebt und anerkannt zu werden, ist bei uns allen vorhanden. In Partnerschaft zählt vor allem unsere eigene Liebesfähigkeit und ob wir diese Liebe wirklich aussenden und annehmen können. *Bin* ich liebevoll? Oder nur hoffnungsvoll? Bin ich selbst die Ursache, um die Wirkung zu erhalten, die ich mir wünsche? Oder stehe ich vielleicht genau dieser Wirkung selbst im Weg?

Die folgenden Fragen kannst du am besten schriftlich auf einem leeren Blatt Papier für dich beantworten. Schreibe alles auf, was dir bei der Beantwortung in den Sinn kommt: Aus deinem Bauch heraus, ehrlich und ohne Bewertung. Wenn bei der Beantwortung weitere nützliche Gedanken kommen, umso besser. Beim Schreiben wird dir noch klarer werden, wie du zu dir und deiner Partnerschaft stehst. Es geht einfach darum, dass du erkennst, wie du liebst und in der Vergangenheit geliebt hast:

Liebst du deine/n Partner/in? – Falls du Single bist:
Hast du deine/n Ex-Partner geliebt?

Falls ja – Wie fühlt(e) sich das an?

Hast du die Kraft der Liebe empfunden,
die mehr ist als ein Verliebtheitsrausch?

Was macht deinen Partner in deinen Augen liebenswert?
Was fasziniert dich?

Was macht dich so liebenswert? Was liebst du an dir?
Ist das, was in ihm/ihr ist, auch in dir?

Fühlst du ein Ungleichgewicht zwischen euch?
Meinst du ihn/sie mehr zu brauchen als er/sie dich?
Oder umgekehrt?

Liebst du schon? Oder ‚brauchst' du bloß?

Glaubst du, dass du die Tendenz hast,
deinen Partner zu sehr zu bedrängen?

Falls ja – warum tust du das?

Was kannst du *von jetzt an* tun,
um dieses Verhalten zu ändern?

Hast du dich bereits mit deinem ‚Inneren Kind' verbunden
oder fühlst du dich von Kindheitsdramen
in deinem Verhalten ferngesteuert?

Welche Licht- und Schattenseiten spiegelt dir dein Partner?

Was kannst du tun, um die Schattenanteile zwischen euch
mit Liebe zu durchfluten?

Bist du in der Lage, in Anwesenheit deines Partners/
eines möglichen Partners ‚bei dir' zu bleiben?
Oder verlierst du dich schnell?

Falls du dein Zentrum verlierst, was kannst du *von jetzt an* tun,
damit sich das ändert?

Kannst du authentisch bleiben?

Kannst du das, was dich an deinem Partner stört, übersehen? Oder rückst du seine Schattenseiten und Schwächen in den Fokus deiner Aufmerksamkeit?

Gibt es etwas, wovor du in Partnerschaft Angst hast? Etwas, was du nie wieder erleben möchtest?

Was kannst du *von jetzt an* tun, um zu lernen damit umzugehen, falls die Situation wieder eintritt?

Ist dir bewusst, dass du gewisse Schattenanteile (Ängste, Befürchtungen, Ärger) auf deinen Partner projizierst und damit Dramen anzettelst?

Hast du deine Befürchtungen schon einmal überprüft, z. B. mit „*The Work*“ von Byron Katie o. ä.?

Falls ja – was hat sich daraufhin in deiner Wahrnehmung deines Partners verändert? Kannst du ihn/sie aus der Verantwortung entlassen und ihm/ihr ohne Angst begegnen?

Wie ist eure Kommunikation? Seid ihr ehrlich miteinander?

Interviewst du deinen Partner oder hörst du ihm/ihr wirklich zu? Hört er/sie dir zu?

Was möchtest du gern mit deinem/einem(Wunsch-)Partner erleben?

Was kannst du – *von jetzt an* – dazu beitragen?
Was bist du bereit zu geben?

Was verbindet euch am meisten?

Bei der Beantwortung dieser Fragen wird dir selbst auffallen, ob du tendenziell eher *liebst und deinem Partner etwas zu geben hast* oder ob du hauptsächlich *auf der Suche nach Liebe* bist und in deinen Forderungen feststeckst.

In dem Moment, indem du in dir die eher einengende Energie einer Forderung wahrnimmst, hast du die Möglichkeit, eine neue Wahl zu treffen. Wahrscheinlich glaubst du, deine Erwartungen und Forderungen nicht fallen lassen zu können, weil sie von dir Besitz ergriffen haben und dein Denken und Handeln bestimmen. Dann erinnere dich daran, dass du mehr bist als ein Opfer, das auf die Liebe anderer angewiesen ist. Du trägst all die Liebe, die du suchst, bereits in dir – auch wenn du dies im Augenblick nicht bemerken oder spüren solltest.

Transformation

8
Öffne die Kraft deines Herzens!

Vom Schatten ins Licht

Wende dein Gesicht der Sonne zu,
dann fallen die Schatten hinter dich.
Afrikanisches Sprichwort

Du hast Einfluss darauf, ob deine Lebensreise glücklich oder in leidvollen Bahnen verläuft. Du hast immer die Wahl, denn du kannst die Entschlossenheit aufbringen, deinem Leben eine neue Richtung zu geben. Auch wenn es manchmal nicht danach aussieht, Sachzwänge schier unüberwindbar scheinen. Auch deine Probleme in Liebesbeziehungen können zu einem Geschenk für dich werden, das dich immer neu bereichert. Entscheidend ist, mit welcher inneren Haltung du sie wahrnimmst. Natürlich liegt es nahe, an einer Verbindung zu zweifeln wenn Streitereien an der Tagesordnung sind und kein Land in Sicht erscheint. In Zeiten, in denen es wirkt, als seiest du im Leid gefangen, schüchtern dich die Wirkungen deines Schattens ein.

Auch wenn es manchmal zäh wird: Jede Verbindung beinhaltet eine Lernaufgabe. So lange du diese noch nicht vollkommen erfasst und die Situation ins Positive gewendet hast, ist es sicherlich noch nicht an der Zeit, sie aufzulösen. Vorzeitige Trennung aus Angst oder Trauer ist oft eine Scheinlösung, die im Nachhinein viel schmerzhafter aufzeigt, worum es in der Beziehung wirklich ging. Versuche zu entdecken – falls nötig auch mit Unterstützung von außen – welche Botschaft der Schatten darin für dich bereithält. Es kann eine wunderbare Überraschung werden!

So leidvoll und schwierig gewisse Lektionen des Lebens auch sein mögen, sie haben immer einen tieferen Sinn. Es gibt eine

Verbindung zwischen Leid und Glück, die wir auf den ersten Blick oft nicht erfassen können. Antworten auf die Frage, wie wir der Dunkelheit begegnen können, bekommen wir erst wenn wir bereit sind, uns auf die Suche nach der Erkenntnis zu begeben, wie man das jeweilige Leid erhellt.

Tiefes Leid bleibt wohl keinem Menschen erspart, der sich wirklich entwickeln möchte. Die Biografien aller Ausnahmepersönlichkeiten zeigen dies in beeindruckender Weise auf. Erst die innere Bereitschaft, über Widrigkeiten des Lebens zu triumphieren, nicht aufzugeben und sich an Schwierigkeiten zu entwickeln kann uns immer mehr vom Leid und der fundamentalen Dunkelheit des Lebens befreien. Wenn die Nacht am dunkelsten ist, ist die Morgendämmerung am nächsten. Große Herausforderungen im Außen können die Ursache für den elementaren Prozess werden, uns der Weisheit unserer Herzen zu öffnen.

Ich könnte nicht eine Zeile über das Licht und Schatten in uns schreiben, hätte ich nicht selbst die Erfahrung gemacht, dass das Licht auch dann noch existiert, wenn uns scheinbar nichts als Finsternis umgibt. Es gab zahlreiche Durststrecken in meinem Leben, in denen ich extrem hoffnungslos war. So sehr ich in diesen Zeiten auch litt, so wertvoll wurden sie letztlich für mich. Sie animierten mich dazu, die Liebe in mir zu suchen und zu erfahren, dass das Licht am Ende des Tunnels existiert. Wie entscheidend der Zugang zum Licht auch für eine Partnerschaft ist, erfuhr ich vor rund zwanzig Jahren durch ein Schlüsselerlebnis während meiner inneren Reise vom Schatten ins Licht.

Mit 27 Jahren war ich mit einem Mann zusammen, mit dem ich eigentlich sehr viel Spaß hatte. Doch in der Tiefe konnten wir uns nicht wirklich aufeinander einlassen. Mein Hauptinteresse galt spirituellen Themen und der mystischen Seite des Lebens. Tom dagegen war ein sehr realistischer Mensch und hatte ganz andere Prioritäten als ich. Vor allem bei der Frage eines möglichen Zusammenlebens gingen unsere Vorstellungen krass auseinander. Ich hatte den Wunsch, in absehbarer Zeit eine Familie zu gründen. Tom hatte regelrechte Panik davor. Ich wollte mehr Nähe und Tiefe, er suchte mehr Freiheit und Distanz. Obwohl es auf der Hand lag, dass wir keine gemeinsame Perspektive hatten, hielt ich krampfhaft an ihm fest. Ich hoffte, er würde irgendwann doch auf meine Vorstellungen eingehen und sich ‚ändern'. Dass das Leben auf diese Weise nicht funktioniert, musste ich kurze Zeit später leidvoll erfahren.

Ich flog für einen Monat nach Los Angeles zum ‚Hollywood Acting Workshop', um mich in meinem Beruf als Schauspielerin fortzubilden. In der Stadt der Engel fühlte ich mich so, als sei ich zu Hause angekommen und verbrachte dort eine sehr glückliche und intensive Zeit. Als ich in Hochstimmung aus Kalifornien zurückkam, brach mein ganzes Leben schlagartig wie ein Kartenhaus zusammen, denn bereits am Tag meiner Ankunft trennte sich Tom überraschend von mir. Der Schock war immens. Vom sonnigen Hollywood war ich mitten in eine dunkle November-Depression abgestürzt. Ich war mit so viel Hoffnung auf einen Neuanfang in meinem Beruf und in meiner Beziehung zurückgekommen und fand mich stattdessen fassungslos und verzweifelt in einem Albtraum wieder.

Es war einfach nichts und niemand mehr da. Nur ich, in meiner einsamen dunklen Wohnung: Verlassen, verzweifelt, verwirrt. Ich bekam furchtbare Panikattacken, fühlte mich vollkommen leer und verloren. Es war wie ein Sturz ins Nichts, auf den ich nicht vorbereitet gewesen war. Ich fühlte mich in einer Hölle der Einsamkeit, dem Gefühl des Getrenntseins ausgeliefert.

Was wünschte ich mir in meiner Verzweiflung wohl am meisten? Etwa Wachstum? Konnte ich die Trennung akzeptieren und mir gut zureden, so nach dem Motto: *„Hey, das ist jetzt doch eine tolle Chance um zu wachsen und dein Herz zu erweitern! Du steckst weinend in der Dunkelheit fest? Prima! Auf, auf, ans Licht!"*? – Natürlich nicht!

Ich wollte nichts – außer Tom zurückhaben und vom Trennungsschmerz erlöst sein. Immer wieder flehte ich ihn an, uns eine zweite Chance zu geben. Vergebens. Er blieb bei seinem entschiedenen ‚*Nein*'. Da ich das nicht akzeptieren konnte, brach er den Kontakt schließlich gänzlich ab. Alles in mir drehte sich nur noch um ihn. Ich versuchte zwar, auch nach Innen zu schauen und in mir etwas Trost zu finden, aber alles was ich fand war immer nur das Gefühl wachsender Leere, Verzweiflung, Angst und Einsamkeit. Ich fühlte mich vom Leben abgeschnitten, steckte in der Sackgasse des Liebeskummers fest und fand keinen Ausweg. So ging ich durch ein tiefes Tal der Tränen.

Meine Sehnsucht nach Tom steigerte sich über drei Monate ins Unermessliche. Ich verlor jede Lebenslust. Der Schmerz in mir, die Einsamkeit und meine quälende Sehnsucht schienen kein Ende zu nehmen. Wie sinnlos mir mein Leben damals erschienen sein muss, zeigt sich daran, dass mir sogar Selbstmordgedanken kamen, die mir schonungslos spiegelten, an welchem Punkt in meinem Leben ich angekommen war.

Zu diesem Zeitpunkt war ich bereits Buddhistin und chantete täglich ***„Nam MyoHo Renge Kyo“***. Doch selbst das Chanten schien mir zunächst nicht wirklich zu helfen. Es ging mir danach zwar immer etwas besser, doch nach einer Weile setzte sich die quälende Sehnsucht wieder durch. So entschloss ich mich, einen japanischen Buddhisten namens ‚Yoshi‘ um Rat zu bitten, dessen Weisheit ich sehr schätzte und dem ich vertraute. Nachdem ich ihm unter Tränen von meinem Kummer erzählt hatte, brach es völlig ungerührt aus ihm heraus: *„Herzlichen Glückwunsch!“* Perplex starrte ich ihn an: *„Äh, wie bitte? Wozu?“* Enthusiastisch erklärte er: *„Du hast jetzt die Chance, dein Leben grundlegend zu verändern. Und zwar jetzt, wo du noch jung bist, nicht erst mit fünfzig, wenn die Midlife-Crisis einsetzt und vieles im Leben schon gelaufen ist! Wenn du diese Herausforderung deines Kummers jetzt annimmst, garantiere ich dir, dass sich dein jetziges Leiden zukünftig in großem Reichtum entwickeln wird. Für dich und andere!“*

Na, klasse! Ich verstand die Welt nicht mehr und konnte mit dieser ‚Gratulation‘ herzlich wenig anfangen. Von welchem Reichtum sprach er? Was Liebe war, wusste ich schließlich – dachte ich! Ich musste weinen und schluchzte: *„Ich habe keine Hoffnung mehr! Warum muss ich diese Leere und die fürchterliche Verlorenheit erleben? Wo ist der Sinn? Und warum muss ich in meinem Leben immer so wahnsinnig kämpfen? Ich wollte doch einfach nur glücklich sein!“*

Yoshi entgegnete leidenschaftlich und voller Überzeugung: *„Du wirst durch diese Entwicklung die Probleme anderer Menschen viel besser verstehen und wirklich mitfühlen können! Betrachte diesen schmerzlichen Moment als Geschenk des Universums, an dem du wachsen kannst! Du durchlebst jetzt einen wichtigen Reifeprozess, der keinem Menschen im Leben erspart werden kann. Du bist noch so jung und kannst trotzdem schon wichtige Zusammenhänge erkennen, wenn du jetzt nicht aufgibst. Es geht hier keinesfalls nur um Liebeskummer, denn dafür ist das Leid, dass du empfindest, zu gewaltig. Hier geht es um die Frage: Was ist Liebe überhaupt? Dieser Punkt kommt für jeden – früher oder später. Je früher du dich das fragst, desto besser. Du hast jetzt die Chance zu wachsen und nicht erst in der Mitte deines Lebens oder gar … im nächsten Leben!“*

Immer noch verwirrt klagte ich: *„Ich kann aber nicht loslassen! Wie soll das gehen?“* Yoshi antwortete frech: *„Wenn du nicht loslassen kannst, dann leide doch einfach weiter! Dann gehst du eben den Dornenweg, um an den Punkt zu kommen, an dem du loslassen kannst. Leide und chante unser Mantra, um die Botschaft deines Leidens zu erfassen.“*

Seine Ermutigung erschien mir zwar plausibel, aber ich war dennoch nicht bereit loszulassen. Jeden Morgen beim Aufwachen traf mich die gleiche angsteinflößende Stimme in mir wie ein Hammerschlag: *„Er hat Dich verlassen! Er kommt nicht mehr zurück.“* Tapfer fasste ich den Entschluss, Tom nicht mehr hinterherzulaufen. Aber es gelang mir einfach nicht. Alles was ich wollte war, ihn endlich wiederzusehen, ihn zu umarmen und meine brennende Sehnsucht nach Nähe zu stillen.

Tom fühlte sich sichtlich bedrängt von meinen Kontaktanfragen. Nach jedem gescheiterten Telefonat ging es mir noch schlechter, begleitet von Selbstvorwürfen: *„Warum warst du jetzt wieder so schwach? Das ist doch jämmerlich! Was denkt er jetzt von dir? Jetzt wird er dich sicher noch mehr verachten, statt dich zu verstehen!“*

Erst viel später wurde mir klar, warum ich diesen Dornenweg ging. Indem ich mich immer tiefer auf mein Leiden einließ,

ließ ich es auch zu, mir darüber klar zu werden, wie groß meine Angst vor dem Verlassenwerden war und wie sehr ich sie zuvor verdrängt hatte! Die Furcht davor verlassen zu werden war meine größte Angst. Ob es daran lag, dass mein Vater mich bereits als Baby verlassen hatte und kurz darauf starb? Aber warum war das überhaupt passiert? Darauf konnte ich mir nur eine Antwort geben: Es war Teil meines Lebensweges und jetzt ging es darum, diese Wunden zu heilen und meine extreme Abhängigkeit erfolgreich zu überwinden. Jetzt war ich anscheinend stark genug, mich meinen Abgründen zu stellen.

Ich nahm Yoshis Vorschlag an und war bereit loszulassen und für mein Glück zu chanten. Dabei stellte ich schnell fest, dass ich mich bereits nach zehn Minuten immer sehr viel besser fühlte. Mir wurde immer klarer, dass ich anfangen musste, das Glück und die Liebe *in* mir statt nur außerhalb von mir zu suchen. Ich wollte meinen Wert erkennen und mich lieben lernen. Und ich wollte meinem ‚Ex' aus vollem Herzen Glück wünschen – bedingungslos. Das hatte ich während unserer Beziehung nie geschafft, weil ich viel zu sehr mit meinen eigenen Bindungswünschen beschäftigt war. Doch jetzt lief mein Herz über vor Liebe. Ziemlich spät – doch lieber spät als nie!

Und dann erlebte ich eine wundervolle Überraschung. Während des Chantens empfing ich eine Vision von Tom und erkannte, dass er mir sein Herz nicht schenken konnte, weil es in einem eisigen Kern verschlossen war. Er konnte seine Liebe also gar nicht fühlen! Meine Liebe dagegen war wie die Sonne. Ich empfand die Kraft meines Herzens als liebevolles Licht, das mich erfüllte. Ich genoss dieses innere Erleben im Licht und richtete die wärmenden Strahlen in mir auf Toms Herz. Die Energie der Liebe durchströmte mich in dieser Vision weiter und floss durch mich hindurch direkt in sein Herz. Auf einmal brach sein Eispanzer auf und ein Regenbogen floss in allen Farben aus ihm heraus! Das war ein fantastisches inneres Erlebnis und ich fühlte mich überglücklich und getröstet in der warmen Anwesenheit allumfassender Liebe.

Was mir zuvor als graue Theorie erschien, wurde jetzt eine konkrete Erfahrung: Die Liebe, die ich vergeblich in Tom gesucht hatte, war bereits in mir. Nicht *er* war die Quelle des Glücks, sondern sie war in mir. Von diesem wunderbaren Augenblick an fühlte ich mich mit dieser Kraft verbunden. Auch wenn ich noch ab und zu von Attacken des Einsamkeitsgefühls eingeholt wurde, konnte ich mich immer wieder davon befreien und zu der Quelle der Lebenskraft in mir finden.

Seit diesem Schlüsselerlebnis war ich kein Opfer mehr, das von der Aufmerksamkeit eines geliebten Menschen abhängig war. Eine innere Tür war aufgegangen, durch die ich immer wieder gehen konnte, komme was wolle. Yoshi hatte Recht gehabt: Es war tatsächlich möglich, Abhängigkeit in Dankbarkeit zu verwandeln.

Dankbarkeit wofür? Für die Befreiung aus den Ketten der Illusion von Alleinsein und Abhängigkeit. Mir wurde klar, dass ich mein Selbstwertgefühl und meine gesamte Lebensmotivation auf einer Liebesbeziehung aufgebaut hatte. Ich erkannte, dass ich bis zu diesem Zeitpunkt nicht wirklich nach innen geschaut hatte, weil ich aus der Leere in mir gerettet werden wollte. Erfreulich war das nicht, was ich mir ehrlich einzugestehen hatte. Wie es um meine Selbstliebe stand und dass mich große Ablehnung, Misstrauen, innere Leere, Respektlosigkeit und viele Widersprüche schon seit langer Zeit unterschwellig regierten. Ich ließ das alles los und erlebte einen ersten Hauch von echter und freier Liebe, nämlich das Mitgefühl mit mir selbst.

Endlich gelang es mir, Tom nicht mehr anzurufen. Ich wollte mich zu einer Frau entwickeln, die sich liebt und die fähig ist, eine Liebesbeziehung einzugehen, die nicht auf Erwartungen basiert. Ich machte einen neuen Anfang in meiner Wahlheimat Los Angeles und lernte durch wunderbare Begegnungen in der Stadt der Engel viel über die Form von Liebe, die nicht an Abhängigkeit geknüpft ist. Außerdem verliebte ich mich in Kalifornien in einen liebevollen Italiener, mit dem ich eine Familie gründete. Ein Jahrzehnt nach meiner leidvollen Erfahrung mit Tom und dem Schatten, den er sichtbar und fühlbar machte, wurde ich ‚Love Coach' und Autorin und entdeckte meine Gabe, eine Botschafterin der Liebe zu sein.

Die folgenden Zeilen von Marianne Williamson aus ihrem Buch: „*Das Gesetz des göttlichen Ausgleichs*" beschreiben haargenau, wie ich meine damalige Erfahrung erlebte:

Wirkliche Liebe ist tröstlich und beruhigend,
aber meist nicht von Anfang an.
Wir müssen zuerst den Panzer durchbrechen, der unser eigenes Herz verbirgt. Es kann Zeiten der Tränen benötigen, um die harte Schale zum Schmelzen zu bringen, die unser zartes Innerstes umgibt. Kann es wirklich der Sinn einer Liebesbeziehung sein, alte Wunden aufbrechen zu lassen?
Eigenartigerweise ja.
Wir müssen die Wunden sichtbar machen, sie fühlen, damit sie heilen können. Nur ein Mensch, der uns wirklich nahe kommt, kann das bewirken.
Marianne Williamson

Mein damaliger Partner Tom war seinerzeit ein Komplize für mich geworden, um meiner karmischen Tendenz zu begegnen. Durch sein Verhalten konnte ich meiner fundamentalen Dunkelheit ins Auge schauen und mich schließlich von der Illusion des Getrenntseins in mir befreien. Das ist der positive Aspekt dieser Trennung, für den ich ihm heute noch dankbar bin.

Das Drama durchleuchten

Es gehört zu unserer Lebensreise, inneren und äußeren Schwierigkeiten zu begegnen. Nur zu oft erscheinen sie uns als Drama, das uns oft vor scheinbar unlösbare Probleme stellt. Das Drama kann sich jedoch in eine regelrechte Wohltat verwandeln, wenn es uns gelingt, es zu durchleuchten.

Wir glauben beispielsweise, in unseren Beziehungen weitergekommen zu sein und erleben trotzdem manchmal aus dem Stand eine Art detailgetreuer Wiederholung dessen, was wir eigentlich hinter uns lassen wollten. Fassungslos schauen wir uns zu, wie wir alte Verhaltensmuster abspulen und fragen uns, wieso wir uns das antun. Obwohl wir es doch längst besser wissen und endlich etwas Neues erleben wollen!

Nun, unser Karma fährt nun mal nicht in Urlaub: Bestimmte Muster wiederholen sich, weil sie in unserem Unterbewusstsein in einer Art Lagerhaus auf Abruf liegen, bis ein äußerer Anlass sie wieder ans Tageslicht bringt. Da wir durch unsere Familiengeschichten und Beziehungen tief geprägt sind und diese Programme automatisch ablaufen, sobald jemand unsere ‚Knöpfe' drückt, liegt der eigentliche Fehler im System. Daher noch einmal zur Erinnerung: Es nützt nichts zu behaupten, der andere sei ‚schuld' oder täte uns etwas an. Im Gegenteil, defensives Anklagen verschlimmert die Lage bloß, verschleppt Lernprozesse und verhindert damit, dass echter Frieden in deine Beziehungen einziehen kann.

Es macht absolut keinen Sinn, mit allen Mitteln unser Drama aufrecht zu erhalten und einen Schuldigen für unsere Projektionen zu finden. Es geht auch nicht darum, dass du oder dein Partner alles ‚richtig' machst. Vielmehr sind Beziehungen hilfreiche Gelegenheiten, um emotionale Stolperfallen ans Licht zu bringen, damit daraus Heilung und Erwachen resultieren kann!

Die Voraussetzung dafür liegt in deiner Bereitschaft zur Eigenverantwortlichkeit. Bist du wirklich bereit, selbst in deinen Beziehungen mit der friedlichen Veränderung zu beginnen, die du von anderen erwartest? Die Verantwortung zu übernehmen bedeutet nicht, dass du ‚selbst schuld' bist. Vielmehr geht es um das Bewusstsein, dass sehr spezifische Programmierungen und Glaubensmuster in dir diese Herausforderungen in deine Partnerschaft bringen. Dass es um deine Reaktion geht und darum, wie du damit umgehst. Es zeugt von innerer Größe zu erkennen, dass wir selbst es sind, die das Drama unseres Lebens schreiben und erschaffen.

Ungeliebte Wiederholungen sind aus dieser Perspektive also keine Katastrophe, sondern ein wichtiger ‚Aha-Moment', in dem wir das Licht unseres Juwels aktivieren können um einmal hinter die Kulissen unserer Lebensbühne zu schauen.

Möchtest du mutig dem ins Auge sehen, was du dein Leben lang mehr oder weniger bewusst und als negativ bewertet in die Verbannung geschickt hast? Hast du die Absicht, dich gänzlich kennenzulernen, mit all deinen Fähigkeiten, Gaben und Talenten, deiner Herzensgüte und deiner Liebesfähigkeit, aber eben auch mit all deinen Schattenseiten, Ängsten, Illusionen, Zwängen und Abgründen?

Dann lass dir von Herzen gratulieren, so wie mir Yoshi Matsuno damals gratuliert hat: Herzlichen Glückwunsch! Jeder Fußbreit, den du in dein Schattenreich machst, ist eine Erweiterung deiner Persönlichkeit, mit der du nach und nach Frieden schließen kannst. Deine Bereitschaft, Erlebnisse, die dich verletzt haben, loszulassen und zu vergeben, wird es dir ermöglichen, ein neues Kapitel in deinem Leben aufzuschlagen.

Allerdings brauchst du für diesen ‚Abstieg in die Unterwelt' nicht nur Mut und Entschlossenheit, sondern vor allem ein klares Bewusstsein darüber, dass dieses Unternehmen keine ‚Kaffeefahrt' ist. Der Schattenanteil in uns wird sich dem Licht nämlich nicht kampflos ergeben. Doch: Wie kämpft man gegen einen Schatten? Der noch dazu gar nicht real zu sein scheint? Er ist zwar keine aktive Kraft, doch solange du in seinem Bann bist, vergrößerst du seine Macht allein dadurch, dass du zu seinem Instrument wirst. Allzu leicht werden wir zu Dienern des Schattens, indem wir uns in negative Gedanken verstricken, die wir nicht abstellen können. Diese erzeugen entsprechende Gefühle und verleiten uns dann unter Umständen zu Taten, die wir später bereuen.

Was ist also die Waffe des Schattens? Die Illusion der Angst! Wenn wir uns vor dem Schatten fürchten, dann lähmt uns vor allem diese Furcht. Das Licht in uns wird dann scheinbar schwächer, weil wir uns zusammenziehen. Und wenn wir beginnen, den Schatten zu bekriegen, werden wir selbst zu dem, was wir ablehnen.

Ich möchte dazu von einer Erfahrung erzählen. Vor vielen Jahren gab es in meinem Bekanntenkreis eine Frau, die für mich ein rotes Tuch war. Was immer sie tat oder sagte, löste heftige Aggressionen in mir aus. Eines Tage verspürte ich sogar den Impuls, sie zu ohrfeigen. Ich konnte mich selbst nur haarscharf davon abhalten.

Diesen Zustand wollte ich jedoch auf keinen Fall auf sich beruhen lassen und so begann ich, zunächst ziemlich widerwillig für ihr Glück zu chanten. Was dann geschah, war ein krasser Weckruf an mich. Statt ihr Liebe zu schicken, holte ich vor meinem geistigen Auge zu einem Schlag aus. Meine Hand flog seltsam widerstandslos durch ihr Gesicht hindurch und landete – na wo wohl? In meinem eigenen Gesicht! Ich konnte sogar so etwas wie physischen Schmerz verspüren! „Ups“, dachte ich und erschrak. „So ist das also!“

Wenn ich andere verletze, verletze ich mich nur selbst! Doch in heiterer Gelassenheit zu verweilen ist kein einfaches Unterfangen, wenn wir mit Menschen konfrontiert werden, die nicht das Beste, sondern eben manchmal auch die dunkelsten Seiten in uns hervorbringen.

Mal ehrlich: Wenn dir jemand, den du absolut nicht leiden kannst, frech ins Gesicht grinst und dich aufs Schlimmste provoziert, wie groß ist da deine Lust, dieser Person Licht und Liebe zu schicken? Lieber schickst du doch gemeine Schimpfwörter aus den Untiefen deines Seins an sie ab. Aber irgendwann, du wirst das sicher bestätigen, entsteht Reue in dir, weil du tief im Innersten weißt, dass du den Konflikt auch anders hättest lösen können.

Es ist eine hohe Kunst, im Auge des Orkans zu bleiben, wenn seine Ausläufer toben und Zerstörung droht. Dennoch existiert die Fähigkeit in uns, Mitgefühl zu empfinden und dadurch weise und mit Augenmaß mit Herausforderungen umzugehen. ‚Mitgefühl‘ als Schatz unseres Herzens ist der Schlüssel, um uns nicht von Negativität vereinnahmen zu lassen. Die verbindende Kraft deines Mitgefühls ist wie eine Laterne in der Dunkelheit. Sie weist dir den Weg nach Hause, zum Licht des Juwels, das du bist.

Mut zu Authentizität

Die wahre Freundin ist die, die alles von dir weiß
und immer noch deine Freundin ist.
Verfasser unbekannt

Wirklich authentisch sein kannst du nur, wenn du alle Wesensanteile in dir kennst, befreist und würdigst. Was also hindert uns, authentisch zu sein? Ist die Macht des Schattens in Beziehungen tatsächlich so mächtig? Sind wir dadurch außerstande, in unserer Mitte bleiben zu können und einfach ‚echt' zu sein? Oft genug erscheint es so – denn wer kann schon von sich sagen: *„Ich habe kein Problem damit, dass mein Partner mich und meine Bedürfnisse scheinbar nicht sieht, mich verletzt oder meine ‚Knöpfe' drückt?"* Scheint das verbindende Gefühl der Liebe unterbrochen zu sein, sind wir anfällig für die Verführungen von Misstrauen, Ärger und Angst.

Worunter leiden wir in Wirklichkeit? An unserem unzuverlässigen, langweiligen, treulosen, lieblosen Partner, der uns mit seinen unbedachten oder niederträchtigen Äußerungen verletzt? Oder an einem geringen Selbstwertgefühl, das uns nicht glücklich sein lässt und unser Unglück auf die jeweilige Person projiziert, die uns am nächsten steht?

Um authentisch, das heißt ‚echt 'zu sein, brauchst du den Mut, die Masken fallen zu lassen und dir auch traurige Erinnerungen, Fehlentscheidungen und Verletzungen bewusst zu machen, die du ins Schattenreich verdrängt hast. Ich möchte dich ermutigen, mit allen Anteilen in dir in Verbindung zu treten und deine eher dunklen Seiten möglichst wertfrei zu betrachten. Unser Schatten zeigt uns ziemlich gnadenlos, was wir nicht sein wollen. Dinge, die zu uns gehören, ob wir das nun wollen oder nicht. Indem du dich allem öffnest, was in dir ist, liegt das auf dem Tisch, was nach und nach deiner geduldigen Annahme und Heilung bedarf.

Du kannst also ruhig zugeben, dass du diese dunkle Seite hast, auch und gerade vor deinem Partner! Betrachte dein Gegenüber insofern doch eher als Trainingspartner für die Entwicklung deines vollen Potenzials. Denn er oder sie ist zweifelsohne die Person, an der du dich in jedem Stadium deiner Entwicklung zur Gänze spiegeln und erkennen kannst.

Bekennst du dich also nicht nur zu deinen wunderbaren Eigenschaften, sondern auch zu deinen Abgründen, schenkst du dem Menschen den du liebst das Vertrauen, dich so zu sehen wie du wirklich bist. Und gibst vor allem ihm selbst die Möglichkeit, sich auch so zu zeigen.

Natürlich erfordert es großen Mut, doch damit ihr euch wirklich kennenlernen könnt und echte Nähe entstehen kann, geht kein Weg an diesem Risiko vorbei. Halte nichts zurück! Egal, was andere über dich denken oder sagen mögen! Dein Versprechen an dich selbst zählt. Du bist, wie du bist.

Für deine gesamte Entwicklung macht es keinen Sinn, dem Partner eine Person vorzugaukeln, die du nicht bist. Dich zu zeigen wie du bist und dich erkennbar darum zu bemühen, Licht in dein Dunkel bringen, ist der lebendige Beweis aktiver Selbstliebe und der Entschlossenheit, dich selbst glücklich zu machen. Indem du bereit bist, dich mit deinen Licht- und Schattenseiten anzunehmen, wirst du – auch gemeinsam mit deinem Partner – eine Bewusstseinserweiterung erfahren, die dich aus dem Schmerz des Getrenntseins emporhebt.

Am schnellsten entwickelst du dich weiter, wenn du den Mut aufbringst, deine innersten Gefühle in den Situationen mitzuteilen, in denen du sie am meisten verbergen willst.
Ken Keyes

Der Schatten weicht zurück, sobald die Sonne des Bewusstseins dein Leben erhellt. Erst dann kann die Kraft der Liebe das Herz des anderen erreichen. Indem wir durch aktives Bemühen unser Licht aussenden, entmachten wir den Schatten und können ihn sogar zeitweise überstrahlen. Unsere Belohnung ist die Transformation dieser Seiten in uns. Wir finden auf diese Weise zu tiefem Bewusstsein und zu weiser Gelassenheit.

Feinschliff für dein Juwel

Ein Juwel strahlt in vollem Glanz, wenn es geschliffen worden ist. Egal ob du Schwierigkeiten mit deinem Partner, deiner Familie, Freunden oder Arbeitskollegen hast: Sie alle bieten dir Reibungsflächen, durch die du dein Juwel schleifen und polieren kannst.

Die Reibung, die zwischen dir und einer anderen Person entsteht, ähnelt der Politur eines Edelsteins, wenn du darin jede Facette in dir erkennst und liebevoll annimmst. Konflikte, die respektvoll und bewusst geführt werden, sind Chancen für dich, die Schätze deines Herzens wirksam einzusetzen.

Deine Hinwendung an die Weisheit und Liebesfähigkeit in dir wird dich mit einer Extraportion Weisheit, Vergebung und Lebenskraft stärken. Du wirst auf diese Weise erneut und mit größerer Gelassenheit auf deinen Partner zugehen können und ihm mit Liebe und Mitgefühl begegnen. Jede Beziehung birgt also maximale Wachstumschancen für alle Beteiligten, wenn du bereit bist, an dir zu feilen. Insofern kannst du an jeder deiner Beziehungen spirituell wachsen. Selbstliebe bedeutet in diesem Zusammenhang nichts anderes als dich selbst zuerst mit *allen* Seiten anzunehmen und zu lieben.

Unsere Schatten sind dazu da uns zu lehren und zu leiten und uns mit unserem ganzen Selbst zu segnen. Sie sind Ressourcen für uns, die es freizulegen und zu entdecken gilt. Die Gefühle, die wir unterdrückt haben, drängen darauf, anerkannt und integriert zu werden. Sie sind nur dann schädlich, wenn sie verdrängt werden, denn sie drohen hervorzubrechen, wenn es völlig unangemessen ist. Ihre hinterhältigen Attacken werden Sie gerade in dem Bereich Ihres Lebens behindern, die für Sie am wichtigsten sind.

Debbie Ford

Mit der Einstellung: „*So wie mein Partner jetzt gerade mir umgeht, werde ich nicht mehr mit mir und anderen umgehen*“

kannst du dich entschließen, dich wieder auf das Zentrum in Dir zu konzentrieren. Manches tut weh und macht dich wütend. Aber letztendlich ist die Unfähigkeit deines Gegenübers, dich flächendeckend zu verstehen und wertzuschätzen vor allem menschlich – und kein Drama.

Drama entsteht nur dann, wenn du dich vom Verhalten des anderen abhängig machst. Genau das kannst du in einer Partnerschaft üben: Zu trennen zwischen dem was geschieht und der Art, wie du darauf reagierst. Beziehungen bergen immer die größten Chancen, um als Mensch zu wachsen und jeder Konflikt beinhaltet in diesem Sinne die Chance zur Vertiefung deiner Liebe.

Eine Partnerschaft, die nicht an der Oberfläche des Lebens abläuft, gleicht einer Goldgräberstadt. Der Boden wird so lange umgegraben, beackert und erforscht, bis die Schätze, die unter der Oberfläche liegen, gehoben werden können.

Bist du in der Lage, Auseinandersetzungen zu lösen, weil du dir eingestehst dass du mit deiner Entwicklung als Mensch noch nicht am Ende bist? Oder träumst du immer noch den Traum von einer ewig harmonischen Partnerschaft und dem ‚richtigen' Partner, der dir all diese Mühen abnimmt, weil er einfach in allen Lebensbereichen mit dir harmoniert? Das Festhalten an diesem Märchen wird dir im Alltag immer wieder neue Wunden zufügen. Denn einen Partner, der dich auf eine harmonische Ebene hebt, ohne dass du selbst Teil dieses Aufstiegs bist, gibt es nur in deiner Fantasie.

In Wirklichkeit sind Konflikte vorprogrammiert und es kommt auf deine Fähigkeit an, Streitgespräche zu bewältigen und deinen Anteil darin ehrlich zur Kenntnis zu nehmen.

Was für viele nur ein Wunschtraum bleibt, kann für dich Realität werden. Entdecke und erlebe das wahre Potenzial deiner Partnerschaft! Vielleicht hast du deinem Partner viel weniger zugetraut als in ihm steckt. Vielleicht hast du sein Potenzial einfach nur noch nicht gesehen, weil du so sehr mit deinen Projektionen beschäftigt warst und damit nicht nur seine, sondern auch deine eigene Entwicklung gehemmt hast. Du hast es immer neu in der Hand, deine Beziehung erblühen zu lassen.

Erlösung für dein Inneres Kind

Das Innere Kind spielt eine wesentliche Rolle im Prozess wachsender Selbstannahme und einer vollständigen Entwicklung deiner Persönlichkeit. In jedem von uns steckt ein kleiner Junge oder ein kleines Mädchen. Unsere Begeisterungsfähigkeit, Kreativität und Lebensfreude ist eng mit dem kleinen Wesen in uns verbunden. Wenn die oder der Kleine in uns heiter und vergnügt sein kann, ist das Innere Kind eine Kraft, die uns das Leben versüßt. Tragen wir jedoch unterdrückte, schmerzliche Kindheitserlebnisse in uns, die nicht verarbeitet wurden, haben wir ein verletztes Kind ins uns, das nach Heilung ruft. Für unser heutiges Leben hat das manchmal gravierende Konsequenzen.

Viele Erwachsene nehmen ihr Inneres Kind gar nicht mehr wahr und verstehen nicht, wie wesentlich es ist, die Wunden aus der Vergangenheit zu heilen um neue, glücklichere Erfahrungen machen zu können. Eher machen sie sich über dieses Konzept lustig nach dem Motto: *„Alles Zeitverschwendung. Meine Kindheit ist Schnee von gestern! Was vergangen ist, ist vorbei.“* Die Verletzungen aus der Kindheit gehören jedoch nicht nur der Vergangenheit an sondern nehmen mehr oder weniger subtil Einfluss auf unser Leben im Alltag. Sie lassen uns so lange nicht los, bis wir sie ans Licht holen. Die Geschichten, die unser Leben schrieb, sind in uns als lebendige Gefühle in unserem Unterbewusstsein abgespeichert und sind damit Teil einer jeden Zelle in dir! Sie haben großen Einfluss auf unsere Gedanken und Entscheidungen, selbst wenn uns dies nicht bewusst ist und wir uns oft nicht an Einzelheiten bestimmter Geschehnisse erinnern können.

Statt unbeschwerter Lebensfreude trägt ein verwundetes Inneres Kind jahrzehntelange Trauer oder Wut mit sich herum. Es sitzt unbeachtet und allein im Verlies seiner fesselnden Emotionen und hat nur den einen Wunsch: Endlich gesehen und befreit zu werden, damit alles gut wird! Vor allem bei der Partnerwahl sitzt unser Inneres Kind mit am Steuer und lenkt uns gezielt zu einem Menschen, der sich als ausgezeichnete Projektionsfläche für einen Elternteil eignet!

Haben wir als Kind zu wenig Annahme und Anerkennung erfahren, hat die kleine Seele in uns keinen Frieden gefunden. Dann fühlt sich das Innere Kind von einem Partner oft ungeliebt und ignoriert. Zu Recht meist, denn es hat mit hoher Wahrscheinlichkeit einen Menschen in sein Leben gezogen, der sich relativ lieblos verhält. Grund ist, dass wir einen Kandidaten an der Angel haben, der unserem abwesenden Vater oder unserer gefühlskalten Mutter sehr ähnelt. Das Gesetz der Anziehung bringt genau den Menschen ins Spiel, dessen Verhaltensweisen die ‚alten Wunden' aktiviert. Um eine neue und beglückende Erfahrung mit einer Situation zu machen, die zunächst einmal deine liebevolle Annahme und später dein Loslassen erfordert, ist es wesentlich, dass du wirklich verstehst, wie sehr früherer ‚Liebeskummer' und Erfahrungen von Verlassenheit in dir verwurzelt sind. Wenn sich diese Gefühle bei passenden Anlässen immer wieder in oft hoher Intensität aufdrängen, hat das nicht immer einen direkten Bezug zu dem, was gerade in der Gegenwart geschieht. Es ist vielmehr der Hinweis darauf, dass du in der Vergangenheit oft sehr gelitten haben musst. Es ist ganz wesentlich, dass du diese unangenehmen, bedrückenden Gefühle zulässt, selbst wenn sie sich als Panikattacken oder als psychosomatisches Symptom melden. Wenn du sie erneut zu verdrängen versuchst, verlängerst oder verschlimmerst du das Leiden, das sie in dir auszulösen vermögen. Dein Mut, diese Gefühle überhaupt zur Kenntnis zu nehmen, ist der erste Schritt, um mit ihnen konstruktiv umgehen zu können.

Eine Falle ist es, deinen Partner einzubinden, um dein eigenes Gefühlschaos zu bewältigen. Vielleicht setzt du deinen Partner unter Druck und verlangst indirekt, dass er dir dein beklemmendes Gefühl, die Angst, nehmen soll. Indem er zum Beispiel weniger riskante Sportarten ausübt oder nicht mehr zum Klettern oder zum Motorradfahren geht, weil sich deine Angst hinter sogenannter ‚Sorge' versteckt.

Wie soll er das machen? Das Gefühl ist in dir! Nicht er hat es verursacht. Er reißt mit seinem Verhalten höchstens alte Wunden auf und wird deswegen von dir in seiner persönlichen Freiheit eingeschränkt. Ein Mechanismus, der unterschwellig abläuft und abgesehen von einer gereizten Atmosphäre zwischen euch meist nicht deutlich zutage tritt.

Dein Partner ist nicht dein Erlöser! Er ist lediglich die Person, an der sich klar zeigt, welche erlösten und unerlösten Wesensanteile in deinem Inneren schlummern.

Er oder sie trägt weder die Verantwortung dafür, dass bestimmte Verhaltensweisen Traumata bei dir reaktivieren können, noch kann er oder sie diese für dich auflösen. Das ist deine Aufgabe. Du bist die Person, auf die du immer gewartet hast! Du kannst dir dafür psychologische oder spirituelle Hilfe holen.

Vielleicht ergeht es dir ähnlich wie Jennifer. Sie ist lebt mit einem Mann zusammen, der von seiner Ehefrau zwar getrennt lebt, aber noch nicht von ihr geschieden ist. Das ist auf die Dauer eine unhaltbare Situation für Jennifer. Sie klagt:

„Wir leben jetzt schon fast ein Jahr zusammen, aber er ist immer noch verheiratet obwohl er schon zwei Jahre lang getrennt von seiner Frau lebt. Er fühlt sich nicht verheiratet, ist es aber noch! Obwohl er weiß, wie sehr ich mir wünsche dass er reinen Tisch macht, tut er es nicht und verdrängt das Thema Scheidung einfach. Ich fühle mich übergangen, nicht gesehen und nicht respektiert. Seine Verweigerungshaltung und Passivität machen mich ungeheuer wütend und je mehr ich ihn dränge, endlich zu handeln, desto mehr verweigert er sich.

Mir bleibt wohl nichts anderes übrig als Schluss zu machen, wenn ich meinen Selbstwert nicht mit Füßen treten lassen will. Ich kann ja nichts tun und mich so ausgeliefert zu fühlen macht mich hoffnungslos. Ich kann ihm in dieser Situation auch nicht liebend entgegenkommen, ohne meine eigenen Werte zu verraten. Ich habe lange genug im Schatten gestanden und aus Liebe alles Mögliche ertragen und mitgemacht. Jetzt ist Schluss damit und das einzige, was mir einfällt ist ein Ultimatum: Entweder er schafft klare Verhältnisse oder ich trenne mich von ihm und gehe.“

Jennifers Partner bringt mit seinem Verhalten Kindheitsverletzungen ans Licht, die schon lange auf Erlösung hoffen. Unbewusst wartet die ‚kleine‘ Jenny, ihr ‚Inneres Kind‘ nämlich, sehnsüchtig auf Heilung. Ihre Forderung, er solle sich scheiden lassen, ist nachvollziehbar. Doch ihre gefühlsmäßige Fixierung auf dieses Thema führt zu Manipulationsversuchen als Strategie ihrer Angstbewältigung. Seine Weigerung, ihren Erwartungen entsprechend zu handeln, wird zum Auslöser für ihre tiefe Verunsicherung – alte Wunden werden aktiviert. Programme aus ihrer Kindheit werden geweckt, die plötzlich auf der Bildfläche ihrer Beziehung erscheinen und ihre rigiden Erwartungshaltungen bestimmen.

Jedes Mal, wenn wir das Gefühl haben: *„Mein Partner behandelt mich so lieblos! Das verdiene ist nicht!"*, hat das mit der großen, ungestillten Sehnsucht in uns zu tun, geliebt, geschätzt und angenommen werden zu wollen. Seit unserer Kindheit ist dieser Wunsch immer noch aktuell, denn damals sind diese Sehnsüchte entstanden. Elementar Enttäuschtes aus unserer Kindheit, erlebt in oft großer Einsamkeit, drängt aus seinem Verlies an die Oberfläche, weil es gesehen und getröstet werden will.

Jennys Ego wird ihr fatalerweise dazu raten, ihren Lebensgefährten zu verlassen und ‚Mr. Right' zu finden. Wenn die Lebenspläne zweier Liebender nicht zueinander passen, dann kann das ein sinnvoller Schritt sein. Doch geschieht Trennung aus der Illusion heraus, der nächste Mann würde automatisch alles richtig machen, dann stehen Jennys Chancen eher schlecht.

Denn: Wo bitte schön soll ‚Mr. Right' denn herkommen, wenn ihr unbewusstes Programm ihn nicht als passenden Partner erkennt? Sie ihn gar nicht erst attraktiv findet? Ohne ihren Kindheitsschmerz zu erkennen, zu fühlen und loszulassen wird das Gesetz der Anziehung immer wieder die gleiche ‚Sorte' Mann in ihr Leben ziehen, der sie mit dem konfrontiert, was sie eigentlich loswerden möchte.

Dennoch fühlen viele von uns in bestimmten Situationen einen unberechenbaren Schmerz und die Dringlichkeit, ihm in irgendeiner Form Ausdruck zu verleihen. Was tun wir mit dem Schmerz? Wir machen unseren Partner dafür verantwortlich.

Wurden Verletzungen aus Kindertagen nicht geheilt, wird das innere Kind immer nach Heilung suchen und das alte Drama in jedem passenden Zusammenhang neu inszenieren. Paradoxerweise – aber eben auch verständlicherweise – stellen wir mit unserer ablehnenden Haltung gegenüber unseren Eltern sicher, dass wir uns Partner suchen, die ähnliche Eigenschaften haben wie Vater oder Mutter. So ist sichergestellt, dass wir diese ungelösten und in ihrer Struktur sehr ähnlichen Dramen unserer Herkunftsfamilie wachrufen können, um sie im glücklichsten Falle irgendwann aufzulösen.

Um eine wirklich lästige ‚Hausaufgabe' des Lebens klar zu formulieren: *„Alles, was wir versuchen loszuwerden, bleibt bei uns."* Warum das so ist? Ganz einfach: Alles was lebt, will gesehen und geliebt werden und klebt so lange an unseren Fersen, bis wir es akzeptieren, wertschätzen und loslassen!

Besonders über Wiederholungen in unserer Familie können wir ein Lied singen. Wir wollten auf keinen Fall werden wie unsere Mutter oder unser Vater. Zumindest, was deren Schattenseiten betrifft. Doch dann kommt der Tag, an dem wir uns dabei erwischen, wie wir die Sätze unseres Vaters oder unserer Mutter wiederholen. In solchen Momenten zeigt sich, dass sich genau die ungeliebten Verhaltensweisen in unser Handeln eingeschlichen haben, die wir seinerzeit verurteilt und abgelehnt haben.

Spätestens dann lohnt es sich, einen tieferen Blick in dein Familiendrehbuch zu wagen und dir anzuschauen, welche unfreiwilligen Programmierungen du unreflektiert wiederholst. Wenn du tiefer in die Hintergründe einsteigen willst, die sich auf deiner ‚Lebensleinwand' abspielen, empfehle ich dir das wunderbare Buch der Psychotherapeutin Katja Sundermann, ‚*Die Simply Love Strategie*'!

Familienaufstellungen sind ebenfalls ein hilfreiches Mittel, um programmierte und von den Eltern oder Großeltern übernommene Verhaltensweisen zu beleuchten und gegebenenfalls an sie zurückzugeben. Tust du das nicht, wirst du diese unglücklich und oft auch krank machenden Programmierungen unbewusst auf deine Umgebung, besonders auf deinen Liebespartner projizieren – sie auch manchmal noch weiterreichen an deine eigenen Kinder.

Liebevoller Kontakt zum Inneren Kind ist daher ein wichtiger Bestandteil im Prozess von Entwicklung einer vollständigen Persönlichkeit – und nicht immer ist das ohne therapeutische Hilfestellung möglich. Lass dich bei dieser wichtigen Arbeit in jeder Hinsicht unterstützen!

Entzaubere dein Ego

Die Last eines Egos hinter dir zu lassen, das große Teile deiner Persönlichkeit beherrscht, ist vergleichbar mit Sandsäcken, die die Ballonfahrer früher aus dem Korb warfen, damit ihr Ballon noch höher in den Himmel aufsteigen konnte. Jedes Mal wenn es dir gelingt, beschwerende ‚Säcke' wie Stolz, Ärger, Arroganz, Habgier, Eifersucht, Missgunst oder Neid loszulassen, nimmst du eine deutlich höhere Perspektive ein.

Erwarte bitte nicht, dass dein Ego sich dieses Unterfangen widerstandslos ansieht. Um dich wirklich vom Einfluss deines Egos befreien zu können, musst du es studieren und seine Motive kennen: Das kleine Ungeheuer möchte zurück an seinen Stammplatz! An die Schaltzentrale der Macht, den Mittelpunkt deines Lebens. Etwas in dir, das heimlich still und leise ganz gern egoistisch oder arrogant ist, will um jeden Preis am Drücker bleiben und dich weiterhin beherrschen, denn es hält sich für dein wahres Ich. Wen wundert's? Schließlich hast du das ja lange genug geglaubt.

Statt dich in grenzenloser Liebe zu üben, hast du dein Ego über Jahrzehnte mit Ärger, Ängsten, Misstrauen und Besitzansprüchen gefüttert. Impulsiven Menschen wie mir fällt es schwer, diszipliniert und geduldig die Lebenskraft der Liebe zu wählen, wenn mein Ego im Hintergrund schon mit der meist wortgewaltigen Abrechnung drängt. Viel zu verführerisch ist es, dem Anfall von Ärger zu erliegen. Wir sind so sehr daran gewöhnt, vorschnell über andere zu urteilen, dass wir es als einen ganz harmlosen Triumph empfinden, wenn wir uns zum Beispiel als fähiger sehen als andere es vielleicht sind. Wie kannst du da erwarten, dass dein kleines aufgeblähtes Ego einfach so über Nacht die Koffer packt und auszieht? Es bleibt dir treu, wenn du nichts dagegen unternimmst, unter Umständen ein Leben lang. Nimm es also vor allem erst einmal wahr.

Jedes Mal, wenn es uns nicht gelingt, in der Liebe zu bleiben, hat unser Ego die Hand im Spiel. Es leitet uns mit Vorliebe dazu an, unser Glück zu boykottieren. Es lässt uns Gedanken denken, die dich in Versuchung bringen wollen zu zweifeln, zu urteilen und anderen etwas Negatives zu unterstellen. Wenn diese Gedankenspiralen kommen, sind die oft so massiv, dass die Liebe und das ursprüngliche Vertrauen schlagartig in Vergessenheit geraten. Besonders wenn wir nicht in Harmonie mit uns selbst sind, trauen wir unserem Glück nicht über den Weg.

An der Sichtweise des Egos zu rütteln ist nicht ‚normal', nicht mainstream. Wir haben wenig Übung darin. Menschen, die diesen Weg gehen, sind immer noch die Ausnahme. Dein Ego wird dir sagen, dass sich die Mühe, dich von seiner Autorität befreien zu wollen, nicht lohnt. Denn in unserer Ellenbogengesellschaft zählt doch zunächst einmal die Macht des Stärkeren. Und nicht mit den gleichen Mitteln zu antworten birgt immer das Risiko, als schwach zu gelten und Nachteile in Kauf zu nehmen.

Selbstverständlich wirst du nach den Gesetzmäßigkeiten von Resonanz in schöner Regelmäßigkeit mit Menschen konfrontiert werden, die dir zeigen, wie schnell du bereit bist deinen guten Willen zum Teufel zu schicken. Deine Entschlossenheit, dem Ego keine Chance zur Entfaltung zu geben, wird immer wieder aufs Neue getestet. Die große Herausforderung liegt darin, in diesem Moment zu erkennen: *„Ich denke jetzt so negativ, weil mein Ego mich dazu bringt."* Wie schnell werden wir der Lebenskraft der Liebe untreu, weil wir uns vom Ego zu dem Gedanken verführen lassen, wir hätten keine andere Wahl.

Wir haben immer die Wahl, die Liebe zu wählen! Selbst dann, wenn es uns nicht so erscheinen mag. Wer in Momenten der Finsternis diese Zuversicht nicht verliert und sich nicht vom Irrglauben des Ego blenden lässt, wird das erleben. Wahre Liebe bringt alles in Harmonie. Menschen wie Nelson Mandela, an den ich bereits erinnert habe, Gandhi oder Martin Luther King Jr. sind gute Beispiele dafür.

Starte einen Weckruf für die Liebe! Weckst du die Liebe in dir, zeigt sie sich auch in deinem persönlichen Umfeld – ähnlich wie Aladin, der an der Wunderlampe rieb um den Lampengeist zu beschwören. Du selbst bist diese Lampe, das Gefäß, in dem die liebevolle Magie deines Herzens steckt. Du kannst die Lebenskraft der Liebe bewusst als Mittel einsetzen, um deinen Schatten zu überstrahlen. Der Einfluss deines Egos wird unweigerlich schwächer, je mehr es dir gelingt, den Fokus auf die Liebe zu richten.

In schwierigen Situationen kannst du das Steuer herumreißen indem du einen Schatz deines Herzens, den der ‚Wertschätzung', entschlossen aktivierst:

- *Egal, ob die anderen glauben mir überlegen zu sein, ich entscheide mich für die Liebe.*
- *Egal, wie die anderen reagieren, ich setze jetzt eine neue Ursache, indem ich eine neue Entscheidung treffe.*
- *Egal, ob andere mich als schwach abwerten, ich bewege mich nicht auf ihrer Ebene.*
- *Egal, was andere über mich denken, ich bleibe meiner inneren Größe treu.*
- *Egal, was andere über mich sagen, ich setze eine Ursache aus dem Schatz meines Herzens.*

Dein persönlicher Schatten zeigt dir, wo die biografisch bedingten, angstvollen Begrenzungen deines Herzens liegen. Du kannst diese Grenzen erweitern, denn die Macht deines Herzens ist grenzenlos. Die Lebenskraft der Liebe wird sich umso mehr in uns ausbreiten je stärker wir uns darauf fokussieren.

Genau wie die Sonne nur scheinbar vor Wolkenhaufen verschwindet, verlässt uns auch die Fähigkeit zu lieben in schwierigen Lebenssituationen nicht. Deswegen lohnt es sich, wieder aufzustehen wenn wir am Boden liegen. Selbst eine völlige verfahrene oder scheinbar aussichtslose Situation kann sich auf diese liebevolle Weise zum Guten wenden. Wenn du nicht aufgibst und mutig handelst aus der inneren Überzeugung heraus, dass nichts ohne Sinn ist auf dem Weg deiner persönlichen Entwicklung.

Wir sind in der unbewussten Kooperation mit unserem Ego so sehr darauf trainiert, alles und jeden zu beurteilen, dass wir leider auch dazu neigen, sehr selbstkritisch zu sein. Je nachdem wie stark dieser innere Kritiker zum Zuge kommt ist das meist der Grund dafür, dass wir unser enormes Potenzial viel zu selten leben können.

Du kannst also im Sinne einer wirksamen Entzauberung deines Egos auch deinem inneren Kritiker getrost kündigen und ihm sagen: *„Danke sehr, aber ich brauche dich nicht mehr. Es gibt nichts zu befürchten. Ich bin stark und in der Lage meine jetzige Situation ohne dich zu meistern."* Vielleicht gelingt es dir so, dem Wesen der eingangs erwähnten beschwerenden ‚Ballonsäcke' wie Kritik, Angst, Eifersucht und anderen Störfaktoren wie ein Freund ins Auge zu sehen und sie zu fragen: *„Was wollt ihr eigentlich von mir? Habt ihr eine hilfreiche Botschaft? Wenn nicht, warum macht ihr mein Leben so eng und finster? Was gebt ihr mir, wenn ich euch glaube?"*

Wenn deine Selbstwahrnehmung verzerrt und blockiert ist, dann ist das so als würdest du in einen Taschenspiegel blicken, der so klein ist, dass du auch nur einen kleinen Ausschnitt von dir erkennen kannst. Bist du bereit, das ganze Bild zu erfassen, heißt das offen dafür zu sein, deine wahren Fähigkeiten, Talente, Träume, Qualitäten sehen und annehmen zu wollen! In einem Spiegelsaal können wir uns gänzlich sehen, sogar von hinten, von der Seite – und in doppelter und dreifacher Ausführung. Dich zu lieben bedeutet, dich gänzlich zu erkennen, zu umarmen und in der Herrlichkeit des eigenen Seins aufzugehen.

Folge deiner inneren Stimme

Der Kompass auf deinem Weg zu grenzenloser Liebe ist die Stimme deiner inneren Führung. Deine Intuition ist ein sanftes Sprachrohr deiner inneren Weisheit. Sie drängt sich nicht auf, sondern kommt auf leisen Sohlen zu dir.

Du erkennst sie daran, dass es sich gut anfühlt, wenn du in Verbindung mit ihr stehst. Sie weist dir Wege, die dein Verstand weder kennt noch nachvollziehen kann. Um ihren liebevollen Impulsen zu folgen, brauchst du vor allem Vertrauen in dich. Wenn du der Stimme deiner inneren Weisheit vertraust, folgst du immer der universellen Liebe. Den Königsweg des Vertrauens zu gehen lohnt sich immer, denn deine Intuition ist in der Lage, dich vor Unheil zu bewahren und kleine Wunder hervorzubringen. Du erhältst beispielsweise blitzartig eine Eingebung oder den Impuls etwas zu tun, was dir vielleicht nicht logisch erscheint, was dich aber im richtigen Augenblick retten, führen und beschenken kann.

Es ist wichtig, diese kleinen Wunder im Alltag zu erkennen und sie dankbar wertzuschätzen. Nur so sind auch größere ‚Wunder' möglich kraft deiner inneren Führung.

Meine Urgroßmutter Katharina erzählte mir als Kind immer wieder, wie sie im Zweiten Weltkrieg einen Bombenangriff auf ihr Haus überlebt hatte. Alle Bewohner des Hauses hatten sich auf der rechten Kellerseite verteilt und drängten sie, sich neben sie zu setzen. Die eigenwillige Katharina hingegen hatte das Gefühl, lieber auf der linken Seite sitzen zu wollen und blieb wo sie war. Eine Bombe traf das Haus, der Keller stürzte ein und alle Bewohner waren tot. Nur Katharina überlebte. Sie wurde hundert Jahre alt! Unsere Intuition hat also auch eine mystische Schutzfunktion, die bewirken kann, dass wir uns zur richtigen Zeit am richtigen Ort befinden. Sie ist ein Instrument der Lebenskraft der Liebe.

Die Stimme des Zweifels dagegen ist eine Vertreterin der Angst. Sie tritt sehr dominant und meist im Gewand der sogenannten ‚Vernunft' oder des ‚Buchhalters' auf und bremst deinen Elan durch entsprechende Gedankenketten aus. Nimmst du sie wahr, wird es eng in dir, denn sie stellt deine spontanen Impulse in Frage und weckt deine Angst davor, Fehler etwa in Gestalt von Risiken zu begehen. Solche Zweifel sind Funktionen der Angst und des Egos. Sie halten dich zurück, machen dich klein und misstrauisch. Hörst du auf sie, geht es dir nicht gut, denn deine Energie sinkt und du verlierst den Mut und das Gefühl von Hoffnungslosigkeit gewinnt immer mehr an Raum. Auch in deinen Beziehungen vermiesen Zweifel dir die schönsten Momente, indem sie verhindern, dass du offen und spontan deine Gefühle ausdrückst und vollkommen dankbar und erfüllt den Moment genießt. Denn im Geiste steht für so manchen hinter jeder intensiven Glückserfahrung schon wieder das Schicksal mit einem vernichtenden Gegenschlag bereit. Zweifel sind wie Mücken, die dich umkreisen, um sich von dir zu ernähren. Sie geben dir nichts, sie belästigen und berauben dich nur und entkräften deine Motivation und Lebensfreude. Folgst du dem Kritiker in dir, dann ist das wie die Einladung zu einem: ‚*Soll ich – Soll ich – nicht – Tanz*', der dich auf der Stelle treten lässt. Alles ist aber besser, als tatenlos im Selbstzweifel zu verharren, der dich wie in einem engen Käfig davon abhält, über dich hinauszuwachsen. Im Zweifel gefangen erscheint dir jedes Unternehmen sinnlos und du drehst dich nicht selten über wertvolle Jahre deines Lebens im Kreis. Und entkräftest damit die Hoffnung auf einen für dich passenden Gegenentwurf, verbitterst vielleicht darüber oder entwickelst ungesunde Verhaltensmuster. Wundere dich nicht, dass Zweifel immer genau dann auftreten, wenn du bereit bist, der Stimme deines Herzens zu folgen! Es ist wie mit dem Bild von deinem Engelchen und Teufelchen, die sich dir zur Wahl stellen. Am besten – so meine Erfahrung – tust du genau das Gegenteil von dem, was dir dein Zweifel rät, auch wenn du in Versuchung gerätst, den Impulsen des Zweifels zu folgen.

Da es als erwachendes Juwel noch relativ neu für dich ist, an dich zu glauben, werden deine Zweifel diesen zarten Glauben an dich auf Herz und Nieren prüfen. Erlaube ihnen nicht, dass sie an dir und deiner Selbstliebe nagen, das ist auch eine Frage der geistigen Disziplin!

Wie das gehen soll? Nun, leider können wir das Geplapper unseres inneren Kritikers ja nicht abstellen. Was gäbe ich für diesen Knopf: „*Zweifel aus!*". Doch wir können allmählich lernen, unsere Ohren auf Durchzug zu stellen wenn wir durchschauen, dass dieser aufdringliche Verkäufer uns nur etwas andrehen möchte, was uns nicht gut tut. Wenn die ersten Zweifel kommen, ignoriere sie einfach und sage ihnen so etwas wie: „*Gebt ihr denn nie auf? Habt ihr immer noch nicht eingesehen, dass ihr mit mir nur eure Zeit verschwendet? Sorry, aber ich bin zu weise um mich auf eure schlechten Spielchen einzulassen. Ich bin ein Juwel und ich passe!*" Zweifel haben nur so viel Macht über dich, wie du ihnen auch einräumst. Wenn du deine Zweifel und Ängste erkennst und einfach ‚sein lassen kannst', ohne ihnen Beachtung zu schenken, haben sie keine Macht mehr über dich. Denn Zweifel sind nichts weiter als die Stolpersteine auf der Zielgeraden unserer dualen Welt.

Du wirst immer wieder an deinem Weg zweifeln, du wirst immer wieder an deinen Zielen zweifeln, doch lass unter keinen Umständen zu, an dir selbst zu zweifeln! Solltest du dich aus alter Gewohnheit doch dabei ertappen, wie du zu dir sagst: „*Was bin ich nur für ein Idiot?*", lösche diesen Satz sofort wieder, indem du dich bei dir entschuldigst und dich korrigierst: „*Es tut mir leid, dass ich mich so beschimpft habe! Ich bin ein Juwel und ich folge vertrauensvoll meiner Intuition, egal was passiert!*"

Egal, wie groß deine belastenden Schwierigkeiten sein mögen, bezweifle lieber den Zweifel, statt deinen persönlichen Wert in Frage zu stellen! Nur so kannst du authentisch bleiben.

Vielleicht wirst du von anderen belächelt werden, weil dein wachsendes Vertrauen in die Stimme deines Herzens dich ‚naiv' erscheinen lässt. Mit Sicherheit wirst du mehr Mut dafür brauchen, deiner Intuition zu folgen und authentisch zu sein, als mit der Herde weiter zu trotten. Doch es wird dich glücklich machen, auf dein Herz zu hören! Du wirst dich auf eine völlig neue Weise mit dir selbst gut fühlen, das kann ich dir versprechen. Gehe nach innen, um dich aus der verführerischen Macht der Stimmen deines Egos zu befreien und lausche auf die reine, warme Weisheit wahrer Liebe in dir. Je mehr du daran glauben kannst, dass dein Juwel und die Schätze deines Herzens in dir existieren, desto leichter wird es für dich, dein Leben mit Liebe und Licht zu erleuchten.

Wir sind so sehr daran gewöhnt, unser Licht unter den Schatten zu stellen, dass wir diese selbstschädigende Haltung als normal empfinden. Es gehört also großer Mut dazu, zu unserer eigenen Größe zu stehen. Veränderungen machen immer auch Angst. Vor allem davor, das Alte zu verlieren: Sei es, weil wir unsere Visionen dann auch konkret in die Tat umsetzen müssen, indem wir nicht nur über ‚andere Umstände' reden sondern sie auch verwirklichen. Unser innerer Schweinhund kennt tausend Tricks, um uns solche Bemühungen zu ‚ersparen' und alles schön beim Alten zu belassen. Es mag uns einen kurzen Moment der Erleichterung verschaffen, wenn wir uns für ein Ziel nicht anstrengen müssen. Aber auf lange Sicht werden wir durch das Verweigern von Hindernissen frustriert, traurig und hoffnungslos, weil wir unser wahres, nach Entwicklung drängendes Potenzial spüren und unsere wahre Kraft zum Beispiel durch missliche Lebensumstände nicht entfalten können.

Die Kraft der Vergebung

Die Fähigkeit zu Verzeihen gehört zum wertvollsten Repertoire deines Herzens, das du fast immer gezielt anwenden kannst um eine kritische Lage in eine für dich und andere wertvolle Erfahrung zu verwandeln.

Die Kraft der Vergebung ist der entscheidende Schritt zu Frieden und innerer Freiheit. Gelingt es dir, einer Person auch dann zu verzeihen, wenn sie sich dir gegenüber ungerecht und lieblos verhalten hat, dann setzt du die Kraft in Gang, die es vermag, die Dinge wieder in Harmonie zu bringen und Wunden zu heilen. Denn die Liebe ist der größte Heiler.

Liebe und Vergebung sind untrennbar, denn in Liebe hat mit absoluter Annahme der Dinge zu tun. Die Entscheidung zu verzeihen ist daher auch immer eine Anerkennung der Lebenskraft der Liebe und unserer wahren Natur. Unsere Fähigkeit, empathisch zu sein ist der zentrale Pfad, der die Herzen verbindet. Wenn wir uns in die Lage versetzen, die Verbindung zu anderen auch in Krisen zu fühlen, fällt es uns auch viel leichter, ihnen zu verzeihen. Denn dann durchströmt uns das Gefühl lebendiger Einheit.

Treffenderweise heißt *„Entschuldigung"* im Spanischen *„Lo siento"*, was wörtlich übersetzt bedeutet: *„Ich fühle es."* Wenn ich fühle, was mein Gegenüber empfindet, kann ich meinen Anteil von Traurigkeit, Ärger oder Schmerz zurücknehmen, indem ich mein Herz öffne und ausdrücke, dass ich ‚mit-fühle'. Im Mitfühlen steckt das elementare Moment von Verbundenheit.

Wenn du dich mit deinem Gegenüber verbunden fühlst, gibt es keine Trennung mehr. Das Bedürfnis, den anderen zu verletzten oder zur Rechenschaft zu ziehen ist nur in Bewusstseinszuständen von Trennung möglich und schwindet durch diese Verbundenheit: Denn im Grunde würdest du dich nur selbst verletzen oder verurteilen.

Da alles miteinander verbunden ist, sind wir auch immer an dem beteiligt, was um uns herum geschieht. Und zwar selbst dann, wenn wir es nicht willentlich oder aktiv ausgelöst haben. Das ist mit der Aussage *„Ich sehe meinen Anteil"* als heilsame und ganzheitliche Betrachtungsweise gemeint.

Die Erkenntnis ‚Alles ist eins' kann bekanntlich auch zu einem echten Problem werden, wenn Menschen es regelrecht auf dich ‚abgesehen' haben. Wenn sie dich angreifen, sei es durch Mobbing oder sogar durch körperliche Gewalt. Man fragt sich bei solchen Gelegenheiten mit einer gewissen Berechtigung oft: *„Wenn es uns schon schwerfällt, unseren Liebsten zu verzeihen – wie sollen wir da auf Knopfdruck unseren Feinden vergeben?"* Manchmal ereignen sich so schwerwiegende Verletzungen, dass du dich einfach nicht zur Vergebung durchringen kannst!

Setze dich nicht unter Druck, sondern bleibe auch hier in deinem Empfinden authentisch. Der Akt des Verzeihens kann nur funktionieren, wenn er aufrichtig ist. Diese Aufrichtigkeit können wir nicht erzwingen. Manchmal brauchen wir einfach ein paar Anläufe oder wir können gar nicht verzeihen, weil die Verletzungen zu groß waren. Auch das ist als Resonanz nachvollziehbar, wenn wir uns der Mühe unterzogen haben, es wirklich zu erkennen und zu verstehen.

Verlange also nicht von dir, von heute auf morgen alles und jedem zu vergeben! Gib dir die Zeit, dich mit dieser guten Absicht Schritt für Schritt zu entwickeln. Die Schritte, die wir in Richtung wahrer Liebe und einem solchen Bewusstseinswandel machen sind Prozesse, die nicht über Nacht reifen können. Es macht also wenig Sinn, das zarte Pflänzchen der Selbstliebe gleich einem tobenden Orkan auszusetzen.

Manchmal ist es weiser, sich eine innere – und wenn irgend möglich auch äußere – Auszeit von Menschen zu nehmen, die uns nicht gut gesonnen sind. Leute, die dir deine Energie rauben, indem sie dich mit Angriffen oder Verleumdungen belasten, sind nicht gerade eine nährende Gesellschaft für ein Juwel.

Wenn du die Wunden aus der Vergangenheit betrachtet hast und – wenn nötig mit Unterstützung von außen – Schritte der Heilung gegangen bist, darfst du darauf vertrauen, dass diese Verletzungen auch heilen können. Im Klartext kann das heißen: Um Menschen, die deine ‚Knöpfe drücken' und die es immer wieder schaffen, schlechte Energien zu erzeugen und dir Kraft rauben, solltest du dringend für eine Weile einen Bogen zu machen. Das Zauberwort ‚Nein' hat durchaus seine Berechtigung, wenn du Abstand brauchst.

Oder besser, um es mit den Worten des Autors Olaf Jacobsen zu sagen: *„Ich stehe nicht mehr zur Verfügung!"*. Was soviel bedeutet wie: *„Ich öffne mich deiner Energie nicht mehr und fange deine Bälle nicht mehr auf!"* Denn dich grenzenlos zu lieben bedeutet nicht, dich schutzlos massiven Übergriffen auszusetzen.

Die wirksamste Methode, die ich kenne und praktiziere, um Menschen oder quälende Emotionen loszulassen, ist die hawaiianische Vergebungstechnik *„Ho'oponopono"* aus dem Huna. Dieses uralte schamanische Ritual diente hawaiianischen Familien ursprünglich als wirksames Mittel, um geistige Ursachen für äußere Blockaden zu finden und auf diese Weise Konflikte aus der Welt zu schaffen.

Dieses Vergebungsritual fasziniert mich total, denn seine Anwendung ist sehr einfach und die Wirkungen sind unfassbar schnell erfahrbar – sofern du bereit bist, über deinen eigenen Schatten zu springen. Mittlerweile wird *„Ho'oponopono"* in Ländern rund um den Globus als eine der wirkungsvollsten Konfliktlösungsmethode geschätzt und angewendet. Die Grundprinzipien des Huna ähneln übrigens denen des Buddhismus.

Ho'oponopono heißt übersetzt *„Richtig richtig machen!"* Genau das ist mit dieser exotisch klingenden Vergebungsmethode möglich: Wir können die Dinge, die wir bedauern, mit einer einfachen Methode richtig stellen. Mehr noch, dieses ‚Richtigstellen' bewirkt oft wahre kleine Wunder! Immer, wenn du deinen Anteil eines Konfliktes anerkennst, ein aufrichtiges Bedauern fühlst und dieses Gefühl in dir bewusst loslässt, wird Raum frei für etwas Neues. Dann löst sich deine innere Blockade, die du einem Menschen gegenüber hattest. Die Kraft grenzenloser Liebe kann wieder zwischen euch fließen. Wenn wir uns überwinden, unseren ganzen Ärger und die dahinter verborgene Angst loszulassen, geben wir der Liebe eine Chance. Auf diese Weise öffnen wir unser Herz und erleben die verbindende Kraft, die unserem Herzen entströmt.

Ich möchte dir dazu das sehr schöne und leicht verständliche Einführungsbuch von Ulrich Emil Duprée empfehlen: *„Ho'oponopono – Das hawaiianische Vergebungsritual."* Darin findest du nähere Erläuterungen und die vier Schlüsselsätze, durch die du einerseits verzeihen und dich andererseits wieder auf den Fluss der Liebe ausrichten kannst. Sie lauten:

„Es tut mir leid" – „Ich verzeihe dir/mir" –
„Ich liebe dich/mich" – „Danke!"

Im Lotus Fokus dieses Kapitels findest du eine Vertiefung, die dir zeigt, wie du diese vier Sätze anwenden kannst.

Lotus Fokus

Verzeihe Dir und anderen mit dem Vergebungsritual Ho'oponopono

Ich mache seit einiger Zeit beglückende Erfahrungen mit ‚Ho'oponopono' und stelle immer wieder fest, dass sich Spannungen auf wundersame Weise auflösen lassen, wenn wir die Lernaufgabe hinter unseren Konflikten annehmen. Hier noch einmal die vier Sätze:

„Es tut mir leid" – „Ich verzeihe dir/mir" –
„Ich liebe dich/mich" – „Danke!"

Bevor du die vier Sätze aussprichst, verbinde dich innerlich mit der Kraft der Liebe. Schließe die Augen und wende dich nach innen. Du kannst auch deine Hand auf dein Herz legen und einfach auf deinen Atem achten. Komme zur Ruhe.

Beginne dann dein kleines Ritual, indem du dir zunächst darüber klar wirst was dich bedrückt, verärgert oder traurig macht.

Worüber bist du ‚außer' dir? Wer hat dich verärgert oder verletzt? Du kannst dir diesen Konflikt in Erinnerung rufen oder jemandem anvertrauen, manchmal lohnt es sich, es erst einmal aufzuschreiben, damit es wirklich klar wird für dich.

Sobald sich Emotionen in dir regen, du vielleicht wütend wirst oder weinen musst, kannst du mit dem Vergebungsritual beginnen. Wenn sich nichts zeigt, hilft vielleicht die Frage an dich: „*Was wirfst du dir vor*?" Letztlich sind alle Vorwürfe immer die Kehrseite von Selbstvorwürfen, die wir uns nicht eingestehen möchten. Sei also ehrlich mit dir: Welchen Anteil hast du an der Situation? Was möchtest du dir selbst verzeihen?

Nach der aufrichtigen Beantwortung dieser Fragen spüre in dich hinein, welcher Vorwurf die stärkste Ladung hat. Bist du in Resonanz mit diesem Konflikt, kannst du zu den vier Sätzen übergehen.

Setze dich entspannt hin und schließe die Augen. Imaginiere zunächst, wie du dich dem Lebensstrom der Liebe öffnest und dich energetisch verbindest. Du kannst dir auch vorstellen, wie du dich deinem stets anwesenden Schutzengel und Seelenführer öffnest oder wie dich liebevolles Licht in einer Farbe deiner Wahl durchströmt. Sieh die betreffende Person vor dir, mit der du einen Konflikt erlebt hast. Formuliere langsam die vier Sätze aus – in der aufrichtigen Absicht, deinen Groll wirklich loszulassen.

„Es tut mir leid …“. Lasse zu, was auch immer konkret nach diesem Satz als Erweiterung kommt, wie zum Beispiel: *„Es tut mir leid, dass ich dich nicht lieben konnte. Es tut mir leid, dass ich immer nur das Schlechte in dir gesehen habe. Es tut mir leid, dass ich in deiner Gegenwart so kalt und gemein war …,“* oder was auch immer. Verwende die Vergangenheitsform, denn du möchtest den Anteil, der dir leid tut, ja hinter dir lassen. Wenn du alles gesagt oder gedacht hast, fahre fort:

„Bitte verzeihe mir …“ Dieser Satz bedeutet kein Schuldeingeständnis, sondern die Erkenntnis deiner inneren Beteiligung. Er ist Ausdruck des Wunsches, den Konflikt in Liebe aufzulösen. Sprich auch hier alles aus, was dein Herz belastet und was nach deinem Empfinden zwischen dir und der betreffenden Person steht. Hier ein paar Beispielsätze:

- *Ich verzeihe mir, dass ich so hart mit mir selbst umgegangen bin. Ich erkenne, dass sich diese Härte gegen mich selbst im Verhalten anderer spiegelt. Ich verzeihe mir und lenke mein Bewusstsein auf einen liebevollen Umgang mit mir selbst.*
- *Liebe/r … . Ich verzeihe mir, dass ich so negativ über dich geurteilt habe. Ich lasse den Vorwurf: „…“ jetzt los.*
- *Von jetzt an werde ich aufmerksamer sein. Ich werde mich vielleicht wieder verurteilen, auch wenn ich das nicht möchte.*

Doch ich habe Geduld mit mir und bin bereit, mir selbst so lange zu verzeihen, bis nur noch Liebe in mir ist.

❖ *Bitte verzeihe mir, denn ich wünsche mir aus tiefstem Herzen nichts als Liebe zu dir.*

Spätestens wenn du bei den Worten „Ich liebe dich!" ankommst wirst du feststellen, wie froh und erleichtert du dich augenblicklich fühlst, wenn du dem Fluss der Liebe folgst und völlig frei sagst: ***„Ich liebe dich!"***

Stell dir vor deinem geistigen Auge die Person vor, um die es geht und schicke ihr aufrichtige Liebe aus dem Zentrum deines Herzens. Sobald du wahrnimmst, dass sich deine Stimmung hebt, dein Herz leichter wird oder sich sogar ein dankbares Lächeln der Erleichterung auf dein Gesicht legt, schließe das Ritual mit einem Wort ab: ***„Danke."***

Sich zu bedanken bedeutet, die Konfliktsituation als Lernimpuls zu sehen und zu akzeptieren. ***„Danke"*** bedeutet hier auch: *„Ich gebe den Zwang auf, recht haben zu müssen und übergebe den Konflikt zur Heilung an die Lebenskraft der Liebe."*

Dich von Herzen zu bedanken schließt den Prozess ab im Vertrauen darauf, dass sich nach deiner tiefen Wandlung auch eine konkrete Wirkung in deiner Beziehung zu dieser Person zeigen wird. Du bedankst dich sozusagen schon im Voraus für das kommende Wunder der Transformation und setzt damit eine wichtige Ursache für kommende Heilung!

9
Das Licht deiner grenzenlosen Liebe

Vollkommene Liebe ist für das Gefühl das, was vollkommenes Weiß für die Farbe ist. Viele glauben, Weiß sei die Abwesenheit von Farbe. Das ist falsch. Es ist die Einheit aller Farben. Weiß ist die Kombination aller existierenden Farben. So ist Liebe auch nicht die Abwesenheit von Emotionen (Hass, Ärger, Lust, Eifersucht), sondern die Summe aller Gefühle.
Neale Donald Walsch

Erwartungslosigkeit

Echte Liebe ist grenzenlos, bedingungslos und frei. Wer jedoch die Begriffe ‚grenzenlose Liebe', ‚bedingungslose Liebe' oder ‚Erwartungslosigkeit' ausspricht, läuft meist Gefahr, missverstanden zu werden und sich unbeliebt zu machen. Der Grund: Unser Ego will nichts von ‚so einem Gefasel' hören!

Unser Ego meint, ‚*bedingungslos*' zu lieben sei eine devote Haltung, die sich einem lieblosen Partner ausliefert nach dem Motto: „*Tu mit mir was du willst! Ich lasse mir alles gefallen!*" Bedingungslose Liebe hat jedoch rein gar nichts damit zu tun sich zu erniedrigen, sich einem Partner zu unterwerfen oder gar ohnmächtig häusliche Unterdrückung zu ertragen! Eben so wenig verlangt es bedingungslose Liebe, faule Kompromisse einzugehen! Die richtige Dosis an Kompromissbereitschaft ist sicherlich für alle Beziehungen hilfreich, doch darf das natürlich nicht zur Selbstaufgabe führen.

Es geht darum, zur wahren Essenz unseres Seins durchzudringen und sich selbst zu *finden*. Selbstaufgabe führt uns nirgendwo hin und dient daher auch nicht als Basis für eine liebevolle Partnerschaft. Bedingungslose Liebe ist also keineswegs als Aufforderung gemeint, auf Knien zu rutschen und sich klein zu machen. Im Gegenteil: Sie steht für die Fähigkeit, wahre Liebe zu sich und anderen zu empfinden und dieses beglückende Gefühl ‚groß' und Bedingungen ‚klein' zu schreiben.

Um auf diese Weise zu lieben müssen wir bereit sein, unsere überzogenen Forderungen nach und nach zu prüfen und wirklich loszulassen. Was dem im Weg steht und damit unser Beziehungsglück behindert, sind die unbewussten und über lange Zeit programmierten Erwartungshaltungen. Ein Beispiel ist die Konditionierung vieler Frauen, von einem ‚Prinzen' gerettet zu werden. Erwartungen zu haben ist eine ganz natürliche Haltung, denn schließlich haben wir permanent irgendwelche Bedürfnisse – und sei es nur Hunger oder Durst. Auch der Wunsch nach inniger Geborgenheit und Annahme ist absolut natürlich. Doch wenn sich die erhoffte Nähe nicht einstellen will, entwickeln sich Erwartungen leicht zu regelrechten Forderungen.

Ausgesprochen oder nicht, Forderungen wie: *„Verhalte dich richtig, damit ich mich richtig fühlen kann!"* werden zu einem Problem für die Verbindung. Wo Forderungen auftauchen, da zieht das Ego ein – und die Liebe aus. Je mehr es dir gelingt, dich aus dem Bann deiner Forderungen zu befreien, desto mehr Liebe kommt ins Spiel. Du kannst deine Lebensfreude in Beziehungen einbringen und sie damit bereichern, aber du kannst sie nicht vom anderen einfordern. Wünschst du dir also mehr Liebe – verschenke sie!

‚Nichts leichter als das', denkst du jetzt vielleicht. *‚Liebe zu verschenken ist für mich ein Kinderspiel!'* Ist es das wirklich? Vielleicht fällt es dir leicht, den Satz *„Ich liebe dich"* auszusprechen oder auch fünf Liebesbeteuerungs-SMS pro Minute zu verschicken. Aber wohl meistens mit der Erwartungshaltung im Gepäck, er oder sie solle deine Liebeserklärung auch erwidern. Und was, wenn die ersehnte Antwort ausbleibt? Bereust du dann nicht sofort deine offenen Worte wieder?

Wartest du darauf, dass dein Partner dich ‚zurückliebt' – oder bist du selbst die äußere Ursache für Liebe? Kennst du überhaupt die Magie der Liebe, die an keinerlei Bedingungen geknüpft ist? Möchtest du zu den Menschen gehören, die auf der Suche nach Liebe auf der Lauer liegen und jedes Wort des Partners abwägen, ob es nun liebevoll gemeint war oder nicht? Das ist ein Spiel, das du nicht gewinnen kannst. Etwas zurückzuhalten ist immer das Ergebnis einer Strategie der Angst.

Wenn man begriffen hat, dass Lieben wichtiger ist als geliebt zu werden, dann ergibt sich das Geliebtwerden ganz von selbst.
Ken Keyes

Erwartungslosigkeit bedeutet nicht, sich mit weniger zufrieden zu geben. Sie bedeutet schlicht: Alles was ich im Außen suche, finde ich in mir – in der Quelle, in meiner innigen Beziehung zur Lebenskraft der Liebe. Indem ich mich erfüllt durchs Leben bewege, umgibt mich eine Ausstrahlung der Fülle, die anziehend ist. Menschen sind gerne in meiner Nähe und bieten mir ihre Gesellschaft und ihre Unterstützung an. Das gilt auch für meinen Partner!

Bleibst du dagegen auf deine Erwartungshaltungen fokussiert, bist du innerlich verkrampft und dein Herz verschließt sich. Ein verschlossenes Herz stimmt alle Beteiligten traurig, denn seine pulsierende Energie kann niemanden erreichen.

Solange du glaubst, andere verdienten deine Zuneigung nicht, bevor sie etwas für dich getan haben, steckst du im Mangeldenken und der Idee eines Tauschgeschäfts fest. Du erreichst damit das Gegenteil von dem, was du dir wünschst. Intuitiv fühlen wir, wenn andere uns als Mittel zum Zweck zu benutzen wollen.

Menschen werden sich erst dann bewegen, wenn *sie* es möchten und nicht, weil wir es von ihnen fordern oder erwarten. Sie bewegen sich eventuell durch inspirierende Impulse. Solange du es nicht lassen kannst, andere mittels Egostrategien zu manipulieren, werden deine Mitmenschen sich gegen deinen Druck wehren oder aus stillem Protest gar nichts tun.

Kannst du die Fülle in dir nicht wahrnehmen, fühlst du dich leer. Deine Hoffnung oder Erwartung an deinen Partner ist dann die, diese Leere in dir zu füllen. Du wirst mit diesen Forderungen scheitern, deine Verbindung belasten und dich selbst im Kreise drehen. Vor allem aber beraubst du dich der wundervollen Erfahrung, deine grenzenlose Liebe in dir zu erschließen.

Wenn du dazu bereit bist, dich aus den Verstrickungen deiner süchtigen Forderungen zu lösen, kümmere dich um dein eigenes Leben! Lass den Rucksack deines Partners los und schaue in dein eigenes Gepäck. Widme dich deinen Gaben, setze dich für dein Leben und deine Interessen ein und widme dich der Heilung deiner Wunden. Kümmere dich um dich! Du spielst die Hauptrolle in deinem Leben und dein freier Wille entscheidet, ob du das Potenzial deiner individuellen Gaben zur Gänze hervorbringst – auch angesichts der Schwierigkeiten, die dein Leben von Geburt an begleiten. Aus deinem erblühten Leben wirst du den Zauber grenzenloser Liebe empfinden und aussenden. Das emotionale Loch in dir wird kleiner werden und damit beruhigt sich das kleine, schreiende, hungrige Kind in dir, das deine Fürsorge braucht und aufsaugt.

Erlebst du dich als vollständig, wirst du nicht mehr von einem Partner Erfüllung fordern. Was kannst du also heute für dich tun? Damit es dir hervorragend geht? Ob groß oder klein, schiebe deine Herzenswünsche nicht länger auf sondern erfülle sie dir. Setze dich für dich ein! So, wie du es auch für deine Freunde, Kinder, Partner tun würdest. Tu es! Liebe dein inneres Kind, liebe dein Kind, dein Haustier, sei liebevoll zu deiner Umgebung und zu vor allem zu *dir*!

Taten, die von reinem Pflichtgefühl motiviert sind, werden meist früher oder später auch als solche wahrgenommen. Du fühlst dich nach solch halbherzigen Aktionen nämlich nicht glücklich und frei, sondern belastet. Du bist einem inneren Zwang gefolgt und erwartest für deine Mühe bewusst oder unbewusst eine Belohnung. Wenn Geben aus der Fülle unseres Herzens geschieht und kein Ablenkungsmanöver für den traurigen Umstand ist, dass wir uns selbst nichts geben können, dann erleben wir die Liebe, die wächst, je mehr wir davon geben. Die Wirkungen, die unsere Liebe dann bei anderen erzielt, macht uns gleichermaßen glücklich.

Alles was du von Herzen tust, folgt der Macht der Liebe. Und die Macht der Liebe macht dich frei! Liebe, die von Herzen kommt, erwartet nichts zurück. Und genau deswegen empfindest du beim Geben Glück! Liebe vermehrt sich, wenn du sie teilst.

Erst wenn du alle bekannten Ersatzstrategien, die du bisher genutzt hast, loslässt und dich auf deinen inneren Halt konzentrierst, kommst du mit der grenzenlosen Liebe in dir in Berührung. Dann liebst du deinen Partner nicht, weil er deine Bedingungen erfüllt, sondern um seiner selbst willen.

Grenzenlose Liebe

Befürchtest du vielleicht, grenzenlose Liebe sei ‚übermäßige' Liebe – und damit zu viel des Guten? Dann verwechselst du sie mit liebessüchtigen Fixierungen. Gibt es vielleicht auch zu viel Sauerstoff in deinem Leben? Genau so frei, wie du frische Luft ein- und ausatmest, kannst du die Liebe zwischen dir und deinen Liebsten völlig frei fließen lassen. ‚Unnatürlich' sind nur die künstlichen Grenzen, die wir unseren Herzen auferlegt haben.

Grenzenlos zu lieben bedeutet Liebe ohne Angst. Indem du dich vertrauensvoll öffnest, sprengst du die Mauern deines Herzens und stellst die Weichen, damit sich die vitale Kraft der Liebe entfalten kann. Bedingungslos zu lieben ist die Erfahrung, in Verbindung mit der universellen Liebe zu sein und sie im eigenen Leben als grenzenlose Freiheit zu fühlen.

In Liebesbeziehungen kannst du ‚grenzenlose Liebe' besonders dadurch fließen lassen, dass du dich in liebevoller Kommunikation übst. Wenn du es schaffst, wirklich hören zu wollen was dein/e Liebste/r dir sagen möchte, eröffnest du einen Raum in dem du echtes Interesse zeigst. Wirklich zuhören zu können ist eine Kunst, die einer Achtsamkeitsübung gleichkommt. Deine Bereitschaft, dich dem zu öffnen was dir dein Schatz mitteilen möchte, ist mehr als eine freundliche Geste. Du überwindest mit deiner absichtsvollen Öffnung die engen Grenzen des Egos, weil du echtes Interesse zeigst für das, was der oder die andere auf dem Herzen hat.

Nur ein Herz kann ein Herz berühren. Wenn du Zugang zur Kraft grenzenloser Liebe in dir findest, bist du in der Lage, diese Liebe auch zu anderen Herzen zu schicken. Das eigene Herz voller Liebe zu erleben heißt, so erfüllt von dieser Energie zu sein, dass du gar nicht anders kannst als diese Liebe weiterzugeben. Es macht ungeheuer glücklich, Liebe zu geben!

Die Energie grenzenloser Liebe ist wie ein Feuerlauf. Du bewegst dich gezielt und voller Vertrauen über glühende Kohlen, doch du verbrennst dich nicht. Die Macht deiner grenzenlosen Liebe überstrahlt den Schatten in dir. In dem Moment, in dem du deine Angst überwindest und das Vertrauen wählst, entmachtest du dein Ego. Der Schatten wird immer existieren, doch er verliert an Raum.

Grenzenlose Liebe bedeutet, auch das anzunehmen was dir nicht behagt, was dich plagt und nervt. Wir können der Kraft der Liebe einen tieferen Sinn geben, indem wir uns dazu entschließen, auch und gerade das zu lieben, was wir ‚eigentlich' nicht lieben wollen. Natürlich kannst du nicht auf Knopfdruck jemanden mögen, den du nicht magst. So ist das auch nicht gemeint. Du kannst aber über deine Blockaden und deine Abneigung hinauswachsen, selbst wenn das manchmal nur im Schneckentempo geschieht.

Wohin mit der Wut?

Am Ärger festzuhalten ist so, als würdest du nach einem heißen Stück Kohle greifen, um jemanden damit zu bewerfen. Du bist die Person, die sich daran verbrennt.

Buddha

Eva: *„Ich kann ihn einfach in dem Moment, in dem er mich enttäuscht, nicht lieben! Dann bin ich einfach nur traurig und wütend und meine liebevollen Gefühle für ihn machen sich davon. Ich kann ihn einfach nicht lieben, wenn er mich angreift! Wie auch, bin ich Jesus? Irgendwie überwiegen bei uns die Schwierigkeiten und unsere Liebe kommt im Beziehungs-Hickhack zu kurz.“*

Wenn du – so wie Eva – deine Wut aber nicht bremsen kannst? Wie sollst du jemanden lieben, wenn du ihn am liebsten auf den Mond schießen möchtest? Bedeutet, ‚liebevoll‘ zu sein also nur noch, ‚nett‘ zu sein? Wenn das so wäre, hätte ich wohl ziemlich schlechte Karten, denn ich gehöre zu den impulsiven Damen, die rasend schnell wütend werden. Platzt mir der Kragen, haue ich verbal oft so auf den Putz, dass die Wände wackeln. Ich trage also keinen Heiligenschein mit mir herum, der würde mir wohl auch nicht stehen!

Es ist auch nicht ratsam, Wut herunterzuschlucken oder gar ein Kerkermeister seiner Wut zu werden. Unterdrückte Wut sucht sich andere Kanäle. Entweder sie manifestiert sich eines Tages als Magengeschwür, befreit sich explosionsartig oder sie eskaliert irgendwann zu ‚Hass‘!

Oder was, wenn du heilfroh bist, endlich mal so etwas wie Wut zu empfinden, statt zu schweigen und als ‚braves Kind‘ deine Verletzungen zu verbergen? Es geht doch darum authentisch zu sein! Alles was da ist, darf da sein – sagt Robert Betz. Zu recht! Wut tut gut, wenn man sie heraus lässt. Soll das jetzt aber ein Freibrief sein, unseren Ärger unkontrolliert an unserem Partner auszulassen?

In unserer Wut sagen und tun wir Dinge, die wir nicht steuern können und all zu leicht nimmt damit das Verhängnis seinen Lauf. Ein Wutanfall kann in Sekunden alles zerstören, was du dir über Monate und Jahre aufgebaut hast und – viel schlimmer – Menschen sehr verletzen. Es steht also viel auf dem Spiel. Aber wo liegt die ‚goldene Mitte‘? Wohl darin, dass du bereit bist, die Gefühle, die hinter deiner Wut stehen, zu erforschen. Wenn du also fluchen musst – immer raus damit. Aber verwechsle den

Wunsch, recht zu haben, nicht mit dem Gefühl, deinen Wert zu verteidigen, wenn du mit Händen und Füßen um dich schlägst.

Extreme Wut ist immer auch ein Indiz dafür, wie schlecht es um unser Selbstwertgefühl bestellt ist. Solange wir das Gefühl haben, eine andere Person setzt unseren Wert in irgendeiner Form herab, sind wir noch zu sehr von der Zustimmung anderer abhängig. Das Gefühl der Wertlosigkeit und des mangelnden Respekts schwingen immer mit, wenn wir von anderen nicht richtig behandelt werden. Augenblicke blanker Wut sind also auch wichtige ‚Aha'-Momente, in denen wir uns an unseren wahren Wert erinnern können!

Atme durch, zähle bis zehn und erinnere dich mit dem Satz: „*Ich bin ein Juwel und wähle die Liebe*" daran, dass du viel mehr bist als dein Ego oder der Mensch vor deiner Nase dir einreden will. Wenn du kannst, verlasse das Schlachtfeld, nimm dir eine kurze Auszeit und frage dich: „*Was macht mich eigentlich so wütend?*". Wovor glaubst du dich mit deiner Wut zu schützen? Gibt es einen Schmerz hinter deiner Wut, der so groß ist, dass du glaubst es sei zwecklos ihn ans Licht zu bringen?

Schreibe deine wütenden Emotionen auf, meditiere oder vertraue dich einer guten Freundin an um zu reflektieren, welche verborgenen Gefühle hinter deiner Wut stehen.

Wir haben alle eine angeborene Sehnsucht danach, Glück zu empfinden und es weiterzugeben. Doch wir verlieren nur zu oft die Verbindung zu unserem Herzen. Ohne die Kraft unseres Mitgefühls können wir jedoch kein Glück und keine gute Stimmung erzeugen.

Der uneingeschränkte Wunsch, für das Glück der anderen einzutreten, ist die größte Tat die wir vollbringen können. Und die uneingeschränkte Annahme unserer selbst ist die Voraussetzung dafür, dies überhaupt tun zu können. Jetzt sagst du vielleicht: „*Ich habe ja schon versucht, meinem Partner zu vergeben. Aber er provoziert mich immer wieder und reißt damit alte Wunden in mir auf. Warum immer ich? Er verletzt mich und ich soll ihm verzeihen? Ich finde das unfair und es bringt auch nichts.*"

Solange du nur ‚versuchst' zu vergeben, liegst du innerlich noch auf der Lauer und wartest nur darauf, dass er sich wieder auf eine Weise verhält, die dir wehtut. Du vergibst nicht wirklich. Solange du dich von seinem Verhalten abhängig machst, steckst du noch im Leid deiner eigenen Geschichte, die du auf ihn projizierst und immer wieder neu inszenierst.

Wofür entscheidest du dich?

Die Liebe bewirkt zwei Dinge. Zuerst nimmt sie dir das Ego weg, dann gibt sie dir dein Zentrum. Liebe ist eine großartige Alchemie.
Osho

Wir haben täglich die Wahl, ob wir uns und andere lieben möchten oder nicht. Wer möchtest du sein? Möchtest du Liebe oder Leid verbreiten? Wenn du mutig bist, triffst du eine Wahl! Es gibt immer ein Motiv, im Unglücklichsein, dem ungeliebten Alltagstrott, unerlösten Spannungen und nervtötenden Sackgassen zu verharren.

Wir können immer wieder die Liebe wählen, selbst in Momenten totaler Verzweiflung und Wut. Wenn wir das tun, ändert sich die ganze Situation. Aber meistens übernimmt unsere Wut das Kommando und beginnt damit, unsere Liebe auf Eis zu legen und uns damit abzutrennen. Genau das ist das Hauptproblem in unseren Partnerschaften: Dass wir im entscheidenden Moment nicht die Kraft der Liebe wählen.

Zugegeben, es ist äußerst schwierig, liebevoll zu sein wenn das Ego einen erbitterten Kampf inszenieren will. Warum? Weil es für uns vollkommen ungewohnt ist. Zu entscheiden *„Ich wähle die Liebe anstelle meines Egos"* klingt so einfach. Aber das ist es leider ganz und gar nicht. Denn da ist dieser starke Drang in uns, gut dazustehen, gut auszusehen und als Sieger aus einem Konflikt hervorzugehen. Schauplatz ist meistens unsere Partnerschaft oder unsere Familie. Aber auch Nachbarn und Arbeitskollegen eignen sich hervorragend zur Ego-Schau: *„Seht her, das habe ich nicht nötig. Ihr wollt mich provozieren oder demütigen? Okay, ihr habt es so gewollt – jetzt zahle ich es euch heim!“* Und da wären wir schon beim Thema: Etwas hat dich ausgebremst. Wie kannst du dich gegen diese eingebaute Bremse in dir zur Wehr setzen?

Manchmal eskalieren Konflikte mit unseren Partnern so sehr, dass unsere Sicherungen durchbrennen. Wir schaukeln uns gegenseitig so sehr hoch, dass es uns vorkommt, als sei er oder sie unser Feind geworden, den es anzugreifen und zu besiegen gilt. In Wirklichkeit ist in solchen Momenten dein wahrer Feind nicht dein Partner, sondern dein aufgebrachtes Ego. All die Dramen des Egos halten dich im Opfer-Täter-Glauben fest und haben demnach nichts mit der Kraft der Liebe zu tun.

Gib der Liebe grünes Licht, so dass sie frei fließen kann. Du bleibst bei dir, egal, was andere sagen oder über dich denken oder wie sie auf dich reagieren. Du bleibst der Liebe unbeirrbar treu. Das zu erleben ist grenzenlose Freiheit und tiefes Glück.

Ich nehme alle Menschen, einschließlich meiner selbst,
als erwachende Geschöpfe wahr, die hier ihr angestammtes
Recht auf die höheren Bewusstseinsebenen der grenzenlosen
Liebe und des Eins-Seins verwirklichen wollen.
Ken Keyes

Überlässt du der Liebe das Feld, dann breitet sie sich aus wie Sonnenstrahlen, die alle Geschöpfe gleichermaßen wärmt. Du berührst immer mehr Menschen und dadurch kommt immer mehr Freude in dein Leben. Aus deiner Beziehung zur Quelle entsteht ein Netzwerk der Liebe um dich, das deine positive Ausstrahlung weitergibt. Eigentlich ist diese Verbindung immer schon da. Doch durch dein absichtsvolles Handeln wird sie sichtbar. Indem du deine Erwartungshaltungen zurücknimmst, machst du dir selbst ein unerwartet schönes Geschenk!

Loslassen

Lerne loszulassen. Das ist der Schlüssel zum Glück.
Buddha

‚Loslassen' ist ein relativ unbeliebtes Wort im Beziehungsdschungel, bedeutet es doch, deinen Partner aus der Verantwortung zu entlassen, dich glücklich zu machen. Es gibt eine Illusion, die lautet: *„Loslassen ist ja so schwierig!"*

Okay, es ist nicht so einfach loszulassen – aber immer noch besser als festzuhalten und zu leiden, oder? Was macht es uns so schwer? Die jahrelange Suche nach Nähe, gespeist von unserer Hoffnung seit Kindheitstagen, doch noch von einem Menschen gerettet zu werden. Dahinter steht die Angst vor Einsamkeit. Wenn wir Angst empfinden, setzt unser Urinstinkt ein, uns an unseren Liebsten festzuklammern. Eine Hand loszulassen, die wir nicht loslassen wollen, ist sehr schmerzhaft. Wie sollen wir den anderen gehen lassen, wenn es so scheint, als stünden wir verloren vor einem Abgrund? Die Furcht vor dieser Kluft, vor der Ungewissheit, hält uns im Würgegriff der Angst.

Wir fürchten also meist, loslassen sei gleichbedeutend mit unserem Einverständnis, allein gelassen zu werden. Damit ist wahrscheinlich niemand einverstanden, denn das haben wir fast alle schon als Kind erlebt. Schließlich will kein Wesen allein sein, sondern Nähe und das Glück des Teilens erleben. Was bleibt also, wenn alles wegfällt?

Es geht gar nicht so sehr darum, eine Person loszulassen, sondern eher um den Irrglauben, von diesem Menschen hinge dein Lebensglück ab! Du erleichterst dich selbst, wenn du dich dazu entschließen kannst, solche inneren Überzeugungen und Glaubenssätze aufzugeben, die dir nichts als Unglück und Abhängigkeit bescheren.

Mache also das Experiment und lasse den Glauben los, du müsstest gerettet werden! Lass die Ängste los, die dir sagen, dass du verloren bist. Lass die Vorstellung los, in der Zukunft sei dein Glück zu finden und lass die Vergangenheit los. Spirituelle Techniken wie *„The Work“*, *„Theta Healing“*, *„Theta Floating“*, *„Hypnose“* oder *„Transformations-Therapie“* können dir dabei eine große Hilfe sein. Lass jeglichen negativen Gedanken über dich los. Es ist möglich, ohne den blockierenden Einfluss der Schatten deiner Vergangenheit zu leben, wenn du dich immer wieder bewusst für ein neues Kapitel in deinem Leben entscheidest.

Betrachte deine Gedanken achtsam und dann entscheide dich für eine kraftvolle, neue Perspektive eines freien Herzens.

Aus dem Blickwinkel der grenzenlose Liebe ist Loslassen kein Verlust, sondern immer eine Bereicherung für die Liebe! Es ist ein großes Glück, selbst die Verantwortung für dein Wohlergehen zu übernehmen und das Leben deiner Wahl zu kreieren. In diesem Sinne ist ‚Loslassen‘ ein anders Wort für ‚Zulassen‘. *„Ich vertraue mich dem Fluss des Lebens an und fühle mich erfüllt von vom Zentrum meines Seins, das mich sicher durchs Leben trägt.“*

Ab dem Moment, wo du die Freude darüber empfindest, das Ruder deines Lebens in die Hand zu nehmen und Halt im Leben selbst zu finden, wird Loslassen kein lästiges Übel mehr für dich darstellen. Es wird ein befreiender, aufrichtiger Akt, der aus der Fülle deines Herzens kommt und wunderbare neue Erfahrungen schafft.

Das goldene Licht

Es gibt sie, die Kraft der Liebe, die dich so sehr durchdringen kann, dass du freiwillig andere Menschen aus der Verantwortung entlässt und wirklich loslassen kannst. Meine Lieblingsbeschreibung dafür ist: Das goldene Licht! Das goldene Licht ist in uns, umgibt uns und erstrahlt in jedem Lebewesen. Du kannst das Funkeln deines Juwels wahrnehmen und es in dir erfahren, indem du dich dieser Erfahrung aktiv widmest.

Das Bad in deinem goldenen Licht lässt sich also in jeder Faser deines Seins erleben. Du kannst es sogar an andere aussenden. Sobald du den Palast deines Lichts betrittst, bist du durchdrungen von grundloser Freude und pulsierender Lebenskraft. Sende diese Freude durch den Lichtstrahl deines Herzens innerlich an die Person, deren Herz du berühren möchtest. Nur ein strahlendes Herz kann ein anderes Herz erreichen. Liebe ist eine Herzensverbindung.

Wenn du mal wieder enttäuscht darüber bist, dass dein Partner nicht die Initiative ergreift, kannst du dich aus deinem Wartesaal befreien, indem du dir zunächst eingestehst, dass du wieder mal in einer Forderung feststeckst.

Ein wunderbarer Weg, um dich von deinen Erwartungshaltungen zu befreien ist, dich mit der liebenden Energie in dir zu verbinden und das Licht deines Juwels auszusenden. Liebe ist eine Kraft, die Licht verströmt. Die Essenz deines Daseins fließt im kosmischen Licht und findet in dem Maße Ausdruck, wie du ihrer gewahr wirst.

Ein Krieger des Lichts glaubt. Weil er an Wunder glaubt, geschehen auch Wunder. Weil er sich sicher ist, dass seine Gedanken sein Leben verändern können, verändert sich sein Leben. Weil er sicher ist, dass er der Liebe begegnen wird – begegnet ihm diese Liebe auch. Manchmal wird er enttäuscht, manchmal verletzt – und dann hört er Kommentare wie diesen: „Wie naiv ist er doch." Aber der Krieger weiß, dass es sich lohnt! Für jede Niederlage gibt es zwei Siege. Alle, die glauben, wissen das.

Paolo Coelho

Erfährst du die Verbindung mit der Lebenskraft der Liebe in dir, wirst du ohne Zweifel zu einem Leuchtturm für andere. Licht erhellt deinen Weg, verschafft dir Klarheit und erfüllt dein Herz mit Freude. Es motiviert auch andere, sich auf dich zuzubewegen. Dein Licht ist ein starker Magnet. Je stärker du dein inneres Licht erstrahlen lässt, desto eindeutiger ist deine Einladung an andere. Das goldene Licht deines Herzens macht dich stark und lässt dich erstrahlen.

Lotus Fokus

Verschenke dein goldenes Licht*

Setze oder lege dich entspannt hin, schließe deine Augen und wende dich nach innen. Lass all die Gedanken los, die du jetzt nicht brauchst und freue dich auf die belebende Erfahrung mit dem Licht.

Komme zur Ruhe und nimm dir Zeit, um in deinen innersten Kern einzutauchen. Atme bewusst ein und aus, fühle den Fluss deines Atems. Konzentriere dich auf deine Mitte, dein Herzzentrum. Entspanne dich, entspanne dein Gesicht und fühle, wie sich ein sanftes Lächeln auf dein Gesicht legt. Du bist eins mit der universellen Lebenskraft. Du wirst von ihr durchs Leben getragen. Lass dich vertrauensvoll in die Lebenskraft der Liebe fallen, die dich führt. Wie Engelsflügel umgibt dich die Kraft, die dich am Leben erhält. Lasse dich immer tiefer und tiefer in diese wunderbare Kraft fallen. Du und dein Wesenskern seid eins.

Stell dir vor deinem geistigen Auge vor, wie sich die Schatzkammer zu deinem innersten Kern öffnet. Entdecke das glänzende Juwel deines Wesenskerns, das dir entgegenfunkelt. Dein Juwel erstrahlt im Palast kosmischen Lichts und du kannst den liebevollen Strahl kosmischen Lichts empfangen, das aus deinem Zentrum kommt.

Du bist ein Kanal der Liebe. Das goldene, warme Licht füllt dein Herz vollständig aus. Lasse den leuchtenden Lichtstrahl

* Kleiner Tipp für diese Meditation: Du kannst dir zur Unterstützung diesen Text – langsam, mit ein paar Pausen – aufs Handy sprechen/aufnehmen. Auf diese Weise kannst du dem Text danach mit geschlossenen Augen lauschen. In Kürze erscheint auch das Hörbuch (als mp3) zu „Du bist ein Juwel" mit geführten Lotus Fokus Meditationen.

deinen ganzen Körper erfüllen. Erlebe das Licht in deiner Brust, deinem Bauch, deinen Unterleib, deinen Beinen und Füßen. Es breitet sich jetzt auch sanft in deine Armen und Hände aus, lässt deine Schultern erstrahlen, erfüllt deine Kehle und strömt sanft in deinen Kopf bis zum Scheitel. Es fließt durch dein Herz in die feinsten Arterien des Wunderwerks deines Körpers. Jede Zelle deines Körpers ist jetzt von goldenem Licht erfüllt. Du leuchtest. Fühle deine Verbundenheit mit dem Licht.

Imaginiere, wie es durch deinen Körper strömt und dich sanft als deine Aura umgibt. Es löst in dir ein wohliges Gefühl der Ruhe und Gelassenheit und aus. Du fühlst dich vollkommen erfüllt, angenommen, geliebt, beschützt und getragen von dieser leichten wunderbaren Energie des Lichts, die dich durchströmt.

Lass' einfach los und genieße dieses Bad in deiner inneren Sonne. Du fühlst dich wohl, geborgen und neu aufgeladen. Fühle die Gegenwart der Liebe in dir. Das Licht in dir dringt jetzt über deinen Körper hinaus in die Weite des Kosmos. Du machst die Erfahrung grenzenloser Liebe, Freude und Leichtigkeit.

Stell dir jetzt vor deinem geistigen Auge die Person vor, der du deine Liebe schenken möchtest. Dein Herz erkennt sein oder ihr Herz und die Verbindung zwischen euch. Egal, ob dieses Herz geöffnet oder verschlossen ist, schicke gedanklich das goldene Licht in das Herz dieser Person. Deine Herzensenergie erreicht jeden, den du erreichen möchtest. Von Zauberhand fließt der goldene Lichtstrahl über die Brücke deines Herzens zum Herzen dieses Menschen. Du kannst die Kraft des Lichts auch begleiten, indem du denkst oder leise aussprichst: „Ich liebe dich. Ich liebe dich und schicke dir mein Licht."

Das Goldene Licht fließen zu lassen macht dich glücklich. Du kannst sehen, wie diese Person sich sichtlich entspannt, wie sich ihr Herz öffnet und sich ein zartes Lächeln auf ihr Gesicht legt. Lass alle Erwartungen los und freue dich von ganzem Herzen, dass sie dein Licht empfangen kann. Dein Licht auszusenden ist dein Geschenk, das keine Gegenleistung fordert. Genieße einfach eure innige Verbundenheit auf der Ebene kosmischen Lichts.

Du kannst diesen kosmischen Strahl der Liebe jederzeit aussenden und immer für dich und andere aktivieren. Dein Licht ist immer da für dich. Es bedarf nur deines Bewusstseins und deiner Bereitschaft, die Lebenskraft in dir zu sehen und sie zu erleben.

Lasse die schöne Erfahrung im Palast deines Lichts noch eine Weile wirken und dann komme langsam wieder zurück in deinen Wachzustand. Bewege sanft deine Arme und Beine, öffne ganz langsam und sanft deine Augen und komme im Raum an.

10
Kronjuwelen

Kronjuwelen zierten in der Geschichte ausschließlich die Häupter von Persönlichkeiten, die durch ihren Stand oder ihre Herkunft zu etwas Besonderem erklärt wurden. Jetzt ist die Zeit gekommen, in der du selbst entscheiden kannst, was dein Leben krönt. Was macht deine Lebensreise zu einem ganzheitlichen Erlebnis? Was verleiht ihr Sinn und Lebensfreude? Ist es dir eine Freude zu tun, was du tust – unabhängig davon, worum es sich bei dieser Tätigkeit handelt? Lass zu, dass das Suchen im Außen aufhört und lade die Erfahrung in dein Leben ein, erfüllt am Leben teilzunehmen und im Jetzt und Hier präsent zu sein – so wie du bist!

Die universelle Liebe macht jeden von uns zu besonderen und einmaligen Gesamtkunstwerken. Du bist ein kostbares Geschöpft dieser Sinfonie! Nicht im Sinne des trennenden Egos, das sich überhöht und hervorhebt, sondern aus der Perspektive der Untrennbarkeit der Lebenskraft und ihren wunderbaren Kreationen. Du bist genauso kostbar wie ein neuer Tag, wie ein Sonnenaufgang oder ein schöner Regenbogen. Du bist beachtenswert, einzigartig und liebenswert und trägst den Funken in dir, andere positiv mit deiner Lebensart zu berühren. Erwache zu deiner eigenen Großartigkeit!

Liebeserwachen

In der Natur kannst du durch deine achtsame Wahrnehmung die Botschaften und Krönungen der Schöpfung erkennen. Die Erde ist atemberaubend schön – selbst jetzt noch, nachdem wir große Teile ihrer Schönheit zerstört haben. Sie hält Abertausende von Wundern für uns bereit. Alles, was wir benötigen um ihnen zu begegnen, ist die Bereitschaft zur Widmung, Ruhe und Achtsamkeit. Inmitten der kleinen Wunder der Natur eröffnet sich dir die untrennbare Verbundenheit mit allem, was lebt. Der Wind, in dem sich die Bäume biegen, ist die Luft die dich am Leben erhält. Das Wasser der Flüsse und die Wellen des Meeres sind der Strom deines Blutes, das pausenlos pulsiert. Die Zweige und Äste sind wie die Knochen und Sehnen, von denen du durchflochten bist.

Der Falke, der in der Weite des Himmels majestätisch seine Kreise zieht, wird zum Abgesandten der Schöpferkraft. Sein Ruf gilt dir, auf dass du seine Erhabenheit und Schönheit erkennst, dir deine Verbindung mit einer übergeordneten Instanz ins Bewusstsein rufst. Der Schmetterling, der für einen Augenblick seine Schönheit auf einer Blüte zur vollen Entfaltung bringt, ist wie das Erwachen zur Liebe in dir. Für einen Moment hast du einen Eindruck von der Schönheit und Anmut des Lebens bekommen, das sich in tausend Variationen federleicht und scheinbar unbeschwert entfaltet. Er steht für das Gefühl der Leichtigkeit des Seins, das auch in dir existiert, vielleicht hast du es in deinem Alltagsstress etwas aus dem Blick verloren.

Die kleine Biene, die sich hingebungsvoll um jede einzelne Blüte kümmert, die sie auf ihrer Reise antrifft zeigt dir, dass es etwas gibt für das es lohnt, sich einzusetzen. Sie erfüllt ihre wahre Natur indem sie einfach das tut, was Bienen tun. Sie sorgt nicht nur für sich und ihr Volk sondern auch dafür, dass die Vielfalt der Blüten und Pflanzen weiter existiert.

Auf ähnliche Weise wirst du das Liebeserwachen in deinem Leben und auch in deinen Beziehungen erleben, wenn du dich der Lebenskraft der Liebe widmest und öffnest. Das verborgene Potenzial deiner grenzenlosen Liebesfähigkeit wird voll zum Erblühen kommen, je bereitwilliger du den Fokus auf die Liebe setzt und im Vorbeigehen andere damit berührst.

Dein Juwel erkennt das Juwel in anderen! Je mehr du dein Leben zutiefst lieben, umarmen und wertschätzen kannst, desto mehr öffnet sich dein Herz. Deine Wertschätzung für dein Leben führt auch immer zu mehr Wertschätzung für andere.

Diese Anerkennung des Lebens kommt auf vielen Wegen in dein Leben zurück.

Es ist also alles eine Frage unserer inneren Haltung und weniger der Umstände, ob wir ein liebevolles Leben führen können oder nicht. Unsere Verantwortung dafür ist entsprechend groß. Nur durch stetige Bemühung, unseren Fokus in der Liebe zu halten, können wir den Verführungen des Schattens und des darin wirkenden Egos widerstehen. Eine regelmäßige innere Einkehr durch Ausflüge in die Natur, Meditation, Chanten, Vergebungsrituale oder andere Ausübungen deiner Wahl sind auf diesem Weg unentbehrliche Kraftspender und auch Wegweiser darin.

Fundamentale Freiheit

Fundamentale Freiheit ist unsere wahre Natur. Auch wenn wir von vielfältigen Verpflichtungen unseres Alltags beansprucht werden, können wir doch zur inneren Freiheit erwachen.

Frei wie der Wind zu sein ist die große Sehnsucht aller Wesen. Wenn sich dieser Wunsch nach natürlichem Bewegungsspielraum erfüllt, ziehen wir sämtliche Glücksgefühlsregister. Freiheit bedeutet den Eintritt in ein inneres Land der unbegrenzten Möglichkeiten und der vollständigen Entfaltung. Es entsteht eine innere Weite, wenn wir erleben, frei von einengenden Gedanken, Selbstzweifeln und Ängsten zu sein. Plötzlich entscheidest du völlig frei, was dir gut tut und lässt dich nicht von etwaigen Hindernissen abhalten. Das lässt dich das unbeschreibliche Glück erleben, das freie Spiel der Möglichkeiten auszuprobieren und Erfüllung in der Welt zu finden.

Liebesbaustein Nummer Eins für die Entfaltung jeglicher Beziehung ist die Freiheit. Besonders in Liebesbeziehungen ist wahre Freiheit ein betörendes Liebeselixier. Verbindungen, deren Fundament von Freiheit und Vertrauen geprägt ist, bleiben lebendig, spannend und warm. Wenn du erleben willst, dass dein Partner wirklich dich meint, wenn er sagt, *„Ich liebe dich"*, dann bleibe dir selbst treu und verhindere nie, dass er oder sie sich in Freiheit bewegt.

Auch wenn du die bedrohliche Angst und Unsicherheit in dir verspürst, dass dich dein Partner verlassen könnte, lohnt es sich, diesen Schritt in die Freiheit zu wagen, anstatt weiter an der Tradition des Kontrollierens und Manipulierens festzuhalten. Schaffe Platz, um die Enge aufzulösen die entsteht, wenn du dem anderen zu viel abforderst, ihn be- oder verurteilst. Bist du innerlich frei, brauchst du weder dir noch deinem Partner Druck zu machen. Lasse dir und deinem Partner den Spielraum, in dem ihr euch immer wieder neu begegnen könnt. Das wird dir manchmal mehr, manchmal weniger gelingen. Wichtig ist nur, dass du bereit bist, einengende Forderungen immer wieder zurückzunehmen, sobald sie dir bewusst werden. Nur auf diese Weise kann etwas Neues entstehen: Eine Partnerschaft, die auf Vertrauen und Selbstverantwortung basiert. Stürze dich mutig in das Abenteuer der Freiheit und lasse dich mit neuer Frische und Lust in deiner Beziehung belohnen.

Sobald du deinen inneren Palast des Lichts einmal betreten hast und in die Essenz deines Wesens eingetaucht bist, hört die Fixierung auf das Zentrum der Liebe in anderen auf. Das Licht deines Herzens erleben zu können, wann immer du dich danach sehnst, ist das, was ich als innere Freiheit bezeichne. Die fundamentale Freiheit, einen individuellen Lebenszustand zu wählen, der dich glücklich macht.

Grenzenloser Enthusiasmus

Bei dem Wort Enthusiasmus fällt mir sofort der Auftritt von Roberto Begnini bei seiner Oscar-Verleihung ein. Oh mein Gott, was hat dieser Mann sich gefreut! Und wir alle mit ihm! Seine kindliche, grenzenlose Begeisterung brach aus ihm heraus und sprengte alle Konventionen. Urplötzlich stand er auf seinem Sessel und stürmte über die Sitzreihen des Auditoriums, als gäbe es kein morgen mehr. Dabei glich er einem jungen Hund, der seine überschäumende Begeisterung nicht bremsen kann! Seine pure Freude lud so sehr zum Herumtollen ein, dass es die gesamte Hollywoodprominenz und Milliarden Menschen vor dem Fernseher mit von den Stühlen riss! Begnini verlieh der ganzen Veranstaltung etwas Zauberhaftes. Sein echter Enthusiasmus war so groß, dass jeder Betrachter sein Glück miterleben konnte.

Hier wurde ein Mann ausgezeichnet, der weder schön war noch irgendeinem anderen gängigen Klischee entsprach. Er faszinierte uns mit seiner einzigartigen, authentischen Lebensfreude, der weder im Film noch im Leben Grenzen gesetzt werden konnten und mussten. Die völlige Freiheit, die er sich nahm, als er über die Sitzreihen lief war die spontane und schier grenzenlose Kraft, die echter Enthusiasmus mit sich bringt. In diesem Bild der totalen Begeisterung pulsiert die Kraft unserer Lebendigkeit!

Bricht die dynamische Kraft des Enthusiasmus aus dir hervor, dann willst du die Welt umarmen – so stark ist dieses Gefühl. Wenn du dann auch noch weißt, was du mit dieser Emotion anstellen willst, hast du etwas anzubieten, was die Herzen deiner Mitmenschen zu berühren vermag. Ungebremste Begeisterung ist die Triebfeder, um frei und mutig zu handeln. Deine Erlaubnis, vollständig du selbst zu sein in Verbindung mit einem höheren Ziel, setzt diesen Mut und diese Tatkraft frei. Dein Leben hat in diesen Momenten eine Ausstrahlung, die andere dazu inspirieren kann sich ebenfalls von den Fesseln der Angst zu befreien, um ihrem Herzen treu zu sein und ihrer Begeisterungsfähigkeit freien Lauf zu lassen. Deinem Herzen und deinen Träumen zu folgen hat in diesem Sinne auch immer die Kraft, andere Leben zu inspirieren.

Das Kunstwerk der Liebe leben

Der uneingeschränkte Glaube an dich legt den Fokus auf das Beste in dir, in deinem Partner und in deinen Mitmenschen. Nimm deine Schattenseiten tapfer an und schaffe Platz für die

Lebenskraft der Liebe. Ja, du wirst fallen. Steh immer wieder auf! Ja, du wirst gemein sein. Nimm es zurück! Ja, dir wird Unrecht widerfahren. Lass es immer wieder los!

Wenn das Leben eine Schule ist, dann geht es hier wohl darum, unsere Liebesfähigkeit grenzenlos auszuweiten und sie in Taten erlebbar und spürbar zu machen. Botschafter wie Buddha, Jesus oder Gandhi hatten vor allem eine gemeinsame Botschaft: Du bist ein absolut liebenswertes Geschöpf der einen, alles verbindenden Lebenskraft. Liebe ist das was du bist und gleichzeitig das, was dich erschaffen hat. Erkenne, dass du eins mit der göttlichen Liebe, der mystischen Lebenskraft und der kosmischen Intelligenz bist. Verzeihe immer wieder auf's Neue all denjenigen, die blind für diese Einheit sind und die aus Ignoranz das Gegenteil leben. Verwirkliche die Gaben, die du in deinem Herzen trägst und verleihe deinem Leben Sinn.

Was mit zaghafter Wertschätzung deiner selbst beginnt, hat das Potenzial, in immer mehr Mitgefühl und wache Tatkraft für deine Mitmenschen zu ufern. Das Erwachen aus der Trance des Ego mit seinen begrenzenden Glaubenssätzen ist es, das dein Juwel schließlich vollständig zum Erstrahlen bringt, das deine Beziehungen krönt und ein wahres Kunstwerk der Liebe – nicht nur in deiner Partnerschaft – erschafft. Die Schatzsuche, auf die du dich begibst, um das unentdeckte Juwel in dir zu entdecken, krönt dein Leben weil es ihm Sinn verleiht. Deine Selbstliebe zu erwecken, dich mutig dem Schatten zu stellen und dich wechselseitig an den Verhaltensweisen von Partnern, Kindern und deinen Mitmenschen zu polieren ist die Kunst, die es zu entwickeln gilt.

Dieses Kunstwerk der Liebe ist auch in Partnerschaften sichtbar, die die Meisterschaft beherrschen, die eigenen Anteile aus Projektionen ihres Schattens zu erkennen, den Schatten zu integrieren und etwas Wertvolles aus den einstigen Konflikten für das eigene und das gemeinsame Leben abzuleiten. Die Kunst des Liebens besteht darin, die lichtvollen und positiven Eigenschaften unseres Partners in den Fokus zu nehmen, anstatt – wie so oft in Beziehungen – die dunklen Seiten mit einem Vergrößerungsglas zu betrachten. Nur wer den anderen wirklich verstehen möchte, liebt. Liebe ist kein passives Bewundern, sondern eine aktive Entscheidung dafür, das Beste in uns und unseren Mitmenschen sehen zu wollen. Jedes Mal, wenn wir unsere Aufmerksamkeit auf die innere Größe unseres Partners lenken, werden dadurch die liebevollen Seiten in ihm und gleichzeitig auch in uns verstärkt.

Darin liegt wohl auch die tiefere Bedeutung des Satzes: „*Gib der Liebe eine Chance!*". Partner, die sich auch und besonders in Beziehungen authentisch und frei fühlen, die wie Delfine ausgelassen durchs Wasser ziehen, sind lebendige Beispiele dieser Kunstwerke der Liebe. Zwei Liebende, die jeweils ein Kanal für die Liebe geworden sind und deren Liebeserleben so stark und erfüllend geworden ist, dass sie den aufrichtigen Wunsch haben, ihren Partner glücklich zu sehen, erleben völlig unerwartete Sternstunden der Liebe. Ihre Liebe wird mit der Zeit nicht etwa schwächer, ihre sexuelle Beziehung nicht langweiliger, sondern erfüllender und tiefer. Das so geschaffene Band des Vertrauens sorgt dafür, dass sie sich vollkommen öffnen und authentisch sein können. Glücksgefühle treten in scheinbar belanglosen Alltagsmomenten auf und erinnern an die Zeit, als das Paar vor Verliebtheit auf rosa Wolken schwebte. Ihre Liebe nutzt sich nicht ab, sondern ist eine dynamische Kraft, die immer wieder neu hervorbrechen darf. Ein Kraft, die prickelnde Momente auszulösen vermag, egal wieviel Zeit das Paar bereits miteinander verbracht hat.

Eine Zweierbeziehung ist das zweite Glied einer Kette. Alles beginnt mit dem ersten Glied, nämlich mit dir. Du gibst deine Energien an deinen Partner weiter und umgekehrt.

Ihr befruchtet euch, inspiriert euch, ihr stärkt euch, ihr reibt euch aneinander, ihr stellt euch in Frage, ihr tauscht euch aus. Ihr zeigt euch, wie ihr seid und packt mutig eure emotionalen Rucksäcke aus. Geschieht all das mit wachem Bewusstsein, ist jede Emotion ein Geschenk. Dann hat euer Ego nicht die Kraft, aus einer Mücke einen Elefanten zu machen. Solange ihr gewillt seid, auch im Ansturm heftigster Gefühlsausbrüche das Juwel in euch und in eurem Liebsten zu erkennen, werdet ihr jede Krise überstehen. Sie wird euch stärker und weiser machen. In dieser Weise zentriert ist kein Graben je zu tief und kein Kummer zu schlimm, um nicht überwunden werden zu können. Eure Verbindung wird eine Ermutigung und ein Gewinn für andere, weil eure Liebesenergie in alle anderen Bereiche eures Lebens ausstrahlt.

Du bist ein Juwel, dein Partner ist es auch. Indem ihr die Schätze eurer Herzen öffnet und sie vor allem nutzt, werdet ihr selbst zu Kronjuwelen, die wundervolle Beziehungen erleben. Diese Art von Beziehungen werden immer von Respekt, Freiheit, Begeisterung, Erwachen und liebevoller Unterstützung geprägt sein. Zu schön um wahr zu sein? Das liegt ganz daran, wie sehr du diese Vision verwirklichen willst.

Die Liebesrevolution

Man kann nur erleben und erfahren,
was Liebe ist, indem man liebt.
Osho

Die tiefe Verbundenheit mit der Lebenskraft der Liebe, der Natur und allen Wesen unseres Planeten zu empfinden ist der Schlüssel für einen Neuanfang auf unserem ‚blauen Juwel', der Erde. *(„Das blaue Juwel" ist der Titel eines wunderbaren Films).* Ich bin davon überzeugt, dass wir mitten in einer Transformation unseres kollektiven Bewusstseins stecken, die zu einer regelrechten ‚Liebesrevolution' auf dem Raumschiff Erde führen wird.

In dem Wort ‚Revolution' ist der noch passendere Begriff ‚Evolution' enthalten. Und darum geht es. Mehr als *gegen* etwas zu sein sind wir aufgefordert, unser ganzes Potenzial unserer mitfühlenden Liebesfähigkeit zu entwickeln und einzusetzen. Auch wenn uns die Heftigkeit der derzeitigen Ereignisse auf der Welt oft hilflos und ohnmächtig zurücklassen, ist dies nicht der Moment, den Mut sinken zu lassen.

Jetzt ist die Zeit des Erwachens gekommen. Deine Liebe zählt! Dein Licht mag dir allein nur als ein Lichtlein erscheinen. Doch das ist es nicht – es ist elementar. Du bist Teil der kosmischen Liebe, die sich gerade angesichts dieses Leides immer weiter auf dem Planeten ausbreitet. Zugegeben, davon ist in den Nachrichten nichts zu hören. Alles was wir zu sehen bekommen ist Gewalt, Not, Irrsinn und Zerstörung. Doch das ist nur die halbe Wahrheit. Denn auch die Nachrichten stellen nur einen Ausschnitt aus der Wahrnehmung derjenigen dar, die ihren Fokus auf die Wirkungen im Außen legen – und nicht auf deren Ursachen.

Die Funktion des Schattens ist, dir zu zeigen, was du *nicht* bist, richtig? Dann erwache zum Licht, das du bist – in aller Klarheit und mit all deiner Macht! Die Macht des Lichtes macht dir Angst? Dann nur, weil es dir fremd ist, dieses Bild zuzulassen. Wir sind so sehr daran gewöhnt, unser Licht dem Diktat des Schattens unterzuordnen, dass wir dies leider oft als normal empfinden.

Es gehört großer Mut dazu, zu unserer eigenen Größe zu stehen. Veränderungen machen immer auch Angst. Sei es davor, das Alte zu verlieren, sei es dass wir unsere Visionen dann auch konkret in die Tat umsetzen müssen. Indem wir nicht nur über eine liebevollere Welt *reden* sondern auch unseren Teil aktiv dazu beitragen. Auf lange Sicht werden wir durch das Verleugnen unserer wahren Größe nur traurig, frustriert und hoffnungslos, weil wir auf diese Weise das wahre Potenzial unseres Herzens nicht entfalten können.

Von meiner Lieblingsautorin, Marianne Williamson, stammt ein Text, der irrtümlicherweise als Worte von Nelson Mandela berühmt wurde, der diesen lediglich in einer Rede zitierte. Er lautet: „Du bist der wichtigste Mensch in Deinem Leben". Hier ein Auszug daraus:

Unsere tiefgreifendste Angst ist nicht,
dass wir ungenügend sind.
Unsere tiefgreifendste Angst ist,
über das Messbare hinaus kraftvoll zu sein ...

Es ist unser Licht, nicht unsere Dunkelheit,
das uns am meisten Angst macht!
Wir fragen uns: Wie kann ich es wagen,
brillant, hinreißend, talentiert, berühmt und reich zu sein?
Doch in der Tat:
Wie kannst du es wagen, es nicht zu sein?
Du bist ein Kind Gottes.

Genau aus diesem Grunde, der Angst vor dem eigenen Licht, hatte es der Buddha in Indien so schwer. Die Menschen waren zwar daran interessiert, was er über seine Erleuchtung zu sagen hatte. Aber sie konnten nicht glauben, dass dieses Potenzial auch in ihnen selbst war. Alles, was der ‚Buddha' brauchte, um seine Weisheit zu öffnen, war sein unbegrenztes Herz. Die Kraft seines Mitgefühls bewegte sein Leben und wurde die Ursache für die Entfaltung seines vollen Potenzials – als Mensch und als kosmisches Wesen.

Jeder Mensch kann sein Leben erleuchten und tiefes Glück aus sich hervorbringen! In diesem einen, wunderbaren Leben. Und wenn nicht in diesem, dann eben im nächsten Leben! Damals waren die Menschen noch nicht soweit, dies glauben zu können. Viel zu sehr waren sie daran gewöhnt, ihre Götter zu verehren und ihnen die Macht über Licht und Schatten zu überlassen. Doch alle Anbetung hat es ihnen nicht näher gebracht – das ersehnte Licht. Kein Bitten und Betteln, kein blindes Mitlaufen und kein ängstliches Einhalten von Regeln.

Weil wir seit Jahrtausenden gepredigt bekommen haben, alles Wunderbare sei nur außerhalb unserer selbst zu finden, fällt uns die Akzeptanz unserer wahren Größe auch heute noch schwer. Noch immer ist der Planet Erde nicht der Planet der Liebe. Zumindest nicht unter den Menschen. Und von Weltfrieden …? Weit und breit keine Spur!

Alles, was wir auf dem Weg dorthin brauchen ist die Demut, den Wert des Lebens zu würdigen. Dieses Erwachen zum Schatz des Lebens schließt unseren eigenen Wert ein, denn wir sind ein elementarer Teil davon. Unser Leben ist in jedem Augenblick untrennbar verbunden mit der Koexistenz aller Phänomene. Indem wir das Leben selbst verehren, verehren wir auch unser Leben. Damit überhöhen wir uns nicht, sondern pflichten allen erleuchteten Weisen bei, die verlauten ließen: *„Du bist das Licht der Welt!“*

Ihr seht Güte und Mitgefühl in euch, aber ihr leugnet sie. Ihr seht Weisheit in euch, aber ihr leugnet sie. Ihr seht unendliche Möglichkeiten in euch, aber ihr leugnet sie. Und ihr seht und erfahrt Gott in euch, aber ihr leugnet ihn.
Neale Donald Walsch

Die Zeit ist gekommen, dass wir ‚Normalsterblichen‘ unser wahres Potenzial entdecken, öffnen und uns uneingeschränkt dazu bekennen. Nur wenn alle Verbündeten des Lichts sich vereinen, hat die Menschheit eine Chance.

Indem du zu deinem wahren Kern erwachst, wirst du eine positive Kettenreaktion der Liebe auslösen. Dieses Erwachen ist keine Theorie, es ist das Potenzial unserer menschlichen Natur, wahrhaft liebevoll zu sein und entsprechend zu handeln.

Viele Menschen durchlaufen zurzeit eine mehr oder weniger intensive Phase, in der sie an die ‚Knackpunkte‘ zentraler Fragen des eigenen Daseins kommen. Die einen verdrängen diese Möglichkeit und halten den Deckel über dieser ‚Suppe‘, die in ihnen brodelt und überzulaufen droht. Andere stellen sich mutig den aufkochenden Lebensfragen nach Sinn, Liebe, Glück und einer gerechteren, friedlicheren Welt.

Ich stimme den großen Erweckern unseres Zeitalters zu und betrachte diese bedrohliche Zeit der Extreme ‚trotz allem‘ und gerade deswegen auch als Chance zum Quantensprung für die Menschheit. Das Zeitalter eines gewaltigen Bewusstseinswandels ist angebrochen! Einerseits erleben oder beobachten wir multimedial die extremen Bedrohungen und Konfusionen, die sich an zahlreichen Schauplätzen von Krisen, Hungersnot, Kriegen und grausamster Verfolgungen zeigen. Solche Ereignisse tragen dazu bei, dass es auf der Erde zu Stimmungen von großer Resignation kommt.

Andererseits aber wächst auch viel Licht im Schatten dieser traurigen Fehlentwicklungen: das Licht des Bewusstseins über die tiefe und untrennbare Verbundenheit aller Lebewesen breitet sich aus. Es ist ermutigend, dass immer mehr Menschen zu einem neuen und tieferen Bewusstsein erwachen.

Wir können die Wirkungen von geistiger und emotionaler Dunkelheit wie Dummheit, Habgier, Arroganz und Grausamkeit leider nicht auslöschen. Gegen Menschen, die den ewigen Kreis unseres Lebens auf dem blauen Planeten nicht achten, scheint bei oberflächlicher Betrachtung ‚kein Kraut' gewachsen zu sein. Mit den meisten lässt sich noch nicht einmal reden. Woher also die Hoffnung nehmen, die Menschheit könne sich durch eine Revolution der Herzen zum Besseren wenden?

Nun, was bleibt, ist die grenzenlose Freiheit des Geistes! Weltweit haben wir in einer stillen Revolution der Herzen jetzt die Gelegenheit, unser höchstes und reinstes Bewusstsein kennenzulernen und vom Zentrum der Liebe aus zu leben. Hier schließt sich der Kreis: Der Weg zur Liebe auf Erden beginnt immer in uns selbst, egal wie hoffnungslos die Situation sich auch darstellen mag. Es ist stets der erste Schritt auf dem Weg einer langen Wanderung zu Frieden und allumfassender Liebe.

Ein Licht für die Welt

Ich muss gestehen, dass es mir persönlich sehr schwer fällt zu akzeptieren, dass es diese massive Dunkelheit auf unserer Welt überhaupt gibt. Mein Herzenzwunsch wäre, sie auflösen zu können und den Traum zu erleben, in dem alle Geschöpfe in Frieden und Harmonie miteinander leben. Doch leider hat unsere Spezies es über die Jahrtausende nicht fertig gebracht, auch nur annähernd eine friedlichere Erde zu kreieren. Um so wichtiger ist es, dass jeder einzelne von uns einen Zugang zu seiner inneren Lichtquelle findet als ‚Laterne' durch die Extreme unseres Zeitalters. Denn die Hoffnung stirbt zuletzt.

Vor kurzem geriet ich in einen gewaltigen Aufmarsch gewaltbereiter Rechtsradikaler und erfuhr am eigenen Leib, wie schnell ich selbst geneigt bin, sie in ähnlicher Weise abzulehnen wie sie ihre fast beliebigen Feindbilder ablehnen. Trotz meines Entsetzens darüber, dass diese reaktionäre Gesinnung wieder so einen starken Zulauf hat, mache ich es mir aber nicht mehr so einfach. Ich bin nicht mehr bereit, auf ihren Schatten meinerseits mit Schatten zu antworten.

Es ist mir klar, dass ich mich auf die gleiche Ebene begebe, wenn ich durch meine eigene Polarisierung zu einer ‚Rassistin gegen die Rassisten' werde. Ich habe dieses Phänomen erlebt, als ich acht Jahre lang in Norditalien in einer Gesellschaft lebte, die für mein Empfinden von Rassismus und Ausländerfeindlichkeit tief durchdrungen schien. Damals konnte ich für meine Nachbarn, die meisten von ihnen Berlusconi-Wähler, nicht besonders viel Sympathie geschweige denn Verständnis aufbringen. Hinter ihren Gartenzäunen, die eher Festungen glichen, schielten sie argwöhnisch auf alles Fremde. Ich litt unter dem starren Festhalten an fragwürdigen Traditionen, die keinen Platz für Toleranz oder Mitgefühl ließen. Nach einiger Zeit musste ich feststellen, dass ich ‚diesen Leuten' gegenüber genau so feindselig gesonnen war, wie ich sie empfand. Ihre Energie war also zu meiner geworden, weil sie in mir nicht das Beste, sondern meine härteste Schale zum Vorschein brachten. Letztlich waren sie ein lehrreicher Spiegel, der mir zeigte, wie es mit meinem Mitgefühl und meiner ‚gelebten Toleranz' wirklich stand.

So sehr ich mir auch Gerechtigkeit und Frieden wünsche – eine kriegerische Haltung kann niemals eine Tugend des Buddha sein, sondern immer nur eine Waffe meiner eigenen fundamentalen Dunkelheit.

Die Untrennbarkeit von Mensch und Umgebung gilt eben nicht nur im positiven Sinne, sondern auch in der Abgrenzung von Negativität! Es gehört eine Menge Bereitschaft, Reife, Mut, Weisheit und innere Stärke dazu um das, was wir als negativ bezeichnen, als Anlass zu sehen, im eigenen Leben in die Tiefe zu gehen und nach der dort verborgenen Botschaft zu suchen: Du bist ein Juwel! Dein nächster ist es auch! Die Erde ebenso!

Wenn du mit Negativität konfrontiert wirst, ist es entscheidend, dass du ihr nicht nachgibst! Gerade wenn du herausgefordert wirst, ist dies der Moment, in dem du dich daran erinnerst, wer du bist. Dein Licht ist ein Hoffnungsschimmer in der Dunkelheit. Es kann andere ermutigen, auch ihr Licht zu sehen. Was mein ‚Zusammentreffen' mit den Hooligans und Rechtsradikalen betrifft, habe ich die Einladung meines Egos, sie gleichermaßen abzulehnen, letztlich nicht angenommen. Ich ertappte mich zwar dabei, sie als ‚herzlose Monster' verurteilen zu wollen, weil mir diese Bewertung berechtigt erschien. Doch letztlich ersetzte ich meine Ablehnung mit einem Moment der Stille. Ich beobachtete sie unbemerkt und dabei öffnete sich mein Herz auf einmal zaghaft durch mitfühlende Fragen: „Wie konnte es nur dazu kommen, dass sie so voller Hass sind? Wie fühlen sich diese Typen, wenn sie allein und ohne die Meute sind? Wer kann jemals ihr Herz erreichen?" Allein diese kleine Herzöffnung zeigte mir, dass ich nicht bereit bin, ‚nur' gleichermaßen zu hassen. Tief in mir fühle ich bereits das Potenzial, selbst für das Glück solcher Zeitgenossen chanten zu können, um ihnen so etwas von dem Licht zu schicken, das sie anscheinend nicht wahrnehmen können.

Die Welt erblüht durch Menschen, die mehr sehen als nur sich selbst. Dein mitfühlendes Herz und dein Licht sind Geschenke für alle Wesen, mit denen du in Berührung kommst. Deine Lebensfreude ist der Motor, der auch Freude und Liebe in das Leben deiner Mitwesen bringen kann. Wenn du das Leben an sich liebst und tiefe Dankbarkeit empfindest, weitest du deinen Radius der Liebe aus. Die Reichweite deiner Herzensenergie wird dich überraschen. Deine Befreiung aus deinen engstirnigen Ego-Dramen kann auch zur Befreiung für viele andere Menschen werden. Vor allem dann, wenn du ins Handeln kommst und deine Energien sinnvoll einsetzt.

Wer wirklich gelitten hat, wer um etwas gekämpft und gerungen hat, weiß den Wert seines Sieges zu schätzen – denn das Licht seines dadurch geschliffenen Juwels leuchtet viel heller als zuvor.

Du wirst geliebt und du bist Liebe. Jede Bemühung, diese Liebe in die Welt zu tragen, ist zutiefst wertvoll. Wie wertvoll, kannst du vielleicht nicht ermessen, doch wenn du darauf vertraust und einfach dein Licht für andere leuchten lässt, werden dir deine Mitmenschen die Kostbarkeit deines lichterfüllten Juwels in ungeahnten Dimensionen widerspiegeln. Denn du bist so viel mehr als du ahnst.

Wenn dein Herz dir rät, deine Erkenntnisse mit denen zu teilen, die vielleicht noch im Nebel ihres Schattenreiches umherirren, zögere nicht, ihnen ein Licht der Ermutigung zu sein. Du stellst dich damit nicht über sie, sondern machst als Bruder oder Schwester deines Nächsten Gebrauch von Gaben, die dir selbst geholfen haben. Durch dieses Weitergeben erschaffst du Wert und vollendest deine eigene Erkenntnis! Denn wir sind eins – und das Licht der Erkenntnis mit anderen zu teilen ist immer nobel und hilft der Evolution des Bewusstseins, die unser Planet so bitter nötig hat.

Die Lebenskraft deiner Liebe an andere weiterzugeben ist eine wunderbare Erfahrung, die dich jedes Mal neu zutiefst beschenken wird. An deiner Freude und Freiheit nehmen auch deine Partner, Kinder und Kindeskinder Anteil. Durch sie bist du gleichzeitig mit deinen Eltern, Großeltern und Urgroßeltern in der Ahnenfolge verbunden, denn letztendlich ist in dieser Hinsicht alles eins.

Der Buddhismus bringt diese Verbindung auf die Formel der ‚Mystischen Sieben'. Du bist mit den Familienmitgliedern von sieben Generationen vor und nach dir verbunden. Indem du deine persönliche Liebesrevolution vorantreibst, profitieren nicht nur sieben Generationen nach dir davon, sondern du beeinflusst damit auch noch die Mitglieder deiner Familie, die sieben Generationen vor dir lebten. Du berührst viel mehr Leben, als du dir vorstellen kannst. Je freier und glücklicher du wirst, desto mehr strahlst du als Licht für die Welt.

Und wenn wir unser eigenes Licht erscheinen lassen, geben wir unbewusst anderen Menschen die Erlaubnis, dasselbe zu tun.
Nelson Mandela

Leuchtet dein Juwel von innen, wirst du zu einem Leuchtturm, der auf seine Weise Hoffnung und Orientierung gibt, wo immer du auch bist. Das Glück, das du bereitwillig mit anderen teilst, leistet einen Beitrag für die ganze Welt.

Wahrer Friede kann nur aus einem friedlichen Herzen erwachsen. Liebe dich heute mehr als gestern und weniger als morgen! Die Kraft, die aus einem befreiten, wachen Herzen strahlt, ist unermesslich und schön. Sie verleiht deinem Leben Glanz und lässt dich die Herzen anderer mit Leichtigkeit berühren. Es scheint mir, als sei vor allem das Sinn und Zweck unserer irdischen Reise: Zu lieben und diese Liebe in inniger Verbundenheit zu teilen – egal, was geschieht.

Lotus Fokus

Das Leben feiern

Der Tag deiner Geburt war der Startschuss in eine Existenz, die es täglich zu feiern und zu unterstützen gilt. Denn das Leben ist ein Geschenk. Dein Geschenk! Fang damit an, es auszupacken! Wenn du es nicht tust, tut es niemand – welch ein Verlust für dich und für uns alle wäre das. Willst du dich selbst verwirklichen, bist du immer unabhängig vom Zuspruch anderer. Du genießt einfach die Entfaltung deines inneren Plans. Und gerade weil wir diesen Zuspruch nicht mehr *brauchen*, bekommen wir ihn!

Erwache zu der Freude, jeden Tag möglichst bewusst zu leben. Jetzt, in diesem Moment. Das Leben atmet dich, es durchströmt dich, es lässt dir die Freiheit, dich zu entfalten.

Spüre in dich hinein, in deinen Pulsschlag, in dein Herz, in deine Brust. Werde dir bewusst, dass du deine Hand bewegen kannst, wann immer du willst. Deine Pupillen weiten sich oder ziehen sich automatisch zusammen, ferngesteuert von der kosmischen Intelligenz, die dich am Leben hält. Werde dir des Wunders deines Körpers bewusst. Genieße deinen Körper und alles, was du durch ihn erleben kannst. Feiere die Freiheit, die er dir gibt. Feiere deine Existenz und jedes liebevolle Wesen, das dich auf deiner Lebensreise begleitet.

Entschließe dich auf tiefster Ebene, jeden Tag zu genießen, ganz egal, ob du bereits deine höhere Bestimmung gefunden hast oder nicht. Du bist die Ursache und du bist die Wirkung. Du bist das kosmische Leben selbst, das feiert, in dieser Welt zu sein.

Die Autorin

Julia Kathan, Jahrgang 1969, Autorin des Bestsellers „Alles für ein bisschen Liebe?" war Schauspielerin, als sie in ihrer Wahlheimat Los Angeles ihre eigentliche Gabe entdeckte: zu schreiben und in Coachings und Seminaren andere zu inspirieren, ihr Leben wertzuschätzen und zu lieben. Julia Kathan praktiziert seit über 27 Jahren Buddhismus und hat unter anderem dadurch eine transformierende Innenschau erlebt. Sie lebt heute mit ihrer Familie im Kölner Umland.

„Du hast Einfluss darauf, ob deine Lebensreise glücklich verläuft oder in leidvollen Bahnen stecken bleibt. Lasse die Schattenanteile, die dir deine Beziehungen spiegeln, zum Geschenk bewusster Entwicklung werden, das dich jeden Tag bereichert! Entdecke das Juwel, das du bist und die grenzenlose Liebe, die in dir fließt."

Julia Kathan

Kontakt

Ich freue mich über Feedback, Anregungen oder Fragen zum Buch und antworte Dir so schnell wie möglich. Meine E-Mail:

info@juliakathan.de

Aktuelle Infos findest du auf meiner Website:

www.juliakathan.de

Solltest du Facebook nutzen, können wir uns auch dort gern verbinden.

Love Coaching

Um Lösungen für dein Liebesdilemma zu finden, biete ich ‚*Telefon-Coachings*' innerhalb Deutschlands an. Für Hilfestellung zum Thema Liebe, Liebessucht, Selbstliebe oder das Entdecken deiner Gabe kannst du mich über meine Website kontaktieren:

www.juliakathan.de

Hier findest du Infos, wie du ein Coaching per Telefon mit mir vereinbaren kannst.

Sende mir einfach eine E-Mail und ich rufe dich für ein kostenloses Vorgespräch zurück.

Seminare

Zu diesem Buch gibt es das Seminar „*Entdecke das Juwel in Dir!*"

Aktuelle Infos entnimmst du bitte meiner Website.

Power of Love

Netzwerk für Frauen auf dem Pfad bedingungsloser Liebe

Im Sommer 2013 habe ich ein Netzwerk für Frauen gegründet, die intensiver in die Themen Liebesabhängigkeit, Selbstliebe und bedingungslose Liebe zu sich und in der Partnerschaft einsteigen möchten. Dieses Netzwerk ermöglicht es dir, dich mit anderen Leserinnen aus deiner Umgebung zu treffen, um euch über eure Erfahrungen in Sachen Liebe auszutauschen und zu unterstützen. Falls du Facebook nutzt, kannst du dies zusätzlich virtuell in einer gleichnamigen geschlossenen Facebook-Gruppe tun. Unabhängig davon finden kleine regionale Treffen in verschiedenen deutschen Städten statt, zu denen ich dich herzlich einlade. Die Teilnahme ist kostenlos.

Literatur

Braden, Gregg: *Im Einklang mit der göttlichen Matrix*, Burgrain, 2012

Coehlo, Paolo: Handbuch des *Krieger des Lichts*, Diogenes, Zürich, 2001

Chopra, Deepak, Williamson, Marianne, Ford, Debbie: *The Shadow Effect*, Kamphausen, Bielefeld, 2011

Ford, Debbie: *Schattenarbeit*, Random House, München 2011

Hay, Louise L.: *Die Macht deiner Worte*, Hörbuch, HHV GmbH, Hamburg 2013

Hicks, Esther & Jerry: *The LAW of Attraction*, Ullstein, Berlin 2009

Jampolsky, Gerald G.: *Verzeihen ist die größte Heilung*, Integral, München, 2002

Kerner, Nena: Album *„Du bist gut“ – „Schmetterling“*, 2013

Keys, Ken: *Bedingungslos lieben lernen*, Heyne, München 1996

Keys, Ken: *Das Leben genießen – trotz allem*, Zürich, 1993

Dr. Kinslow, Frank: *Quantenheilung*, VAK, Freiburg, 2010

Lama, Dalai: *Rückkehr zur Menschlichkeit*, Lübbe, Köln, 2011

Lichtenstein, Demian: *Die Gabe*, Scorpio, München, 2001

Nhat Hanh, Thich: *Schritte der Achtsamkeit*, Herder, Freiburg 2011

Osho: Meditation – *Die große Freiheit*, Goldmann, München, 1999

Tolle, Eckhart: Jetzt! *Die Kraft der Gegenwart*, J. Kamphausen, Bielefeld 2011

Tolle, Eckhart: *Eine neue Erde!* Goldmann, München, 2005

Walsch, Neale Donald: *Gespräche mit Gott*, Goldmann, München, 1999

Walsch, Neale Donald: *Was wirklich wichtig ist*, Allegria, München 2013

Williamson, Marianne: *Das Gesetz des Göttlichen Ausgleichs*, Ansata, München 2014

Williamson, Marianne: *Rückkehr zur Liebe*, Goldmann, München, 1993

Weiteres Werk
der Autorin, bestellbar bei

JULIA KATHAN
Alles für ein bisschen Liebe?
Schluss mit Warten und Schmachten –
Liebessucht erkennen und heilen
Verlag 3.0

Alles für ein bisschen Liebe?

Ein Ratgeber

Kennst du das Gefühl sofort deine Mitte zu verlieren wenn ein Mann in dein Leben kommt? Auf der Suche nach Liebe sind wir offen für die Lebenselixiere, die uns die Erfüllung bringen sollen. Die wird leicht mit Liebe verwechselt. Das Phänomen „Liebessucht" ist in unserer Gesellschaft weit verbreitet. Es sind vor allem Frauen, die dazu neigen, sich auf Liebe und Beziehung als Lebenselixier zu fixieren, und die sich ständig in die „Falschen" verlieben: in Verheiratete, Arbeits-, Drogen- oder Alkoholsüchtige, Beziehungsunfähige, in Traumprinzen, die weit weg wohnen, oder eine Kombination aus alledem – jedenfalls in Männer, die ihnen garantiert nicht geben können, was sie sich wünschen, und die weniger Interesse an ihnen zeigen als umgekehrt. Dennoch tun Frauen, die sich solche Mannsbilder aussuchen, alles für ein bisschen Liebe von ihrem Auserkorenen, verkaufen sich unter ihrem Wert, machen sich klein, oft genug wohlwissend, dass sie es tun. Das Dumme ist nur: Sie können es nicht lassen! Ihre Sehnsucht führt oft zu verzweifelter Besessenheit, die die Macht hat, Menschen in Depressionen und sogar vom Balkon zu stürzen.

Julia Kathan räumt schonungslos auf mit dem endlosen Warten auf Mr. Right. Die Autorin beschreibt lebensnah und humorvoll die Ursachen, die in die Liebeskummerschleife führen – und inspiriert dazu, sich selbst zu verändern, anstatt immer neu den zwecklosen Versuch zu starten, den Liebespartner verändern zu wollen. Kleine Übungen, die sogenannten „Herz-Checks", laden dazu ein, den Fokus auf das eigene Herz zu lenken, um erst einmal eine liebevolle Beziehung zu sich selbst einzugehen. Wachsende Selbstliebe ist die innere Basis für mehr Lebensfreude und für eine Zweisamkeit, die von Freude, Freiheit und Respekt geprägt ist.

ISBN ePub 978-3-95667-093-0
ISBN mobi 978-3-95667-094-7

33541207R00159

Printed in Poland
by Amazon Fulfillment
Poland Sp. z o.o., Wrocław